全国高等院校现代物流管理系列教材

物流作业管理

秦明森　郑朝霞　主　编

中国物资出版社

图书在版编目（CIP）数据

物流作业管理／秦明森，郑朝霞主编．—北京：中国物资出版社，2009.1（2017.1 重印）

ISBN 978－7－5047－2994－1

Ⅰ.①物…　Ⅱ.①秦…②郑…　Ⅲ.①物流—物资管理—高等学校—教材　Ⅳ.①F252

中国版本图书馆 CIP 数据核字（2008）第 190592 号

策划编辑　张　茜
责任编辑　张　茜
责任印制　方朋远
责任校对　孙会香

中国物资出版社出版发行
网址：http：//www.clph.cn
社址：北京市西城区月坛北街 25 号
电话：（010）68589540　邮政编码：100834
全国新华书店经销
北京京都六环印刷厂印刷

开本：787mm×1092mm　1/16　印张：14.5　字数：343 千字
2009 年 1 月第 1 版　2017 年 1 月第 2 次印刷
书号：ISBN 978－7－5047－2994－1/F·1165
印数：4001—5000 册
定价：25.00 元

编写说明

笔者曾发表过一篇关于“物流科学体系”的文章，提出物流科学体系由三个部分组成：物流经济学、物流管理学和物流工程技术。物流管理学是管理学原则和方法在物流领域的应用，是管理学的一个分支，同时也是物流科学的一个分支。

物流管理的内容极其广泛，一般应当包括物流作业管理、物流组织管理、人事（行为）管理、物流信息管理和物流规划设计等，这些都是物流管理学的主要研究内容。

物流作业管理是物流管理的重要内容。本书介绍的物流作业包括运输作业、仓储作业、配送作业、装卸搬运作业、流通加工作业、包装作业等。我们把运输、仓储和配送作为物流作业管理的主要内容，并重点加以介绍，对包装和流通加工只作简要介绍，而将装卸搬运作业管理、仓储和配送作业管理结合起来加以介绍。

本书内容涵盖多种物流作业，文字比较精炼，可操作性强，可作为大学经济管理专业的教材，也可作为物流管理从业人员的参考书。本书还对物流师培训中提出的一些疑难问题做了进一步阐述，并补充了一些应用例题。

为了教学方便，我们制作了一套电子投影课件，并将在网上发布，免费提供给广大用户使用。大家可从网站（http：//qgmh. 80. hk 或 http：//rjmh. 80. hk）上下载试用，也可以通过电子邮件（qms162@ 163. com 或 qms162@ 126. com）与研制单位联系。

本书由秦明森、郑朝霞担任主编，并由刘丽莉参加编写了部分内容。此外，书中还参考或引用了一些教科书和网站上的资料，在此一并表示感谢。

由于笔者水平有限，书中难免有不妥之处，恳望批评指正。

编　者

2008 年 9 月

目 录

第一章　运输管理概述

【学习要点】

学习本章要掌握物流运输的含义、基本要素，运输与其他物流环节的关系以及物流运输合理化的标志、因素和运输合理化措施等。

第一节　运输的含义和基本要素

运输是国民经济的命脉，从社会经济的角度讲，运输功能的发挥，扩大了社会经济活动的范围并实现了一定范围内的价值平均化和合理化。本节将从功能的角度来解释运输的含义，从经济学的角度来分析运输的基本特性。

一、物流运输的含义

运输一般是指使用交通工具将物品或人从一个地方运送到另一个地方，《辞海》释义为“人和物的载运和输送”。《物流术语》标准中解释物流运输（Transportation）是指用专用运输设备将物品从一个地点向另一地点运送。其中包括集货、分配、搬运、中转、装入、卸下、分散等一系列操作。

物流运输是在不同地域范围之间（如两个城市、两个工厂之间），以改变物品的空间位置为目的的活动。它的主要功能就是对物品进行空间位移。它与搬运的区别在于，运输是指较大范围的活动，而搬运是指在同一场所内，对物品进行移动的物流作业。

二、运输产业的特性

马克思把运输业与农业、采掘业和加工业并列，称其为一种产业，视为一个独立的产业部门。现代物流业是从运输业发展起来的，这个产业具有自己的特性。这里仍按经济学观点，把运输业作为一个生产部门来分析它的基本特性。它是生产过程的继续，它所生产的产品是服务，其生产过程与消费过程具有同一性，它具有公共事业的特性。

（一）运输是生产过程的继续

如果只是简单和表面地以“生产——运输——消费”的模式来理解运输的性质和作用，是不能揭示运输的经济学内涵的。

因为商品生产造就了对商品运输的需求，而商品只有通过运输才能开始消费，即实现其使用价值。因此，把运输业追加为生产过程便成为了必要。一方面，运输自成一个独立的部门，形成了生产资本的一个特殊投资领域；另一方面，它又表现为生产过程在流动过程内继续的特征。我国的运输经济学家正是依据马克思主义的这些观点，认为运输业属于社会生产部门，并把运输划分为生产过程的运输和流通过程的运输两大类。

生产过程的运输是指独立的个别的企业内部的运输，如使用输送机、起重机、提升机具、各种车辆、车间轨道、厂内道路、专用铁路、管道、架空索道等进行的运输，这种运输是特定产品生产的直接组成部分；流通过程的运输，即专业运输，或称公用运输，是指生产过程在流通过程内的继续，即在企业之间、产销之间，由铁路、公路、水运、航空等运输业所完成的运送工作。

同其他商品市场一样，运输市场也要受供求关系规律的制约。但较为特殊的是，运输生产与其他单一商品生产供求关系的表现及其意义有所不同：

1. 运输的生产过程与消费过程具有同一性，运输的使用价值只能在其生产过程中被消费。

2. 虽然运输生产不可避免地受普遍供求规律的制约，但运输生产的发展对整个社会生产的刺激特别强烈、持久和普遍。

（二）运输业的产品是服务

运输业的基本经济规律与其他生产部门基本上是相同的。有所区别的是，这一独立产业部门的产品不是任何新的物质产品，而是一种“服务”。“运输工业所卖的东西，就是场所的变更。由此生出的效用，是同运输过程（运输工业的生产过程）不可分离地结合在一起的。人和商品是与运输工具一起旅行的。这种旅行，这种场所变动，也就是用这种工具进行的生产过程”。

（三）运输具有社会公共事务的特性

运输业自形成的那一天起，面临的首要难题就是设施建设的巨额投资从何而来。从交通发展史来看，在任何社会条件下，单一的私人资本都不可能完成诸如铁路、公路的设施投资建设。在自由资本主义时期，运输建设投资是依靠股份制度、公司制度而将分散的私人资本集中而形成的。垄断资本主义时期，国家扮演了投资者、建设者的角色。就现代发达资本主义国家而言，政府从来就没有对运输业实行过什么“自由企业”制度。之所以如此，不仅仅在于运输业的经济意义，而且还在于运输业对一国的军事战略、公共安全都具有不可估量的作用。从世界战争史来看，运输是战争各方军事力量的组成部分；从远古时期来看，交通运输的唯一目的就是为战争和国家政权服务的。可见交通运输的发展与人类战争密切相关。由于运输业是全部社会生活的纽带，与民众息息相关，具有鲜明的社会公共事务特性。因此，政府不得不担负起运输设施建设投资和管理的公共职能。

三、物流运输的原则

物流运输的原则是“及时、准确、经济、安全”。

（一）及　时

及时就是按照用户需要的时间把商品送到消费地，或把货品及时运到销售地，尽量缩短货物的在途时间。缩短流通时间的主要手段是改善交通，实现运输现代化。另外，还应注意不同运输方式之间的衔接工作，及时发运货物。同时做好委托中转工作，及时把货物转运出去。

（二）准 确

准确就是在货物的运输过程中，切实防止各种差错事故，做到不错不乱，准确无误地完成任务。由于货物品种繁多、规格不一，加上运输过程中要经过多个环节，稍有疏忽，就容易发生差错。故发运货物不仅要求数量准确，而且品种规格也不能搞错。这就要求加强岗位责任制，精心操作，并要有周密的检查制度。

（三）经 济

经济就是以最经济的方法调运商品，降低运输成本。降低成本的方法很多，例如，合理选择运输方式和运输路线，尽可能减少中间环节，缩短运输里程等，力求用最少的费用，把货物运送到目的地。

（四）安 全

安全就是保证商品运输过程的安全，一是要注意运输、装卸过程中的震动和冲击等外力的作用，防止商品的破损；二是防止商品由物理、化学或生物学变化等自然原因而引起的商品耗损和变质。

四、运输与其他物流环节的关系

（一）运输与装卸的关系

装卸是运输的影子，有运输活动的发生，就必然伴随有装卸活动。一般来说，发生一次运输活动，往往伴随两次装卸活动，即运输前的装货作业和运输后的卸货作业。装卸是完成运输任务的补充手段，装卸作业质量的好坏，对运输产生巨大的影响。除此之外，装卸又是各种运输方式的衔接环节，当一种运输方式与另一种运输方式进行转换时（如铁路运输变为公路运输、水路运输变为铁路运输等），都必须依靠装卸作为运输方式转换的必要衔接手段。

（二）运输与包装的关系

货物包装的材料、规格、方法等都会对运输产生一定的影响。对于一定规格的货物，在运输工具中如何码放，也直接影响到运输的效率。因此，为了提高运输工具的装载率，运输工具与包装标准的系列化是非常必要的。

另外，散装是现代物流中备受推崇的技术，它也被称为无包装技术，是指对如小麦、水泥等颗粒状或粉末状的物资，在不进行包装的前提下，运用专门的散装设备来实现物资的运输。实际上，这种散装设备是一种扩大了的包装容器。

（三）运输与储存的关系

储存对运输可以起到缓解和衔接作用。当待运物资较多时，运输不能及时运送，需要暂时储存；从运输作业程序来看，有时需要把零星的货物集存起来，达到一定数量后再组织配装运输。在干线运输与支线运输以及不同运输方式转换时，往往也需要储存，可见储存起到了衔接作用。

物资储存的目的是实现物在时间上的转移，而最终还是要通过空间位置的转移来供应生产或消费，这就需要运输。

（四）运输与配送的关系

在企业的物流活动中，将货物大批量、长距离地从生产工厂直接送达客户或配送中心称为运输（或输送）；将货物从配送中心就近送到地区内的客户手中称为配送。前者每次都向一地单独运送，而后者一次可向多处运送。两者功能相近，故有时统称为输配送。在实际过程中并不严格地区分它们，因为配送就是送货，而运输则是送货的手段。

五、运输系统的基本要素

物流运输系统的基本要素包括运输对象、运输参与者和运输手段。

（一）运输对象

物流运输对象统称为货物，根据货物对运输、装卸和储存的环境和技术要求，货物可以分为成件物品、散碎物品、液态物品、易腐物品、危险物品、超长超重物品等。这种分类对制定物流共性标准有一定帮助。成件物品是指可以按“件”为装卸、运输、储存单元的、体积适中的物品。例如机电产品、成件的百货商品、袋装或箱装的食品、袋装的水泥、筒装或罐装的液体商品等。散碎物品也称松散物料，是指不能以“件”为运输、装卸、储存单元的并且呈颗粒状、碎块状或粉状的物品。如煤炭、沙石、粮食、水泥等。液态物品是指呈液体状态的物品。例如石油及其液体石油产品等。易腐物品是指在物流过程中容易腐烂变质的物品。例如鱼类、肉类食品等。危险物品是指易燃、易爆、有毒、有害等容易发生事故，造成人员伤害、财产损失或环境污染的物品。例如汽油、炸药、有毒化学物品、放射性物品等。

（二）运输参与者

这里所说的运输参与者是指货主和承担运输任务的人员。他们是运输活动的主体，主要包括以下人员：

1. 货主

货主是货物的所有者，包括委托人（或托运人）和收货人。托运人和收货人的共同目的是要在规定的时间内以最低的成本将货物从起始地转移到指定的地点，包括对收发货时间、运输时间、收发地点、有无丢失损坏等方面的要求。

2. 承运人

承运人是运输活动的承担者，他们可能是运输企业或个体运输业者。承运人受托运人或收货人的委托，按委托人的意愿以最低的成本完成委托人委托的运输任务，同时获得运输收入。承运人根据委托人的要求或在不影响委托人要求的前提下，合理地组织运输和配送，包括选择运输方式、运输路线进行配货配载，以降低运输成本，尽可能多地获得利润。

3. 货运代理人

货运代理人是根据客户的指示，揽取货物运输的人，其本人不是承运人。货运代理人把来自各个客户手中的小批量货物整合成大批量装载起来，然后利用承运人进行运输。送达目的地后，货运代理人再把该大批量装载拆分为原先较小的装载量，送往收货人。货运代理人的主要优势在于因大批量装载可以实现较低的费率，从而获得利润。货运代理人属非作业的中间商，也被称为无船承运人。

4. 运输经纪人

经纪人是替托运人、收货人和承运人协调运输安排的中间商，协调的内容包括装运装载、费率谈判、结账和跟踪管理等。经纪人也属非作业的中间商。

（三）运输手段

运输手段是指物质手段，主要包括运输工具、运输线路（通道）、运输站点及配套设施等。

1. 运输工具

运输工具是运输的主要手段，包括铁路机车和车辆、公路机动车辆、船舶、飞机等。

2. 运输线路及通道

运输线路和通道是运输的基础设施，例如铁路、公路、水运航道和空运航线等。

3. 运输站点及配套设施

运输站点就是运输网络的联结点，例如铁路车站、编组站、汽车站、货场、转运站、港口、机场及其配套设施等。

（四）其他资源要素

运输的资源要素除上述的人力、运输工具、运输线路（通道）、运输站点及配套设施外，还有信息、资金和时间等，运输管理就是有效利用这些资源，提高运输效率，降低运输成本，满足用户要求。

这里需要说明一下，有的书上介绍的运输构成要素包括运输线路、运输工具、运输对象等；有的书上介绍的运输构成要素包括运输线路、运输工具、货主及参与者。这些提法都是从不同角度总结的，可供参考。

第二节 运输合理化

在物流系统中，运输通过转移物品的空间位置，创造了空间效用，是最重要的物流活动之一。运输合理化是人们广泛关注的问题，是实现物流系统优化的关键问题。因此，在进行物流系统设计和管理时，实现运输合理化是一项最基本的任务。

一、合理运输的标志

从物流系统的观点来看，有三个因素对于运输合理化是十分重要的，即运输成本、运输速度和运输的一致性。它们被看做是分析运输合理化的重要标志。

（一）运输成本

运输成本是指为两个地理位置间的运输所支付的款项以及与行政管理和维持运输中的存货有关的费用。物流系统的设计应该利用能把系统总成本降到最低程度的运输，这意味着最低费用的运输并不总是导致最低的运输总成本。

（二）运输速度

运输速度是指完成特定的运输所需的时间。运输速度和成本的关系，主要表现在以下两个方面：首先，能够提供更快速服务的运输商实际上要收取更高的运费；其次，运输服务越快，运输中的存货越少，无法利用的运输间隔时间就越短。因此，选择期望的运输方式时，至关重要的问题就是如何平衡运输服务的速度和成本。

（三）运输的一致性

运输的一致性是指在若干次装运中履行某一特定的运次所需的时间与原定时间或与前几次运输所需时间的一致性。它是运输可靠性的反映。多年来，人们已把一致性看做是高质量运输的最重要特征。如果给定的一项运输服务第一次花费一天，第二次花费了三天，这种意想不到的变化就会产生严重的物流作业问题。如果运输缺乏一致性，就需要安全储备存货，以防预料不到的服务故障。运输的一致性会影响买卖双方承担的存货义务和有关风险。随着控制和报告装运状况的信息新技术的应用，物流经理们才找到了既快捷又能保持一致性的方法，而速度和一致性相结合又是创造运输质量的必要条件。

运输管理的目标是使最终的总运输成本达到最低，因此不能只考虑一个因素，要根据实际情况，综合考虑多个因素才能取得好的效果。

在物流系统的设计中，必须精确地维持运输成本和服务质量之间的平衡。在某些情况下，低成本和慢运输将是令人满意的，而在另外一些情况下，快速服务也许是实现作业目标的关键所在。发掘并管理所期望的低成本、高质量的运输，是物流的一项最基本的责任。

二、不合理运输的表现形式

不合理运输是在现有条件下可以达到的运输水平而未达到，从而造成了运力浪费、运输时间增加、运费超支等问题的运输形式。目前我国存在的主要不合理运输形式有：

（一）返程或起程空驶

空车无货载行驶，可以说是不合理运输的最严重形式。在实际运输组织中，有时候必须调运空车，从管理上不能将其看成不合理运输。但是，因调运不当，货源计划不周，不采用运输社会化而形成的空驶，是不合理运输的表现。造成空驶的不合理运输主要有以下几种原因：

1. 能利用社会化的运输体系而不利用，却依靠自备车送货提货，这往往出现单程实车，单程空驶的不合理运输。

2. 由于工作失误或计划不周，造成货源不实，车辆空去空回，形成双程空驶。

3. 由于车辆过分专用，无法搭运回程货，只能单程实车，单程回空周转。

（二）对流运输

对流运输亦称“反向运输”、“交错运输”，指同一种货物或彼此间可以互相代用而又不影响管理、技术及效益的货物，在同一线路上或平行线路上作相对方向的运送，而与对方运程的全部或一部分发生重叠交错的运输称对流运输。对于已经制定了合理流向图的产品，一般必须按合理流向的方向运输，如果与合理流向图指定的方向相反，也属对流运输。

在判断对流运输时需注意，有的对流运输属于不很明显的隐蔽对流，例如，不同时间的相向运输，从发生运输的那个时间来看，并未出现对流，可能作出错误的判断，所以要注意隐蔽的对流运输。

（三）迂回运输

迂回运输是指舍近求远的一种运输。可以选取短距离进行运输而不选，却选择路程较长的路线进行运输，这是一种不合理的运输形式。迂回运输有一定复杂性，不能简单处理。只有计划不周、地理不熟、组织不当而发生的迂回，才属于不合理运输。如果最短距离有交通阻塞、道路情况不好或对噪音、排气等有特殊限制而不能使用时发生的迂回，不能称为不合理运输。

（四）重复运输

本来可以直接将货物运到目的地，但是在未达目的地之处，或在目的地之外的其他场所将货卸下，再重复装运送达目的地，这是重复运输的一种形式。另一种形式是，同品种货物在同一地点一面运进，一面又向外运出。重复运输的最大弊端是增加了非必要的中间环节，这就延缓了流通速度，增加了费用，增大了货损。

（五）倒流运输

倒流运输是指货物从销地或中转地向产地或起运地回流的一种运输现象。其不合理程度要甚于对流运输，其原因在于，往返两程的运输都是不必要的，形成了双程的浪费。倒流运输也可以看成是隐蔽对流的一种特殊形式。

（六）过远运输

过远运输是指调运物资舍近求远，近处有资源不调而从远处调，这就造成可采取近程运输而未采取，从而拉长了货物运距的浪费现象。过远运输占用运力时间长、运输工具周转慢、物资占压资金时间长，远距离自然条件相差大，又易出现货损，增加了费用支出。

（七）运力选择不当

这是指没有选择各种运输工具优势或不正确地利用运输工具所造成的不合理现象，常见的有以下若干形式：

1. 弃水走陆

在同时可以利用水运及陆运时，不利用成本较低的水运或水陆联运，而选择成本较高的铁路运输或公路运输，使水运优势不能发挥。

2. 火车、大型船舶的过近运输

不在火车及大型船舶的经济运行里程内却利用这些运力进行运输的不合理做法。主要不合理之处在于火车及大型船舶起运及到达目的地的准备、装卸时间长，且机动灵活性不足，在过近距离中利用，发挥不了运速快的优势。相反，由于装卸时间长，反而会延长运输时间。另外，和小型运输设备比较，火车及大型船舶装卸难度大、费用也较高。

3. 运输工具承载能力选择不当

不根据承运货物数量及重量选择，而盲目决定运输工具，造成过分超载、损坏车辆及货物不满载、浪费运力的现象。尤其是“大马拉小车”现象发生得较多。由于装货量小，单位货物运输成本也必然会增加。

（八）托运方式选择不当

对于货主而言，这是可以选择最好托运方式而未选择，从而造成运力浪费及费用支出加大的一种不合理运输。例如，应选择整车运输而未选择，反而采取零担托运，应当直达而选择了中转运输等。

上述的各种不合理运输形式都是在特定条件下表现出来，在进行判断时必须注意其不合理的前提条件，否则就容易出现判断的失误。例如，如果同一种产品，商标不同，价格不同，所发生的对流，不能绝对看成不合理，因为其中存在着市场机制引导的竞争，优胜劣汰，如果强调因为表面的对流而不允许运输，就会起到保护落后、阻碍竞争甚至助长地区封锁的作用。类似的例子，在各种不合理运输形式中都可以举出一些。

以上对不合理运输的描述，主要是就形式本身而言的，是主要从微观观察得出的结论。在实践中，必须将其放在物流系统中作综合判断。如果不进行系统分析和综合判断时，很可能出现“二律效益背反”现象。单从一种情况来看，避免了不合理，做到了合理，但它的合理却使其他部分出现不合理。只有从系统角度综合判断才能有效避免“效益背反”现象，从而优化全系统。

三、影响运输合理化的要素

由于运输是物流中最重要的功能要素之一，物流合理化在很大程度上依赖于运输合理化。运输合理化的影响因素很多，起决定性作用的有五方面的因素，称作合理运输的“五要素”：

（一）运输距离

在运输时，运输时间、运输货损、运费、车辆或船舶周转等运输的若干技术经济指标，都与运距有一定比例关系，运距长短是运输是否合理的一个最基本因素。缩短运输距离，从宏观和微观上都会带来很大好处。

（二）运输环节

每增加一次运输，不但会增加起运的运费和总运费，而且必然要增加运输的附属活动，如装卸、包装等，各项技术经济指标也会因此下降。所以，减少运输环节，尤其是同类运输工具的环节，对合理运输有促进作用。

（三）运输工具

各种运输工具都有其使用的优势领域，对运输工具进行优化选择，按运输工具特点来进行装卸运输作业，最大限度地发挥所用运输工具的作用，是运输合理化的重要一环。

（四）运输时间

运输是物流过程中需要花费较多时间的环节，尤其是远程运输，在全部物流时间中，运输时间占绝大部分，所以，运输时间的缩短对整个流通时间的缩短有决定性作用。此外，运输时间短，有利于加速运输工具的周转，有利于货主资金的周转，也有利于运输线路通过能力的提高，对运输合理化有很大的贡献。

（五）运输费用

前面已提及运费在全部物流费中占很大比例，运费高低在很大程度上决定整个物流系统的竞争能力。实际上，运输费用降低，无论对货主企业来讲还是对物流经营企业来讲，都是运输合理化的一个重要目标。运费的判断，也是各种合理化实施是否行之有效的最终判断依据之一。

从上述五方面考虑运输合理化，就能取得比较理想的结果。

四、运输合理化措施

长期以来，我国劳动人民在生产实践中探索和创立了不少运输合理化措施，在一定时期内、一定条件下取得了一定的效果，现总结如下：

（一）提高运输工具实载率

实载率有两个含义：一是单车实际载重与运距之乘积和标定载重与行驶里程之乘积的比率，这在安排单车、单船运输时，是作为判断装载合理与否的重要指标；二是车船的统计指标，即一定时期内车船实际完成的货物周转量（以吨公里计）占车船载重吨位与行驶公里之乘积的百分比。在计算车船行驶的公里数时，不但包括载货行驶，也包括空驶。

提高实载率的意义在于：充分利用运输工具的额定能力，减少车船空驶和不满载行驶的时间，减少浪费，从而求得运输的合理化。

在铁路运输中，采用整车运输、合装整车、整车分卸及整车零卸等具体措施，都是提高实载率的有效措施。

（二）减少动力投入，增加运输能力

这种合理化的要点是：少投入、多产出，走高效益之路。运输的投入主要是能耗和基础设施的建设，在设施建设已定型和完成的情况下，尽量减少能源投入，这是少投入的核心。做到了这一点就能大大节约运费，降低单位货物的运输成本，达到合理化的目的。

国内外在这方面的有效措施有：

1. 在铁路机车能力允许的情况下，加挂车皮

我国在客运紧张时，也采取加长列车、多挂车皮的办法，在不增加机车动力的情况下增加运输量。

2. 水运拖排和拖带法

竹、木等物资的运输，可利用竹、木本身的浮力，不需要运输工具载运，而采取拖带法运输，这可省去运输工具本身的动力消耗而求得合理；将无动力驳船编成一定队形，一般是“纵列”，用拖轮拖带行驶，可以产生比船舶载乘运输量更大的优点，从而求得合理化。

3. 顶推法

顶推法是我国内河货运采取的一种有效方法。将内河驳船编成一定队形，由机动船顶推前进的航行方法。其优点是航行阻力小，顶推量大，速度较快，运输成本很低。

4. 汽车挂车

汽车挂车的原理和船舶拖带、火车加挂基本相同，都是在充分利用动力能力的基础上来增加运输能力的。

（三）发展社会化的运输体系

运输社会化的含义是发展运输的大生产优势，实行专业分工，打破一家一户自成运输体系的状况。

一家一户的运输属于小生产方式，车辆自有，自我服务，不能形成规模，且一家一户的运量需求有限，难于自我调剂，因而经常出现空驶、运力选择不当（因为运输工具有限，选择范围太窄）、不能满载等浪费现象，且配套的接发货设施、装卸搬运设施也很难有效地运行，所以浪费颇大。实行运输社会化，可以统一安排运输工具，避免对流、倒流、空驶、运力不当等多种不合理形式，不但可以追求组织效益，而且可以追求规模效益，所以发展社会化的运输体系是运输合理化非常重要的措施。

当前火车运输的社会化运输体系已经较为完善，但在公路运输中，小生产方式非常普遍，是建立社会化运输体系的重点。

社会化运输体系中，各种联运体系是其中水平较高的方式，联运方式充分利用面向社会的各种运输系统，通过协议进行一票到底的运输，有效打破了一家一户的小生产模式，受到了欢迎。

我国在利用联运这种社会化运输体系时，创造了“一条龙”货运方式。对产销地及产销量都较稳定的产品，事先通过与铁路、交通等社会运输部门签订协议，规定专门收（到）站、专门航线及运输路线、专门船舶和泊位等，这些都有效保证了许多工业产品的稳定运输，取得了很大成效。

（四）开展中短距离铁路公路分流，实现“以公代铁”的运输

这一措施的要点是：在公路运输经济里程范围内（或者经过论证），尽管超出通常平均经济里程范围，也尽量利用公路。这种运输合理化的表现主要有两点：一是对于比较紧张的铁路运输，用公路分流后，可以得到一定程度的缓解，从而加大这一区段的运输通过能力；二是充分利用公路从门到门和在中途运输中速度快且灵活机动的优势，实现铁路运输服务难以达到的水平。

（五）尽量发展直达运输

直达运输是追求运输合理化的重要形式，其对合理化的追求要点是通过减少中转过载换载，从而提高运输速度，节省装卸费用，降低中转货损。直达的优势，尤其是在一次运输批量和用户一次需求量达到一整车时表现得最为突出。此外，在生产资料、生活资料运输中，通过直达，建立稳定的产销关系和运输系统，也有利于提高运输的计划水平，考虑用最有效的技术来实现这种稳定运输，会大大提高运输效率。

特别需要一提的是，如同其他合理化措施一样，直达运输的合理性也是在一定条件下才会表现出来，不能绝对认为直达一定优于中转。这要根据用户的要求，从物流总体出发来作综合判断。如果从用户需要量来看，批量大到一定程度时，直达是合理的，批量较小时，中转是合理的。

（六）配载运输

配载运输是充分利用运输工具载重量和容积，合理安排装载的货物及载运方法以求得合理化的一种运输方式。配载运输也是提高运输工具实载率的一种有效形式。

配载运输往往是轻重商品的混合配载，在以重质货物运输为主的情况下，同时搭载一些轻泡货物，如海运中的矿石、黄沙等重质货物，可在仓面捎运木材、毛竹等；铁路运输中的矿石、钢材等重物上面，可搭运轻泡农副产品等，在基本不增加运力投入以及基本不减少重质货物运输的情况下，解决了轻泡货物的搭运，因而效果显著。

（七）“四就”直拨运输

“四就”直拨是减少中转运输环节，力求以最少的中转次数来完成运输任务的一种形式。一般批量到站或到港的货物，首先要进分配部门或批发部门的仓库，然后再按程序分拨或销售给用户。这样一来，往往出现不合理运输。

“四就”直拨，首先是由管理机构预先筹划，然后就厂或就站（码头）、就库、就车（船）将货物分送给用户，而勿需再入库了。

（八）发展特殊运输技术和运输工具

依靠科技进步是运输合理化的重要途径。例如，专用散装及罐车，解决了粉状和液状物运输损耗大、安全性差等问题；袋鼠式车皮、大型半挂车解决了大型设备的整体运输问题；“滚装船”解决了车载货的运输问题；集装箱船比一般船能容纳更多的箱体，集装箱高速直达车船便加快了运输速度等。这些都是通过选用先进的科学技术来实现合理化的。

（九）通过流通加工，使运输合理化

有不少产品，由于产品本身形态及特性问题，很难实现运输的合理化，如果进行适当加工，就能够有效解决合理运输问题，例如，将造纸材料在产地预先加工成干纸浆，压缩体积后运输，就能解决造纸材料运输不满载的问题；轻泡产品预先捆紧并包装成规定尺寸，装车就容易提高装载量；水产品及肉类预先冷冻，就可提高车辆装载率并降低运输损耗等。

【参考案例】

韩国三星公司合理化运输

一、企业物流的根本目标

三星公司1989—1993年实施了物流运输工作合理化革新的第一个五年计划。这期间，为了减少成本和提高配送效率而进行了“节约成本200亿”、“全面提高物流劳动生产率劳动”等活动，最终降低了成本，缩短了前置时间，减少了40%的存货量，并使三星公司获得了首届韩国物流大奖。

公司1994—1998年实施了物流运输工作合理化革新的第二个五年计划。重点是将销售、配送、生产和采购有机结合起来实现公司的目标。即将客户的满意程度提高到100%，同时将库存量再减少50%。为了这一目标，三星公司进一步扩展和强化物流网络，同时建立了一个全球性的物流链，从而使产品的供应路线最优化，设立了全球物流网络上的集成订货——交货系统，从原材料采购到交货给最终客户的整个路径上都实现了物流和信息流一体化。这样，客户就能以最低的价格得到高质量的服务，从而对企业更加满意。基于这种思想，三星公司物流运输工作合理化革新小组在配送选址、实物运输、现场作业和信息系统四个方面都实现了物流革新。

（一）配送选址革新措施

为了提高配送中心的效率和质量，三星公司将其划分为产地配送中心和销地配送中心。前者用于原材料的补充，后者用于存货的调整。对每个职能部门都确定了最优工序，配送中心的数量得以减少、规模得以最优化，便于向客户提供最佳的服务。

（二）实物运输革新措施

为了及时交货给零售商，配送中心在考虑好货物数量和运输所需时间的基础上确定出合理的运输路线。同时，一个高效的调拨系统也被开发出来，这方面的革新加强了支持销售的能力。

（三）现场作业革新措施

为使进出工厂的货物更方便、更快捷地流动，公司建立了一个交货点查询管理系统，可以查询货物的进出库频率，高效地配置资源。

（四）信息系统革新措施

三星公司在局域网环境下建立了一个通信网络，并开发了一个客户服务器系统，公司集成系统（SAPR）的三分之一将投入物流中使用。由于将生产配送和销售一体化，整个系统中不同的职能部门将能达到信息共享。客户如有涉及物流的问题，都可以通过订单跟踪系统得到回答。

另外，随着客户环保意识的增强，物流工作对环境保护负有更多的责任，三星公司不仅对客户许下了保护环境的承诺，还建立了一个全天开放的由回收车组成的回收系统，并由回收中心来重新利用那些废品，以此来提升自己的企业在客户心目中的形象，从而更加有利于企业的经营。

二、企业物流中合理运输的主要形式

合理运输的主要形式有以下几种：分区产销平衡合理运输、直达运输、“四就”直拨运输、合装整车运输、提高技术装载量。

（一）分区产销平衡合理运输

这种方式是指在物流活动中，对某种货物由一定的生产区固定于一定的消费区。在产销平衡的基础上，按着近产近销的原则，使货物走最少的里程来组织运输活动。

1. 分区产销平衡合理运输方式的优缺点

这种方式加强了产、供、运、销的计划性，消除了过远、迂回、对流等不合理运输，降低了物流费用、节约了运输成本及运输耗费。

2. 适用范围及情况

在实际工作中，这种方式适用于品种单一、规格简单、生产集中、消费分散或生产分散、消费集中且调动量大的货物，如煤炭、木材、水泥、粮食和矿建材料等。

（二）直达运输

这种方式是指越过商业仓库环节或铁路交通中转环节，把货物从产地或起运地直接运到销地或客户手中，从而减少中间环节的一种运输方式。

1. 直达运输的优缺点

这种方式的好处是减少中间环节，节省运输时间与费用，灵活度较大。但相对而言对企业各部门分工协作程度的要求较高，企业内部计划、财会、业务、仓库等各个机构应加强联系，建立相应的联系制度来满足其需求。

2. 适用范围及情况

直达方式通常适用于某些体积大且较笨重的生产资料运输，如矿石等。对于出口货物也多采用直达运输方式，对于一些消费品也可依靠货物等具体情况的不同，越过不同的中间环节而直接运到批发商或零售商手中。

（三）“四就”直拨运输

这种方式是指物流经理在组织货物调运的过程中，不把当地生产或外地到达的货物运进批发站仓库，而运用直拨的办法，将其直接分拨给基层批发、零售的中间环节。这种方式可以减少一道中间环节，在时间与其他方面都可收到较好的经济效益。

在实际的物流工作中，物流经理可以根据不同的情况，采取就厂直拨、就车站直拨、就仓库直拨、就车船直拨等具体运作方式。

（四）合装整车运输

这种方式是指在组织铁路货运过程中，同一发货人的不同品种货物发往同一到站，同一收货人的零担托运货物由物流部门组配，放在一个车内，以整车运输的方式托运到目的地；或把同一方向、不同到站的零担货物，集中组配在一个车内，运到一个适当的车站再中转分运。采用合装整车运输的方法，可以减少一部分运输费用，节约劳动力。

这种方式主要适用于商业、供销部门的杂货运输。根据不同的实际情况，可采取四种方法：主要零担货物拼整车直达运输；零担货物拼整车直达或中转分运；整车分卸（二、三站分卸）；整装零担。

（五）提高技术装载量

这种方式充分利用车船载重吨位和装载容积，对不同的货物进行搭配运输或组装运输，使同一运输工具能装载尽可能多的货物。一方面最大限度地利用了车船的载重吨位，另一方面也充分使用了车船的装载容积，提高了运输工具的使用效率。

主要做法有以下三种：将重货物和轻货物组装在一起；对一些体大笨重、容易致损的货物实行解体运输，分别包装，使之易于装卸和搬运；根据不同货物的包装形状，采取各种有效的堆码方法。

资料来源：新物流网。

【课后习题】

1. 运输的含义是什么？有哪些特性？运输的主要功能是什么？
2. 运输的构成要素有哪些？
3. 物流运输的一般原则有哪些？如何实现这些原则？
4. 运输与装卸、包装、储存的关系如何？
5. 在物流系统中，物流运输合理化的标志是什么？如何看待这些标志因素？

6. 什么叫运输不合理？运输不合理有哪些表现形式？

7. 影响运输合理化的因素有哪些？运输合理化可采用哪些措施？

8. 如何判别运输中的对流运输现象和迂回运输现象？把钢锭从甲地运到乙地，而又把乙地的钢板运到甲地，这是否属于运输中的对流运输现象？某化工厂要给南方的客户发送产品，计划用汽车把产品运到位于本厂北部的铁路货运车站发运，这是否属于迂回运输现象？

第二章　陆路运输作业管理

【学习要点】

陆路运输是指使用车辆等工具而通过铁路、公路运送货物的运输方式。陆路运输包含铁路运输和公路运输。本章主要介绍陆路运输作业的操作内容、程序和方法等。教学重点是铁路运输和公路运输的基本程序、操作方法以及货物运单处理的注意事项等。

第一节　公路货运业务基本程序

公路货运业务基本程序比较简单，包括受理托运、运单处理、费用结算和货物交接等环节。如图 2－1 所示。

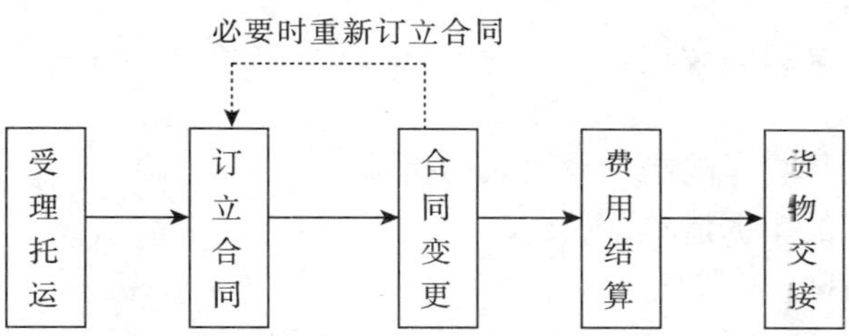

图 2－1　公路运输业务运作程序

一、受理托运

受理托运包括受理装车和编制单据等项工作。

发货人（货主、货运代理人）在托运货物时，应按承运人的要求填写货物托运单，以此作为货物托运的书面申请。货物托运单是发货人托运货物的原始依据，也是承运人承运货物的原始凭证。承运人接到托运单后，应进行认真审核，检查各项内容是否正确，如确认无误，则在运单上签章，表示接受托运。在公路汽车运输中，由于发货人与承运人一般具有长期的货运关系，托运人可利用电话等联络方式进行货物托运申请。在这种情况下，承运人必须了解所承运货物的重量、体积及有关管理部门发放的进出口许可证（批文）、装卸货目的地、收发货人详细地址、联络人及其电话等项情况。由承运人按托运人提供的资料填制《承运凭证》，交给司机到托运人指定的地点装运货物。

二、运单处理

在公路货运业务中，运单即是运输合同，运单的签发则是运输合同成立的体现。汽车货运合同可以采用书面形式、口头形式或其他形式，由承运人和托运人本着平等、自愿、公平、诚实和信用的原则签订。

（一）运单内容

1. 运单的签发日期和地点；
2. 发货人的名称和地址；
3. 承运人的名称和地址；
4. 货物接管地点、日期以及指定的交货地点；
5. 收货人的名称和地址；
6. 货物的品名和包装方法，如属危险货物，应说明其基本性质；
7. 货物的件数、特征标志和号码；
8. 货物毛重或以其他方式表示的量化指标；
9. 与运输有关的费用（运费、附加费、关税和从签订合同到交货期间发生的其他费用）；
10. 办理海关手续和其他手续所必需的托运人的通知；
11. 是否转运的说明；
12. 发货人负责支付的费用；
13. 货物价值；
14. 发货人关于货物保险给予承运人的指示；
15. 交付承运人的单据清单；
16. 运输起止时间。

运单一式三份，第一份交给发货人，第二份随货转移，第三份由承运人保存。

发货人应对上述事项的准确性负责。原则上运单须经承运双方正式签字方能生效，但对于短途、小批量货物运输以及承运双方具有长期合作关系的货物运输，由于双方早已对运输过程中双方的权利、义务和责任都商定了合同，所以往往只要托运人口头说明、承运人口头认可即可。

（二）运单的填写与签订

对于一次性运输合同或定期运输合同，分别由承运人或托运人按以下要求填写运单：

1. 准确填写托运人和收货人的名称、地址、电话和邮政编码；
2. 准确标明货物的名称、性质、件数、重量、体积以及包装方式；
3. 准确标明运单中的其他有关事项；
4. 一张运单托运的货物，必须是同一个托运人和收货人。

运单应字迹清楚，内容准确。需要更改时，必须在更改处签字盖章。承运人受理货物时，应根据运单记载的货物名称、数量等内容进行核对，核对无误后，方可办理交接手续。

（三）运输合同的变更与解除

在承运人未将货物交付收货人之前，托运人可以要求承运人中止运输、返还货物、变更到达地或者将货物交付给其他收货人，但应当赔偿承运人因此而受到的损失。

当发生下列情况时，允许变更或解除运输合同：

1. 由于不可抗力的原因使运输合同无法履行；

2. 由于合同当事人一方的原因，在合同约定的期限内确实无法履行运输合同；

3. 合同当事人违约，使合同的履行成为不可能或不必要；

4. 经合同当事人双方协商同意解除或变更运输合同。但承运人提出解除运输合同的，应退还已收的运费。

三、费用结算

（一）计费办法

首先要确定所运输货物的等级和计费重量；其次是核查货物的计费率，并计算计费里程；最后是其他杂费的核算。这些费用包括装卸费、过渡费、保管费、手续费、延迟费、过桥费等。

1. 以吨公里为计价单位的计费公式：

运费 =（货物计费重量 × 计费里程 × 运价率）+（货物计费重量 × 计费里程 × 运价率 × 加成率）

2. 以吨为计价单位的计费公式：

运费 =（货物计费重量 × 运价率）+（货物计费重量 × 运价率 × 加成率）

3. 按时间计费的计费公式：

运费 = 车辆运行时间 × 单位时间运价

（二）特种货物计费

特种货物的计费要按特定运价来计算。

1. 对于托运易碎、超长（货物长度超过 7m）、烈危货物，按质量计费；

2. 对于超重（每件货物重量大于 250kg）及轻泡货物，按整车计费；

3. 对于同一托运人托运的双程运输货物，则按其运价率的 85% 计费；

4. 超重货物按运价加成 30% 计费，而烈危货物则按运价加成 110% 计费；

5. 过境公路运输采用的是全程包干计费，或者按合同条款规定办理；

6. 对于特大型货物，则采用协商议价办法；

7. 对于同一托运人以去程或返程运送所装货物包装的，按其运价的 50% 计费。

（三）收款办法

运杂费的收款办法主要有以下几种：

1. 预收费用方式，是指托运人在货物运输之前将运杂费预付给承运人，在结算时多退少补；

2. 现金结算方式，是指按每次实际发生的运杂费总额向托运人收取现金；

3. 托收结算方式，是指承运人先垫付运杂费，定期凭运单回执汇总所有费用总额，通过银行向托运人支付托运费用；

4. 预交转账支票方式。

四、货物交接

货物的交接是履行运输合同的重要过程，在此过程中，运输部门应遵守如下要求，以确保货物的及时、安全运输。

- 车辆到达发货地点，发货人交付货物时，驾驶员应负责清点数目、监装，发现包装破损、异状，应提出更换或重新整理的异议。如发货人给予更换或整理，则应在发货票上说明，并要在《承运货物签收单》上签字。
- 承运货物时，要有发货人开具的与实物相符的发货票及随车移动的文件、单据。发货票与实物不符时要立即予以纠正。
- 货物运抵目的地时，驾驶员应向收货人交清货物，由收货人开具作业证明（或以发货单代替）。收货人应在《承运货物签收单》上签字并加盖收货单位公章。
- 交货时，如发现货物短缺、丢失、损坏等情况，驾驶员应会同收货人和有关部门认真核实，并作出原始记录，分别由驾驶员或装卸人员开具证明文件。
- 若是集装箱送到装货点装货，驾驶员仍要按上述要求办理货物交接；若是由发货人提供自备箱，并在驾驶员不在场的情况下装好货，驾驶员有权要求发货人掏箱，在驾驶员行使监装权利的情况下重新装箱。
- 若是集装箱装运中转货物，驾驶员无法监装、监卸，只要集装箱上标志完好，集装箱内所装货物是否与单证相符以及箱内货物是否灭失、损坏均与驾驶员无关，货物的交接以集装箱标志是否完好为准。

货物交运清单内容如表2－1所示。

表2－1　　交运物品清单

起运地点：　　　　运单号码：

编　号	货物名称及规格	包装形式	件数	新旧程度	体积（长×宽×高）	重量（kg）	保险、保价
备　注							

托运人签章：　　　　承运人签章：　　　　年　月　日

说明：凡不属于同品名、同规格、同包装的货物以及搬家货物，在一张货物运单上不能逐一填写的可填交本物品清单。

第二节　铁路货运业务基本程序

铁路货运业务包括托运、承运、发送、费用结算和货物交付等。国际间的铁路运输还有国境站的交接环节。基本程序如图 2－2 所示。

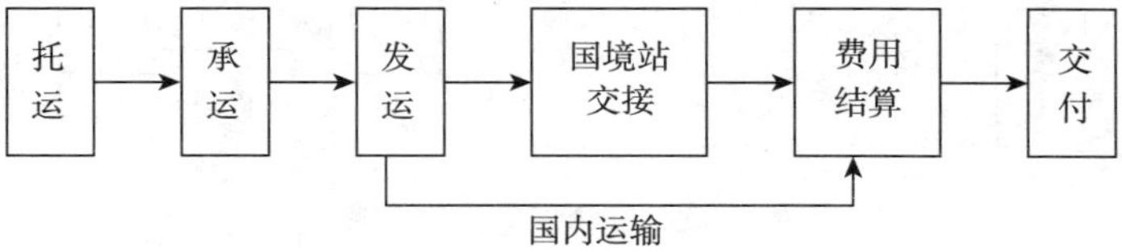

图 2－2 铁路货物运输程序

一、托运与承运

货物的托运是发货人组织货物运输的一个重要环节。发货人在托运货物时，应向车站提供货物运单，以此作为货物托运的书面申请。车站接到运单后，应针对具体情况进行认真审核。

整车货物办理托运时，车站应检查月度、旬度货运计划和要车计划，检查运单上的各项内容是否正确，如果确认可以承运，应予签证。车站在运单上签证，表示货物应进入车站的日期或装车日期，表示铁路已受理托运。发货人应按签证指定的日期将货物搬入车站或指定的货位，铁路方应根据货物运单上的记载查对实货。凡由国际铁路货物联运的货物，若符合《国际货协》和有关规章制度的规定，车站方应接收货物并担负保管责任。整车货物一般在装车完毕并由发站在货物运单上加盖承运日期戳后，即为承运。

发运零担货物时，发货人不必像整车货物那样办理手续，如发货人在托运时，不需要编制月度、旬度要车计划，可凭运单直接向车站申请托运。车站受理托运后，发货人应按签证指定的日期将货物搬进货场，送到指定的货位上，经检验、过磅后，即交由铁路保管。当车站将发货人托运的货物连同货物运单一同接收完毕，在货物运单上加盖承运日期戳时，即表示货物业已承运。铁路对承运后的货物负保管、装车和发运责任。

托运、承运完毕，铁路运单作为运输合同即开始生效，铁路应按《国际货协》的规定对货物担负保管、装车并运送到指定目的地的一切责任。

二、货物发运

办理完托运和承运手续后，接下来就是装车发运了。货物的装车应在保证货物和人身安全的前提下快速进行，以缩短装车作业时间，加速车辆周转和货物的运送。

按我国铁路方面的有关规定，在车站公共装卸场所内的装卸工作，由铁路负责组织；其他场所如专用线装卸场，则由发货人或收货人负责组织。但某些性质特殊的货物，如易腐货物、未装容器的活动物等，即使在车站的货场内，也应由发货人组织装车或卸车。

货物装车发运的主要步骤有货物进站、请车和拨车、装车、加固施封、编制和使用运输标志、办理货物发出后的有关事项等，如图 2－3 所示。

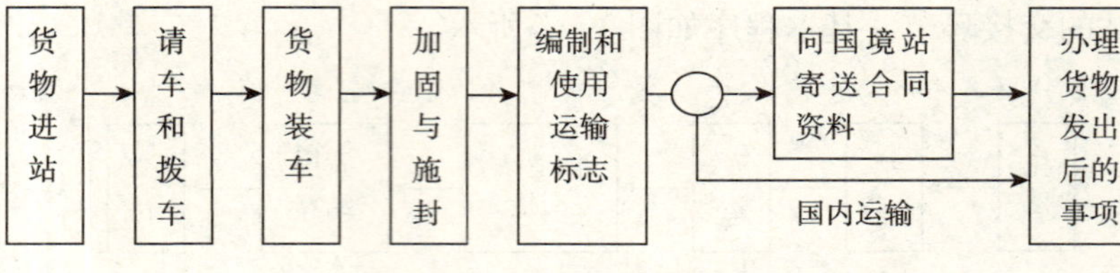

图 2－3　货物装车发运程序

（一）货物进站

货物应按铁路规定的时间进站。进站时，发货人应组织专人在车站接货，并会同铁路货运员对货物的包装状况、品名、件数、标记唛头、运单及随附单证等逐件进行检查，如发现问题或相互不符，要设法修复或更换，或者查明原因予以更正。货物全部搬入车站并经货运员验收完毕，确认符合运送要求后，发货人即可同货运员办理货物交接手续，并在运单上签字确认。零担货物经铁路货运员查验并过磅，由发货人按运单交付运杂费用后，货物在站内的保管和装车发运工作即由铁路负责。在专用线装车时，发货人应在货车调送前一日将货物搬至货位，并做好装车前的一切准备工作。

（二）请车和拨车

由铁路负责装车的货物，有关请车和拨车事项均由铁路自行处理。由发货人负责装车时，无论在车站的货场内装车或是在专用线装车，发货人都应按铁路批准的要车计划，根据货物的性质和数量，向车站请拨车辆。发货人要正确合理地选择车种和车辆吨位，尽量做到车种适合货种以及车辆吨位配合货吨，在保证安全的前提下充分利用车辆的载重量与容积，提高运输经济效益。铁路在货车调送到装货地点或车辆交接地点期间，应事先通知发货人；发货人根据送车通知按时接车，同时组织装车力量，在规定的时间内完成装货工作、按时交车，并将装车完毕时间通知车站。

（三）装　车

货物装车应具备三个基本条件：第一，货物包装完整、清洁、牢固，货物标志和标记清晰完善；第二，车辆车体完整清洁，技术状况良好，具备装货条件；第三，单证齐全，内容完备、准确。由发货人装车的货物，发货人应对其装车的货物进行现场监装。对铁路负责装车的货物，一般由铁路监装，在必要时要求发货人在车站货场检查装载情况。现场监装工作的内容有以下几方面：

1. 装车前，检查货位上的货物，复核点数，是否符合装车条件；
2. 货车调到时，伙同铁路货运员检查车辆是否符合装车要求；
3. 合理装载，装车时对装载货物做到心中有数，计算准确，装载合理，保证货物全部装车。检查货物是否装载恰当，确保货物运输安全；
4. 装车完毕，检查车辆是否封闭、加固、通风以及相应的安全措施；
5. 记录车号，做好发运登记，并在出口货物明细单上填写车号、运单号和装车日期；如实际车数与原单记载有出入时，应及时做好修改和更正；
6. 装车结束后，及时向车站交付运费，取回盖有发站承运戳记的运单副本和运单副本抄件。

（四）加　固

对于敞车、平车及其他特种车辆装运的超限货物，箱装、裸体的机械设备以及车辆等货物，应在装车时放置稳妥，捆绑牢固，以防运送途中发生移动、坠落、倒塌及互相碰撞，保证运送安全。

货物加固工作，应由铁路负责（自装车和专用线装车由发货人负责），但发货人应检查加固情况，如不合要求，应提醒铁路方面重新加固。

（五）施　封

施封是保证货物运输安全的重要措施之一，以便分清铁路与发货人、收货人之间以及铁路内部相关部门之间的相互责任。一般来说，装运国际联运出口货物的棚车、冷藏车、罐车都必须施封。

货车施封后，应使用只在毁坏后才能启开的封印。

铁路装车时由铁路施封。发货人装车由发货人施封，或委托铁路施封，但此时发货人应在运单“铅封”栏内注明“委托铁路施封”字样。

对出口货物和换装接运的进口货物，各发站和进口国境站必须用10号铁线将车门上部门扣和门鼻拧紧，在车门下部门扣处施封。

（六）编制和使用运输标志

运输标志又称唛头（Mark），一般印制在货物外包装上。按照我国规定，联运进口货物在订货工作开始前，由经贸部统一编制向国外订货的代号，作为收货人唛头，分别通知各订货单位使用，各进出口公司按照统一规定的收货人唛头对外签订合同。

收货人唛头按以下顺序排列：

1. 订货年度代号；
2. 承办订货进出口公司代号；
3. 收货人代号；
4. 间隔代号；
5. 商品类别代号；
6. 合同编号；
7. 贸易国别地区代号。

以上内容分别依国家经贸主管部门的统一规定，使用者可依其发布的代号表进行查询。

（七）向国境站寄送合同资料

当铁路运载的货物属于联运进出口货物时，向国境站寄送合同资料是必不可少的一步。合同资料是国境站核收货物的重要依据，各进出口公司在对外合同签妥后，要及时向货物经由国境站的外运分支机构寄送合同的中文抄本。对于由外运分支机构接受分拨的小额订货，必须在抄寄合同的同时，按合同内容添附货物分类表。

寄送的合同资料应包括合同中文抄本及其附件、补充协议书、变更申请书、更改书和有关函电、提前交货清单等。合同资料的内容应包括合同号、订货号、品名、规格、数量、单价以及经由国境站、到达路局、到站、收货人唛头、包装和运输条件等项目。向国外提出的合同变更资料，应同时寄送给国境站外运分支机构参考。如改变货物的经由国境站，必须将变更后的中文合同抄本寄送给新经由国境站外运分支机构，并通知原经由国境站外运分支机构注销合同资料。

（八）办理货物发出后的有关事项

1. 登记

在发货后，发货人的运输人员要将发货经办人的姓名、货物名称、数量、件数、毛重、净重、发站、到站、经由口岸、运输方式、发货日期、运单号、车号及运费等项目，详细登记在发运货物登记表内，作为原始资料。

2. 通知及上报

如合同有规定，在发货后发货人要通知收货人的，则发货人要及时通知；如果规定要上报总公司和当地有关主管部门的，要及时上报。

3. 修改和变更

如果货物发出后发现了错误，要及时电告货物经口岸的外运分支机构，要求代为修正，如发货后需要变更收货人、到站或其他事项的，要及时按规定通知原发站办理更改。

三、国际联运货物的国境站交接

在相邻国家铁路的终点，从一个国家铁路向另一个国家铁路办理移交或接收货物和车辆的车站称为国境站。根据“国际货约”和国境铁路议定书的规定，国际铁路联运进出口货物在国境站的交接由两国铁路共同负责，并负连带责任。

（一）国际铁路联运进出口货物在国境站交接的一般方式

1. 国境站货运调度根据国内前方站和临国国境站的货物列车到达预报和确报，通知交接主管处和海关做好列车的接车及检查准备工作；

2. 进出口货物列车进站后，铁路会同海关接车，并将列车随带的运送票据送交主管处处理，货物及列车接受海关的监管和检查；

3. 交接主管处内部联合办公，即由铁路、海关、外运分公司等单位按照业务分工进行流水作业，密切协作，加速单证和车辆的周转。

（二）进出口货物交接中的几个问题

1. 进出口货物单证资料的审核

审核进出口货物单证是国境站交接的一项重要工作，它对正确核放货物、纠正单证差错和错发、错运事故，保证出口货物顺利交接都具有重要意义。

出口货物运抵国境站后，交接所应将全部货运单证送外运公司进行审查，外运公司作为国境站的货运代理公司，审核单证时，要以运单内容为依据，审核出口货物报关单、装箱单、商检证书等记载的项目是否正确、齐全。如出口货物报关单项目遗漏、记载错误或份数不足，应按运单记载订正或补制；如运单、出口货物报关单、商检证三者所列项目不符时，有关运单项目的订正或更改，由国境站联系发站并按发站的通知办理；需要更改或订正商检证、品质证明书或动植物检疫证书时，应由出证单位通知国境站商检或通知检疫部门办理；海关查验实货，如发现货物与单证不符，需根据合同和有关资料进行订正，必要时应联系发货人解决。总之，国境站外运公司在订正、补制单据时，只限于代发货人缮制单证，而对运单、商检证、品质证明书、检疫证等国家行政管理机关出具的证件，均不代理订正或补制。

出口货物单证经复核无误后，应将货物出口报关单、运单及其他随附单证送海关，作为向海关申报和海关审核放行的依据。

2. 办理报关、报验等法定手续

铁路运输出口货物的报关，由发货人委托铁路在国境站办理。发货人应填制出口货物报关单，作为向海关申报的主要依据。

出口货物报关单格式由我国海关总署统一制定。发货人或其代理人须按海关规定逐项填写，要求内容准确、详细，并与货物、运单及其他单证记载相符，字迹端正、清晰，不可任意省略与简化。对于填报不清楚或不齐全的报关单，以及未按海关法的有关规定交验出口许可证等有关单证者，海关将不接受申报；对于申报不实者，海关将按违章案件处理。铁路车站在承运货物后，即在货物报关单上加盖站戳，并与运单一起随货同行，以便国境车站向海关办理申报。

3. 凭铅封交接与按实物交接

货物的交接方式可分为凭铅封交接与按实物交接两种情况。如图 2－4 所示。

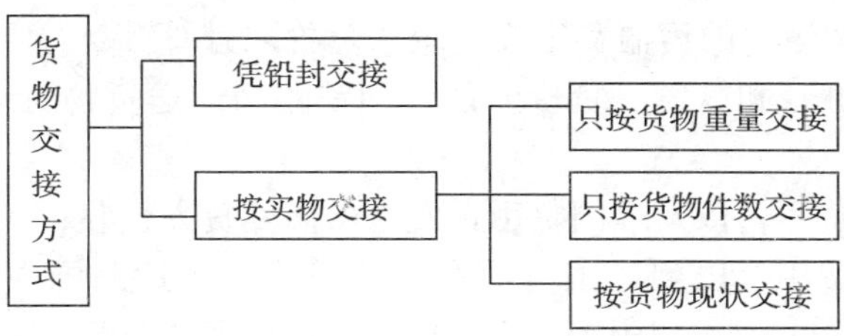

图 2－4 货物交接方式

凭铅封交接的货物，根据铅封的站名、号码或发货人简称进行交接。交接时应检查封印是否有效或丢失，印文内容、字迹是否清晰可辨、同交接单记载是否相符，车辆左右侧铅封是否一致等，然后由双方铁路凭完整铅封办理货物交接手续。

按实物交接的货物可分为只按货物重量、只按货物件数和按货物现状交接三种形式。只按货物重量交接的，如两国铁路间使用敞车、平车和沙石车散装煤、石膏、焦炭、矿石等货物；只按货物件数交接的，如两国铁路间用敞车类货车装载每批不超过 100 件的整车货物；按货物现状交接的，一般是难于查点件数的货物。

在办理货物交接时交付方必须编制“货物交接单”，没有编制交接单的，在国境站不得办理交接。

4. 出口货运事故的处理

联运出口货物在国境站换装交接时，如发现货物短少、残损、污染、湿损、被盗等事故，国境站外运公司应会同铁路查明原因，分清责任，分别加以处理。由于铁路原因造成的，要提请铁路编制商务记录，并由铁路负责整修，整修所需包装物料，由国境站外运公司根据需要与可能协助解决，但费用由铁路承担；由于发货人原因造成的事故，在国境站条件允许的情况下，由国境站外运公司组织加工整修，但须由发货人提供包装物料，负责所有的费用和损失，因技术条件限制无法在国境站加工整修的货物，应由发货人到国境站指导，或将货物返回发货人处理。

四、费用结算

国际铁路联运的货物运输费用包括货物运费、杂费（押运人乘车费、装卸费、口岸换装费等）及自承运货物至交付收货人期间发生的其他费用。

（一）计算和核收运输费用的依据及规定

国际铁路货物联运的运输费用按运输合同缔结当日有效的下列运价规程计算：

第一，相邻国家铁路间运送时——发送国和到达国铁路的运输费用，应按各国铁路国内运价规程计算，如这些国家铁路间签订有直通运价规程，可按该运价规程计算。

第二，过境运送时——发送国和到达国铁路的运输费用，应按各国铁路现行的国内运价规程计算；而过境路的运输费用，按各有关路采用的用于该种国际运送的过境运价规程计算。

我国在办理国际铁路货物联运时，进出口货物在国内段的运输费用按我国的《铁路货物运价规则》计算，《统一货价》参加国过境我国铁路或我国过境其他《统一货价》参加国铁路货物运送的运输费用按《统一货价》计算。

参加《国际货协》和《统一货价》的各国铁路间运送货物时运输费用的核收规定如下：

1. 发送路运输费用，以发送国货币在发送站向发货人核收；

2. 到达路运输费用，以到达国货币在到达站或按到达路国内规定向收货人核收。中国铁路规定，对进口货物，国内段运费由进口国境站向收货人核收；

3. 过境路运输费用，按承运当日统一货价计费，以瑞士法郎算出的款额，按支付当日规定的兑换率折成核收运输费用国家的货币，在发送站向发货人或在到达站向收货人核收。

核收过境路的运输费用时，若在参加《统一货价》的各国铁路之间运送货物，在发送站向发货人或在到达站向收货人核收；从参加《统一货价》的国家向未参加《统一货价》的国家运送货物时，在发送站向发货人核收，相反方向运送时，则在最终到达站向收货人核收。

通过几个过境铁路运送时，准许由发货人支付一个或几个过境铁路的运输费用，而其余铁路的运输费用，由收货人支付。但是，我国过境蒙古发往原苏联的货物，其过境运输费用一律在发送站向发货人核收，不准许在到达站向收货人核收。

自20世纪90年代初起，过境货物运输费用的清算，正逐渐由《国际货协》和《统一货价》参加国铁路间相互清算，演变为各国指定的国际货物运输代理公司之间清算。目前，过境俄罗斯、蒙古、哈萨克斯坦铁路外贸货物的运送，必须通过与上述国家铁路签有协议的运输代理公司来办理，由这些代理公司向铁路支付过境运费。

中国铁路规定，自2000年7月1日起，过境我国铁路的外贸货物运送，一律由经国家主管部门批准、认可的具有国际货物运输代理权并拥有过境货物运输代理业务经营范围的企业（简称代理人）办理。过境运费以《统一货价》规定的费率为基础，提供了相应的减成，在接入国国境站或港口站（由港口站接入时）向代理人核收。

（二）我国国内段铁路运输费用的计算

国际铁路联运货物国内段的运输费用，除了一些特殊规定外，均适用《铁路货物运价规则》的一般规定。对运输费用的特殊规定有：

1. 运价里程

应按国内发（到）站至出（进）口国境站的最短经路确定（但《铁路货物运价规则》的《货物运价里程表》内有计费经路的，应按规定计费经路计算运价里程），并将出（进）口国国境站至我国与邻国国境线的运价里程计算在内；进口货物在国境站应收货人的代理人要求受理货物运输变更时，运费按进口国国境线至新到站的里程通算。

2. 计费重量

进口整车货物，按下列规定确定计费重量：

（1）以一辆车或数辆车接运一批货物以及数辆车套装接运数批货物（包括换装剩余的整车补送货物），按接运车辆标重计费。货物重量超过标重时，按货物重量计费。

（2）以一辆车接运数批货物，每批按30t计费，超过30t按货物重量计费。

（3）原车过轨不换装货物，按车辆标重计费，货物重量超过标重时，按货物重量计费。

（4）汽车按接运车辆标重计费。发送路用双层平车装运的小轿车，换轮直达到站时，每车计费重量为90t。

3. 杂费

除《铁路货物运价规则》列出的杂费项目外，国际铁路货物联运国内段杂费还包括：验关手续费、货物声明价格费、换装费、变更手续费、货车滞留费等。

（三）过境运输费用的计算

1. 计算过境运输费用的程序

国际铁路联运货物过境运输费用按照《统一货价》计算，计算程序如下：

（1）在《统一货价》的“过境里程表”中分别查找货物所通过各个国家的过境里程。

（2）在《统一货价》附件《国际铁路货物联运通用货物品名表》中，确定所运货物适用的运价等级和计费重量标准。

（3）在《统一货价》的《过境统一货价参加路慢运货物运费计算表》（以下简称《计算表》）中，根据运价等级和各过境运送里程，找出相应的运价率。

（4）货物计费重量除以100后，再乘以其适用的运价率，即得该批货物的基本运费。

（5）根据货物运送的办理种别，确定其适用的加成率。《统一货价》对过境货物运费的计算，是以整车慢运货物为基础的，对其他办理种别的货物，在基本运费的基础上，再加上基本运费与其适用的加成率的乘积，即可得该批货物的过境运费。

（6）按规定的项目和标准，计算出发生的杂费和其他费用。

2. 运费的计算

(1) 整车货物运费的计算

①慢运整车货物运费的计算

a. 过境里程的确定。一国的过境里程系指从进口的国境站（国境线）到出口的国境站（国境线）或以港口站为起讫的里程。

b. 过境运价等级的确定。根据货物名称及其顺序号或所属类、项来确定。

c. 计费重量的确定。整车货物按照货物的实际重量计算，但不得低于车辆装载最低计费重量标准。四轴车装载最低计费重量标准为：一等货物 20t；二等货物 30t。

对于 1435mm 轨距铁路的货物运费，不应超过该批货物按规定轴重所可能装载重量计算出的运费。在个别情况下，所承运货物重量超过其按容许轴重可能装载的重量时，其运费应根据货物实际重量计算。

运送自轮运转的货物时，运费按照《计算表》中所列的每轴运费乘以按自轮运转货物运送的机车车辆轴数计算。

在办理按一张运单用直达列车或成组车辆运送的货物时，将每辆车作为一批整车货物分别计算。

d. 运价率的确定。根据货物的运价等级和过境运送里程在《统一货价》的《过境统一货价参加路慢运货物运费计算表》中查出。

e. 运费的计算公式：

$$运费 = 货物运价率 \times 计费重量 \div 100$$

②快运及随旅客列车挂运整车货物运费的计算

$$快运整车货物运费 = 货物运价率 \times 计费重量 \div 100 \times (1 + 100\%)$$

$$随旅客列车挂运整车货物运费 = 货物运价率 \times 计费重量 \div 100 \times (1 + 200\%)$$

(2) 零担货物运费的计算

零担货物按照货物的实际重量计费：

$$慢运零担货物运费 = 货物运价率 \times 计费重量 \div 100 \times (1 + 50\%)$$

$$快运零担货物运费 = 货物运价率 \times 计费重量 \div 100 \times (1 + 50\%) \times (1 + 100\%)$$

(3) 集装箱货物运费的计算

按零担和整车办理的小吨位、中吨位集装箱货物和托盘货物的运费，按零担和整车的计费方法计算，但箱盘自重不予计费。运送属于铁路的小吨位、中吨位空集装箱和空托盘，免收运送费用。大吨位集装箱装运的货物和大吨位空集装箱只按大吨位集装箱货物办理运送。发货人应对每一个“重”或“空”大吨位集装箱填写单独运单。每一个大吨位集装箱的运费均应单独计算。

计算集装箱货物运费时应根据以下资料：

①集装箱种类：20ft、30ft 或 40ft（即按集装箱尺寸分类的 20、30 或者 40 英尺货柜）。

②过境运价里程。

慢运 20ft 大吨位重集装箱的运费，按一等 15t 核收，而不按箱内货物的实际重量。30ft 和 40ft 集装箱的运费，按 20ft 集装箱的费率计算后，再分别加收 50% 和 100%。

20ft、30ft 和 40ft 大吨位空集装箱的运费，按相应种类重集装箱运费的 50% 核收。

快运大吨位集装箱的运费，按慢运费率计算后，再加收 50%；若随旅客列车运送时，则加收 100%。

3. 杂费的计算

（1）货物换装费：包装货物和成件货物，每 100kg 按 1.2 瑞士法郎核收；散装和堆装货物，每 100kg 按 1.0 瑞士法郎核收；罐装货物（包括冬季加温），每 100kg 按 0.8 瑞士法郎核收；

集装箱换装费按以下规定核收：①总重 2.5t 及 2.5t 以下的小吨位重集装箱：8.8 瑞士法郎/箱；②总重超过 2.5～10t 以下（含 10t）的中吨位重集装箱：17.6 瑞士法郎/箱；③大吨位重集装箱：68.0 瑞士法郎/箱；④大吨位空集装箱：34.0 瑞士法郎/箱。

（2）更换轮对费。每轴核收 70.0 瑞士法郎。

（3）验关费。①整车货物：每批 4.0 瑞士法郎；②大吨位集装箱货物：每箱 4.0 瑞士法郎；③零担货物：每批 2.2 瑞士法郎。

（4）固定材料费。在国境站换装货物时，由铁路供给的设备、用具和装载用的加固材料，不论车辆载重量如何，每车核收 35.1 瑞士法郎。

（5）声明价格费。不论快运或慢运，每一过境路的声明价格费，按每 150 瑞士法郎核收 2 瑞士法郎，不满 150 瑞士法郎的按 150 瑞士法郎计算。

4. 过境运输费用计算实例

蒙古一家公司从日本购买的一批 58t 铁管，由日本通过海运运到我国天津新港，然后过境我国铁路，从二连浩特站运到蒙古。要求计算该批货物通过我国铁路的过境运输费用。

解：该批货物为慢运整车货物，且铁管为 37 类 1 级，按实际重量计费，计费重量为 58t。由《中国国境站间运价里程表》可知，天津新港至二连浩特的过境运价里程为 993km。查《过境统一货价参加路慢运货物运费计算表》得其运价率为 4.58 瑞士法郎/100kg。

该批货物的运费为：运费 $=4.58\times58000\div100=2656.4$（瑞士法郎）

其杂费有：换装费 $=1.2\times58000\div100=696.0$（瑞士法郎）；验关费每车 4.0 瑞士法郎

该批货物的过境运输费用为：$2656.4+696.0+4.0=3356.4$（瑞士法郎）

五、铁路货物交付

货物交付应遵循如下程序：

第一，货物调度根据前方列车到达预报、通知做好接车准备工作；

第二，货物列车进站后，铁路方面及时接车，并检查列车随车带交的运送票据；

第三，通知收货人接货。

货物抵达到站后，铁路应通知运单所记载的实际收货人，发出货物到达通知，通知收货人提取货物。收货人收到到货通知后，必须向车站领取货物，并支付运送费用。

收货人领取货物时，应在运单“货物交付收货人”栏内填记货物领取日期，并加盖收货戳记，收货人只有在货物因毁坏或腐坏而质量发生变化，以致部分货物或全部货物不能按原用途使用时，才可以拒绝领取货物。

六、货场管理

- 车站货场是铁路办理货物运输的场所，应加强管理，建立必要的工作制度和良好的工作秩序，经常保持安全、整洁、畅通。

车站要应用现代化管理方法和新技术设备管理货场，提高工作质量和服务质量，完成货物运送任务，保证货物安全，努力做到：服务文明化，管理科学化，作业标准化，不断提高运输集装化和装卸机械化水平。

- 车站应根据货运设备、装卸机具和办理货物种类等情况合理划分货区、确定货位分工，充分发挥货场的作业能力。
- 车站应协调好货运、装卸、运转部门间的关系，明确分工，组织各部门密切配合，不断改进货物运输管理。
- 货场内禁止闲杂人员进入，限制各种车辆进入货物仓库、站台、货棚，禁止托运人、收货人在货场内直接或变相买卖货物。

未经铁路局批准，货场内不允许其他单位设点办公。

- 需要机械装卸汽车、马车或船舶的货物（包括集装箱），应由货场内设置的铁路装卸机械作业。货场允许收货人以自备交通工具进出货场。铁路局规定由铁路负责零担货物出入库的车站，托运人、收货人不得进库取货、送货。

收货人领取整车货物时，车站应督促收货人将货位清扫干净，并将残留的货底、衬垫物等搬出货场。

- 业务量大的货场应制定货场交通管理办法，防止车辆堵塞，保证货场畅通。
- 货场应建立包区、包库或包线负责制，货场清扫分工负责制，运输票据、货物检查交接制，取送车作业制，站车交接检查制，保价运输管理制，门卫、巡守、消防制，衡器使用、维修、保管制，统计分析制等项作业制度。
- 货运设备包括仓库、货棚、站台、货物线、货区及通道、房屋、装卸机具、衡器、军用加固材料、防湿篷布以及上水、加冰、洗刷除污、用于货运业务的电子计算机等各项设施。车站要设专职或兼职人员管理货运货场设备。

第三节　铁路集装箱运输

【教学小贴士】

本节摘录了我国《铁路集装箱运输规则》的有关内容。这些内容比较实用，可作为自选教学内容，是否在课堂上讲授，可根据教学需要而定。

一、总　则

集装箱运输是铁路货物运输的一种重要方式。在铁路运输的集装箱可以分为以下类型：

按箱型分为：1ft 箱、5ft 箱、10ft 箱、20ft 箱、40ft 箱。20ft 以上的集装箱称为大型集装箱；

按箱主分为：铁路集装箱和自备集装箱；

按类型分为：通用集装箱和专用集装箱；

铁路集装箱是铁道部所属的集装箱，自备集装箱是托运人配置或租用的集装箱。

用于国内铁路运输的自备集装箱，应符合《自备集装箱编号和标记涂刷规定》；用于国际间进出口运输的国际集装箱，应根据国际有关条约和协议的规定，经有关机构鉴定或认可，在箱体上有相应的标志。不符合规定的，不能按集装箱办理运输。

周转集装箱是托运人投资制造的铁路集装箱。运量大而稳定或占用集装箱时间长的托运人可使用周转集装箱。

周转集装箱的投资制造和使用按《周转集装箱使用规定》办理。

集装箱办理站名和办理自备大型集装箱运输专用线名在《货物运价里程表》中公布。

专用线所有人要求在专用线办理自备集装箱以及托运人或收货人要求在专用线临时到发自备集装箱，均应向车站提出申请，报铁路局审批。

承运人和托运人对适箱货物应采用集装箱运输，对《集装箱适箱货物品名表》中规定的货物，在发站有运用空箱时，必须使用集装箱运输。

集装箱运输应采用“门到门”运输。托运人和收货人可使用自有运力或委托运输单位进行“门到门”运输，承运人应提供便利条件。个人自用物品和搬家货物可在站内装箱和掏箱。

集装箱集散站是设立在车站之外的具备库场和装卸、搬运设备的货运代理企业。车站与集散站之间的关系是承运人与托运人的关系。

集装箱集散站在库场存留铁路集装箱、使用铁路集装箱进行整箱和拼箱运输、进行公（水）铁联运的，车站应报请铁路局同意，与其签订协议，并派货运人员参与管理。

办理接取送达业务的运输企业，应与车站签订协议。

二、运输基本条件

集装箱在集装箱办理站间办理运输，自备集装箱还可在经铁路局批准的专用线发送或到达。

铁路集装箱和自备集装箱不能按一批办理托运。使用承运人提供的回空自备集装箱装运货物，按铁路集装箱办理。

下列货物不能使用通用集装箱装运：

- 易于污染和腐蚀箱体的货物，如水泥、炭黑、化肥、盐、油脂、生毛皮、牲骨、没有衬垫的油漆等。
- 易于损坏箱体的货物，如生铁块、废钢铁、无包装的铸件和金属块等。
- 鲜活货物（经铁路局确定，在一定季节和一定区域内不易腐烂的货物除外）。

- 危险货物（另有规定的除外）。

托运的集装箱每箱总重不得超过该集装箱的标记总重。在对集装箱总重有限制规定的办理站间运输时，不得超过限制的总重。

集装箱不办理军事运输。

三、托运、承运和交付

托运人托运集装箱，应按批提出货物运单一份。每批必须是同一箱型，至少一箱，最多不得超过铁路一辆货车所能装运的箱数，且集装箱总重之和不得超过货车的容许载重量。

使用自备集装箱或要求在专用线卸车的，应在货物运单"托运人记载事项"栏内记明"使用×吨自备箱"或"在××专用线卸车"。

托运人应使用箱体状况良好的集装箱。

使用铁路集装箱时，承运人应提供箱体状况良好的集装箱。托运人在使用前必须检查箱体状况，发现箱体状况不良时，应要求更换，承运人应及时给予更换。

集装箱的装箱由托运人负责。装箱时应码放稳固，装载均匀，充分利用箱内容积，不撞砸箱体。

集装箱内单件货物的重量超过100kg时，应在货物运单"托运人记载事项"栏内注明。

集装箱由托运人进行施封。施封时左右箱门把锁舌和把手须入座，在右侧箱门把手锁件施封孔施封锁（环）一个。使用施封环施封时，应用10号或12号铁线将箱门把手锁件拧固并剪断燕尾。5t以上集装箱必须使用施封锁施封。托运的空集装箱不施封。

特殊类型集装箱的施封方法另行规定。

托运人施封后，应在货物运单上逐箱填记集装箱箱号（自备集装箱应有箱主代号）和相应的施封号码。货物运单内填记不下时，填记在货物运单背面。

已填记的施封号码不得随意更改，必须更改时，托运人应在更改处盖章证明。

托运人接收集装箱时，应核对集装箱箱号和施封号码。

托运人应在集装箱门把手上拴挂一个货签（1t集装箱在箱顶吊环上加挂一个），货签上货物名称栏免填。拴挂前应撤除集装箱上残留的旧货签。

集装箱箱体上除铁道部另有规定的外，禁止张贴或涂写任何标记和标志。

承运人对托运人确定的货物重量和货物品名应进行抽查。

发现集装箱总重超过集装箱标记总重时，应按规定核收违约金。发运站发现时，在托运人对集装箱减载后运输。

需要开箱检查货物时，在发运站应通知托运人到场；在到站应通知收货人到场；无法约见托运人或收货人时，应会同驻站公安检查。托运人有违约责任时，应按规定向托运人或收货人核收违约金和因检查产生的作业费用。可继续运输的，车站应会同托运人或驻站公安补封，编制货运记录。

到站应在车站货场（托运人要求在专用线卸车的在专用线）向货物运单内所记载

的收货人交付集装箱。因车站货场能力限制，经铁路局批准并有当地政府的明文规定，对超过免费留置期的集装箱，承运人可委托指定单位代为保管，即移地保管。个人自用物品和搬家货物不得移地保管。

集装箱的掏箱由收货人负责。掏空后应清扫干净，撤除货签，关闭箱门。有污染的须洗刷干净。

车站对交回的空箱应进行检查，发现收货人未清扫或未洗刷的，应在收货人清扫或洗刷干净后接收，或以收货人责任委托清扫人员清扫洗刷。

收货人领取托运人自备集装箱时，自备集装箱与货物应一并领取。

10t 以下自备集装箱需要回送时，收货人应在车站交付集装箱的当时填写特价运输证明书，记明箱号，经承运人签证，30 日内办理托运，向原发站回送。承运人凭特价运输证明书核收回空运费。

承运人可以利用回送的自备集装箱（国际集装箱另有规定）装运货物至回送的到站，免收回空运费。

承运人对托运的零星小件、零担货物可拼箱运输，按零担货物承运，并核收集装箱使用费。

四、进出站和留置时间

托运人或收货人从车站搬出铁路集装箱时，须提出车站认可的证明。搬出的铁路集装箱应按时送回车站，并保证完好。

从车站搬出铁路集装箱时，承运人根据货物运单填写铁路集装箱出站单（格式一）两联。甲联留车站存查；乙联随箱同行，作为出门凭证，并在集装箱送回车站时，交还承运人。承运人收妥集装箱并结清费用后，在还箱收据上加盖车站戳记和经办人章，交给托运人或收货人。

（一）延期使用费

托运人或收货人使用铁路集装箱超过下列免费留置期限的，自超过之日起核收集装箱延期使用费：

1. 发送的集装箱：站内装箱时，应于承运人指定的进货日期当日装完；站外装箱时，应于承运人指定的日期领取空箱，按指定的进货日期进站；

2. 到达的集装箱应于承运人发出催领通知的次日（不能实行催领通知的为卸车次日）起算，2 日内领取集装箱。站内掏箱时，应于领取的当日内掏完；站外掏箱时，应于领取的次日内将该空箱或装有指定当日进站货物的该重箱送回。

集装箱集散站存留的铁路集装箱免费留置时间，亦按上款规定计算。

（二）货物暂存费

集装箱在车站存放超过下列免费暂存期限的，自超过之日起核收货物暂存费。

1. 发送或回送的集装箱应于承运人指定的进站日期当日进站完毕；

2. 到达的集装箱应于承运人发出催领通知的次日（不能实行催领通知的为卸车次日）起算，2 日内领取集装箱，并于领取的当日内掏完或将集装箱搬出车站。

车站站长可以延长集装箱在站内的免费留置期限，当铁路局按规定缩短免费暂存期限时，集装箱的免费留置期限也作相应缩短。

五、承运人与托运人、收货人的交接

（一）车站货场交接

承运人与托运人或收货人在车站货场交接集装箱时，重箱凭箱号、封印和箱体外状，空箱凭箱号和箱体外状。

箱号、施封号码与货物运单记载一致，施封有效，箱体没有发生危及货物安全的变形或损坏时，箱内货物由托运人负责。

（二）专用线交接

在专用线装车或卸车的集装箱，按下列规定办理交接。

1. 托运人组织装车并由收货人组织卸车的集装箱，由车站与托运人或收货人商定交接办法；

2. 承运人组织装车并由收货人组织卸车的集装箱，到站应派人员至卸车地点会同收货人卸车，并按前条规定办理交接；

3. 托运人组织装车并由承运人组织卸车的集装箱，发站应派人员至装车地点按前条规定办理交接，并会同托运人装车。

在专用铁道装车或卸车的集装箱，车站与专用铁道所有人商定交接方法。

发站在接收托运的重箱时，检查发现箱号或封印内容与货物运单记载不符，未按规定关闭箱门、拧固、施封以及箱体损坏的，应由托运人改善后接收。

收货人在接收集装箱时，应按货物运单核对箱号，检查施封状态、封印内容和箱体外状。发现不符或有异状时，应在接收当时向车站提出。

到站向收货人交付重箱时，对封印脱落、失效、站名或号码不符、箱体损坏危及货物安全的集装箱应向收货人出具货运记录，并按记录点交货物。

在交接中发现铁路集装箱损坏，涉及托运人或收货人责任时，由托运人或收货人在集装箱破损记录上签认。发现自备集装箱丢失或损坏时，承运人应编制货运记录。

铁路集装箱由于托运人或收货人责任造成丢失、损坏及无法洗刷的污染时，应由托运人或收货人负责赔偿。自备集装箱由于承运人责任造成上述后果时，应由承运人负责赔偿。赔偿额按实际发生的费用计算。

【参考案例】

发达国家铁路的经营模式

随着外界条件、社会意识形态及经济理论的发展变化，铁路政策不断演变。20 世纪 80 年代以来的全球性铁路改革，对当今铁路的发展产生了重大影响。目前，国外铁路整体经营最为成功的是美国、加拿大和日本。美国和加拿大都是地域辽阔、经济发达、各种运输方式发展水平都很高的国家，国内资源丰富，产业部门齐全，从经济角度来看，与我国有较多的相似点。日本的国土面积、资源条件、运输体系的结构虽然与我国差异显著，但是在社会文化方面有较多的近似之处。两地经验的综合，能够为我国未来铁路运输企业的发展提供有益的参考。另外，瑞典在铁路改革方面进行了大胆的探索，其经验也值得我们借鉴。

一、北美铁路经营模式

北美铁路公司呈显著的两极分化现象，90%以上的业务和收入集中在Ⅰ级铁路公司。北美的铁路公司一般被认为是“纯铁路公司”，严格地说，这是一个近似概念，是一个在近期得到了进一步强化的现象。目前，美国Ⅰ级铁路公司以铁路货运为主营业务的构架非常清晰。2002年年末，北美有7家Ⅰ级铁路公司，主营业务对公司总收入的贡献一般不低于95%，如联合太平洋铁路公司（UP）在2001年以来的主营业务比重在95%以上，2002年和2003年，伯灵顿北方和圣塔菲公司（BNSF）的主营业务分别占总收入的98.8%和98.6%。

尽管副业在铁路运输公司中的地位不高，但种类却相对丰富，如圣塔菲公司的其他业务包括特殊目的子公司、管道公司、保险公司，UP的其他业务包括芝加哥通勤铁路、信托公司、特殊目的公司等，曾经经营的汽车运输、物流、自然资源、废弃物管理等业务已分别于2003年、1998年、1996年、1995年被出售。

在所有Ⅰ级铁路公司中，美国CSX集团的业务结构是比较复杂的，该集团的业务分为三部分；核心业务单元（即铁路运输业务、联运、集装箱枢纽）、其他运输业务单元（技术服务、地产、各类增值服务、物流中的IT服务）、非运输业务单元（旅馆业务、天然气管道建设）。2003年，核心业务单元的收入占公司的98%（铁路运输收入占公司总收入的79%，联运占16%，集装箱枢纽业务占3%）。

加拿大国家铁路公司（CN）和加拿大太平洋铁路公司（CP）是总部位于加拿大的北美Ⅰ级铁路公司。CN于1995年通过上市实现了由国有向私有的转变。在实行私有化之前，除铁路运输之外，CN还经营公路运输、旅馆、房地产、通信、轮渡等，是一家典型的国有企业集团。在私有化过程中，加拿大政府及CN的管理层按照中介公司的咨询意见逐步剥离了非核心业务，以塑造“纯铁路公司”的形象，并获取足够的现金流以降低公司的负债率，为公司在美国上市做准备。CN“纯铁路公司”改造获得了很大的成功，公司股票获得了超过8倍的认购。2001年以来，铁路货运收入占公司总收入的96%以上。

CP经历了巨大的变化，从成立之时的“太平洋铁路公司”，到1971年成立母公司“太平洋有限责任公司”统一管理铁路运输、旅馆、石油天然气、采矿等，再到2001年实现了集团公司的业务分拆，成立了铁路运输、船舶运输、煤炭、旅馆、能源5家相互独立的公司。分拆后，CP的铁路运输业务收入占总收入的95%左右。CP的其他收入主要来自调车作业、房地产等。

北美的实践表明，所谓“纯铁路公司”，实际上是指以铁路运输为核心业务，并不从根本上排斥非核心业务，但副业一定是以铁路运输业务发展需要为根本出发点的。这种经营方式是经过多年的发展演变而来的。

二、日本铁路经营模式

经营是日本铁路公司增强自身吸引力的重要手段，以日本国家铁路改革后第一个成功实现民营化的JR东日本公司为例，公司的宗旨是：以坚实可靠的铁路服务为中心，成为一家综合性的生活型服务机构。这一宗旨就决定了公司业务范围很广，除铁路客运以外，还包括仓储、旅游、广告、出版发行、旅馆餐饮、车站房地产开发、百货、信用卡等数十种业务，核心业务占总收入的70%左右。日本其他铁路公司的经营情况也是类似的。在副业中，通过充分利用车站空间开发的各类服务占了重要地位。

多元化经营在日本铁路中是比较成功的，其根本原因是公司所选择的副业以开发自身优势资源为基础。如高速铁路车站有很强的区位优势，处于繁华地段而又交通便捷，是公司办公的理想地点之一。以车站巨大的日客流量为基础，考虑到日本的生活节奏很快，在车站开展商业服务便可以满足旅客节省时间的需求。在这种情况下，多元经营体现出了集团公司对公司资源进行充分把握和有效利用的努力，有助于增强投资者对公司的信心。

三、瑞典铁路经营模式

瑞典铁路在1988年实现“网运分离”后，建立了负责基础设施的国家铁路管理局（BV）和负责铁路运营的瑞典国家铁路公司（SJ）。2000年，SJ按照内部已有的业务部门划分情况，将公司分拆为6家独立的公司，即客运公司、绿色货运公司、房地产公司、机械工程与维护公司、运输服务公司、数据公司。瑞典铁路认为，分拆后，各公司可以将精力集中于自己的核心业务上，有助于向市场提供更加专业化的、物美价廉的服务，满足消费者的需求，并带来相应的投资回报。

将铁路服务过程中的各个环节独立成公司是瑞典的特色，这一做法在形式上比北美的“纯铁路公司”更为激进，但实际经济模式和收入结构类似。以客运公司为例，客运公司是以铁路客运服务为主业，拥有多个公司、涉及多种产业的集团公司，它通过向其他公司采购站台服务、维修服务等来完成自己的客运服务。客运公司全资拥有7家子公司，与挪威国铁合资（双方各占50%）拥有一家运输公司，在另外的5家公司中也拥有较大股份。瑞典铁路客运公司设立子公司或投资于其他公司的基本出发点是：该子公司或合资公司的成立必须能够支持或增强公司的核心业务——铁路客运。根据这一原则，2001年里，瑞典铁路客运公司出售了所持有的4家公司的股份，因为它们不能支持集团公司的核心业务。2002年客运收入占总收入的94%。

发达国家走过的道路表明，铁路运输企业的经营没有定式可用，各国都在探索适合于自己的道路。但各国在选择经营模式时所考虑的因素有一定的共性，包括4个方面的因素：一是要考虑的是赢利能力和投资者的偏好，这是市场经济的一条基本原则。二是产业分工的进度和产业结构的完整化程度，进入某产业的机会多少和成本高低。三是投资者的投资理念，即投资者是以产业为投资对象，还是以企业为投资对象。如果投资者在进行投资决策前重点考察的是有潜力的产业，则企业必须注重于向投资者表明自己重点经营的产业，反之，如果投资者以选择企业为重点，则企业要向投资者表现自己通过各种途径获得赢利的能力。四是铁路运输的服务对象。日本的铁路以客运为主，北美则以货运为主，他们所面对的市场具有不同的特性，因此必须采取不同的措施以充分挖掘服务对象身上所蕴藏的潜力。瑞典铁路除为货主和旅客服务外，还要满足政府实现环境保护、减少补贴或明确补贴的使用方向等意图，因此，瑞典模式又与北美和日本模式有所不同。

资料来源：广西物流网站。

【课后习题】

1. 公路货运业务管理包括哪些主要环节？货物托运受理有哪些操作内容？
2. 运单在公路运输中的作用是什么？它包含哪些内容？
3. 公路运单的签订、变更和解除有哪些规定？
4. 公路货物运输费用的计算方法是什么？收款办法有哪些？
5. 公路运输货物交接有哪些规定？
6. 铁路货运业务的基本程序是什么？货物托运和承运有哪些规定和手续？
7. 铁路的装车发运有哪些步骤和要求？
8. 国际联运货物的国境站交接有哪些规定？
9. 铁路货运的费用如何结算？
10. 铁路货场管理有哪些要求？
11. 铁路货运的集装箱如何分类？集装箱运输的基本条件有哪些？
12. 发达国家的管理模式有哪些？对我国有什么借鉴价值？

第三章　空运与海运作业管理

【学习要点】

航空货运和海洋货运的业务内容比较复杂，本章将介绍航空货运系统的构成、航空货运的经营方式和作业程序；介绍海洋货运系统组成要素、海运的经营方式和业务程序、集装箱海运流程和业务分工等。教学重点是空运与海运的经营方式、基本程序以及货物托运与交接过程中的注意事项等。

第一节　航空货运系统的构成

航空货运系统由运输对象、运输参与者和运输手段等基本要素构成。这里重点介绍作为航空运输手段的基础设施。航空货物运输系统的基础设施包括机场、飞机、航线和集装设备等。它们为航空货运提供了基础条件。

一、机场与航线

（一）机　场

机场又称航空港，是航空运输的经停点，是供飞机起飞、降落、停放以及组织、保障飞机活动的场所。

按机场所处的位置可分为干线机场和支线机场。按业务范围可分为国际机场和国内机场。其中国际机场需经政府核准，可以用来供国际航线的飞机起降营运，空港内配有海关、移民、检疫和卫生机构。而国内机场仅供国内航线的飞机使用，除特殊情况外不对外国飞机开放。

1. 机场设施

（1）跑道与滑行道：前者供飞机起降，后者是飞机在跑道与停机坪之间出入的通道；

（2）停机坪：供飞机停留的场所；

（3）指挥塔或管制塔：它是飞机进出机场的指挥中心。其位置应有利于指挥与航空管制，维护飞行安全；

（4）助航系统：是安全飞行的辅助设施。包括通信、气象、雷达、电子及目视助航设备；

（5）输油系统：为飞机补充油料；

（6）维护修理基地：为飞机在归航以后或起飞以前做例行检查、维护、保养和修理；

（7）货栈；

（8）其他各种公共设施：包括给水、电、通信交通、消防系统等。

2. 世界上的主要货运机场

法国的戴高乐机场、德国的法兰克福机场、荷兰阿姆斯特丹的希普霍尔机场、英国的希思罗机场、美国的芝加哥机场、日本的成田机场和中国香港的赤腊角机场等都是现代化、专业化程度较高的大型国际货运空中枢纽。每年货运量都在数十万吨以上。

3. 我国大陆的国际航空货运机场

目前我国大陆主要在北京、上海、天津、沈阳、大连、哈尔滨、青岛、广州、南宁、昆明和乌鲁木齐等机场接办国际航空货运任务。

（二）航　线

民航从事运输飞行，必须按照规定的路线进行，这种路线叫做航空交通线，简称航线。航线不仅确定了航行的具体方向和经停地点，还根据空中管理的需要规定了航路的宽度和飞行的高度层，以维护空中交通秩序，保证飞行安全。

航线按飞机飞行的路线分为国内航线和国际航线。飞机飞行的路线起讫点、经停点均在国内的称为国内航线，飞机飞行的路线跨越本国国境，通达其他国家的航线称为国际航线。

我国国内航线按其起讫点的地域关系分为干线航线和支线航线。干线是指连接首都北京和各省省会、直辖市或自治区首府的航线，以及连接两个或两个以上的省会、直辖市、自治区首府之间的航线。支线是指一个省、自治区之内或之间除省会、首府以外的城市之间的航线。

世界主要航线有北大西洋航线、北太平洋航线、欧亚航线、欧非航线、欧洲—拉美航线、北美—拉美航线、北美—非洲航线、北美—大洋洲航线、亚洲—大洋洲航线、北极航线等。

二、飞　机

航空运输的航空器主要是飞机。常见的飞机有螺旋桨式飞机、喷气式飞机和超音速飞机。飞机的种类和载重量见表 3－1 和表 3－2。

表 3－1　　飞机分类表

种类	普通型/中短途	高载型/洲际
客　　机	DC－8，DC－9 B707，B720，B727， B737，BAC111	DC－10 LH－1011，A300
货　　机	DC－10，DC－9，DC－8，B707	DC－10，B747
客货混合机	分为两种：（1）前仓运客，后仓运货，如 B747，Combi； （2）上仓运客，下仓运货，如一般航班飞机。	

表 3－2　　飞机载重表

机　型	载　重	机　型	载　重
B737	货仓 1.45t/8m^3	B747E	货仓 15t/102m^3
B727	货仓 3.3t/18m^3	B747combi	货仓 35t/195m^3
A310	货仓 7.8t/15m^3	B737 全货机	15.1t/102m^3
A300	货仓 10t/58m^3	DC－8 全货机	48.8t/271m^3
DC－10	货仓 14t/80m^3	B747 全货机	104.7t/591m^3

按照用途的不同，飞机也可分为客机、全货机和客货混合机。客机主要运送旅客，行李一般都装在飞机的深舱。由于到目前为止，航空运输仍以客运为主，客运航班密度高、收益大，所以大多数航空公司都采用客机运送货物。不足的是，由于客机舱位少，每次运送的货物数量都十分有限。全货机运量大，可以弥补客机的不足，但经营成本高，故只限在某些货源充足的航线使用。客货混合机可以同时在主甲板运送旅客和货物，并根据需要调整运输安排，是最具灵活性的一种机型。

三、集装设备

航空运输中的集装设备主要是指为提高运输效率而采用的托盘和集装箱等成组装载设备。为使用这些设施，飞机的甲板和货舱都设置了与之配套的固定系统。

由于航空运输的特殊性，这些集装设备无论从外形构造还是技术性能指标都具有自身的特点。以集装箱为例，就有主甲板集装箱和底甲板集装箱之分。我们在海运中常见的 40ft 和 20ft 的标准箱就只能装载在宽体飞机的主甲板。

第二节　航空货物运输方式

航空货运的经营方式有班机运输方式、包机运输方式、集中托运方式和联运方式等。

一、班机运输

班机是指定期开航、定航线、定始发站、定目的港、定途经站的飞机。一般航空公司都使用客货混合型飞机。一方面搭载旅客，一方面又运送少量货物。但一些较大的航空公司在一些航线上开辟定期的货运航班，使用全货机运输。

班机运输特点：

● 班机由于固定航线、固定停靠港和定期开飞航，因此国际间货物流通多使用班机运输方式，能安全迅速地到达世界上各通航地点。

● 收、发货人可确切掌握货物起运和到达的时间，这对市场上急需的商品、鲜活易腐货物以及贵重商品的运送是非常有利的。

● 班机运输一般是客货混载，因此，舱位有限，不能使大批量的货物及时出运，往往需要分期分批运输。这是班机运输的不足之处。

二、包机运输

包机运输方式可分为整包机和部分包机两类。

（一）整包机

1. 整包机即包租整架飞机，指航空公司按照与租机人事先约定的条件及费用，将整架飞机租给包机人，从一个或几个航空港装运货物至目的地；

2. 包机人一般要在货物装运前一个月与航空公司联系，以便航空公司安排运载和向起降机场及有关政府部门申请，办理过境或入境的有关手续；

3. 包机的费用一次一议，随国际市场供求情况而变化。原则上，包机运费是按每一飞行公里固定费率核收费用，并按每一飞行公里费用的80%收取空放费。因此，大批量货物使用包机时，均要争取来回程都有货载，这样费用比较低。反之则运费比较高。

（二）部分包机

1. 含义

由几家航空货运公司或发货人联合包租一架飞机或者由航空公司把一架飞机的舱位分别卖给几家航空货运公司装载货物。

2. 部分包机与班机的比较

（1）时间比班机长。尽管部分包机有固定时间表，但往往因其他原因不能按时起飞。

（2）各国政府为了保护本国航空公司利益，常对从事包机业务的外国航空公司实行各种限制。如包机的活动范围比较狭窄，降落地点受到限制。需降落在指定地点外的其他地点时，一定要向当地政府有关部门申请，同意后才能降落（如申请入境、通过领空和降落地点）。

3. 包机的优点

（1）解决班机舱位不足的矛盾；

（2）货物全部由包机运出，节省时间和多次发货的手续；

（3）弥补没有直达航班的不足，且不用中转；

（4）减少货损、货差或丢失的现象；

（5）在空运旺季缓解航班紧张状况；

（6）解决海鲜、活动物的运输问题。

三、集中托运

（一）集中托运的概念

集中托运是指将若干票单独发运的、发往同一方向的货物集中起来作为一票货，填写一份总运单发运到同一到站的做法。

（二）集中托运的具体做法

1. 将每一票货物分别制定航空运输分运单，即出具货运代理的运单 HAWB；

2. 将所有货物区分方向，按照其目的地相同的同一国家、同一城市来集中，制定出航空公司的总运单 MAWB。总运单的发货人和收货人均为航空货运代理公司；

3. 打出该总运单项下的货运清单（Manifest），即此总运单有几个分运单，号码、件数、重量等；

4. 把该总运单和货运清单作为一整票货物交给航空公司。一个总运单可视货物具体情况随附分运单（也可以是一个分运单，也可以是多个分运单）。如一个 MAWB 内有 10 个 HAWB，说明此总运单内有 10 票货，发给 10 个不同的收货人；

5. 货物到达目的站机场后，当地的货运代理公司作为总运单的收货人负责接货、分拨，按不同的分运单制订各自的报关单据并代为报关，为实际收货人办理有关接货管货事宜；

6. 实际收货人在分运单上签收以后，目的站货运代理公司以此向发货的货运代理公司反馈到货信息。

（三）集中托运的限制

1. 集中托运只适合办理普通货物，而对于等级运价的货物，如贵重物品、危险物品、活动物以及文物等，不能办理集中托运；

2. 目的地相同或临近的可以办理，如某一国家或地区，其他则不宜办理。

（四）集中托运的特点

1. 节省运费

航空货运公司的集中托运运价一般都低于航空协会的运价。发货人可得到低于航空公司的运价，从而节省费用。

2. 提供方便

将货物集中托运，可使货物到达航空公司到达地点以外的地方，延伸了航空公司的服务，方便了货主。

3. 提早结汇

发货人将货物交予航空货运代理后，即可取得货物分运单，可持分运单到银行尽早办理结汇。

集中托运方式已在世界范围内普遍开展，形成了较为完善和有效的服务系统，为促进国际贸易发展和国际科技文化交流起到了良好的作用。集中托运成为我国进出口货物的主要运输方式之一。

四、联　运

（一）联运方式的概念

陆空联运是火车、飞机和卡车的联合运输方式，简称 TAT（Train-Air-Truck）；或火车、飞机的联合运输方式，简称 TA（Train-Air）。

（二）国内出口货物的联运方式

我国大陆内的空运出口货物通常采用陆空联运方式。我国幅员辽阔，国际航空港口岸主要在北京、上海、广州、香港等地。虽然省会城市和一些主要城市每天都有班机飞往上海、北京、广州，但班机所带货量有限，费用比较高。如果采用国内包机，费用更贵。因此在货量较大的情况下，往往采用陆运至航空口岸，再与国际航班衔接。

由于汽车具有机动灵活的特点，在运送时间上更可掌握主动，因此一般都采用“TAT”方式组织出运。

（三）外运分公司的具体做法

我国长江以南的外运分公司目前办理陆空联运的具体做法是用火车、卡车或船将货物运至香港，然后利用香港航班多，到欧洲美国运价较低的条件（普通货物），把货物从香港运到目的地，或运到中转地，再通过当地代理，用卡车送到目的地。而长江以北的公司多采用火车或卡车将货物送至北京、上海航空口岸出运。

发运前，要事前与陆空联运货物在香港的收转人联系，满足他们对单证的要求，便于提前订舱。各地发货时，可使用外运公司的航空分运单，也可使用“承运货物收据”。有关单据上要注明是转口货，要加盖“陆空联运”字样的标记，以加速周转和避免香港特区征税。

第三节　航空货运业务运作基本程序

航空货物运输程序，是指物流公司从发货人手中接货到将货物交给航空公司承运这一过程所通过的环节、所需办理的手续以及必备的单证。

航空出口货运的起点是从发货人手中接货，终点是把货交给航空公司。航空进口货运的起点是从航空公司手中接货，终点是把货交给收货人。

物流公司的航空货运业务大致包括：揽货收货→选择运输方式→订舱或包机→接单接货→制单→报关→发运→费用结算→信息传递。如图3－1所示。

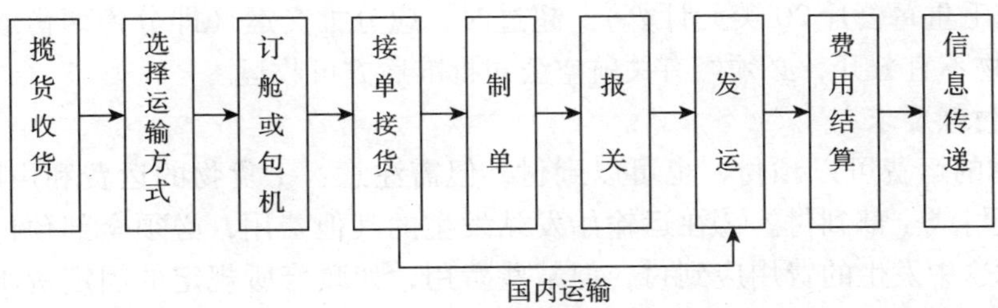

图3－1　航空货运业务程序

一、揽　货

揽货是指物流公司为争取更多的业务，到有进出口业务的单位进行推销，揽取业务的活动。

二、选择运输方式

根据货运的具体情况，选择合适的运输方式（内容见前节）。

三、订　舱

订舱是指向航空公司申请运输并预订舱位的活动。订舱的具体做法是：接到发货人的发货预报后，向航空公司领取并填写订舱单，写明货物的名称、体积、重量、件数、目的港及要求出运的时间等。航空公司根据实际情况安排航班和舱位。

四、接单接货

接单是指航空货运代理公司在订到舱位后，从发货人手中接过货物出口所需的一切单证，其中主要是报关单证。

接货是指航空货运代理公司把即将发运的货物从发货人手中接过来，运送到机场。

货物收运条件有以下几项：

（一）一般规定

1. 根据中国民航各有关航空公司的规定，托运人所交运的货物必须符合有关始发、中转和到达国家的法令、规定以及中国民航各有关航空公司的一切运输规章；

2. 凡中国及有关国际政府和空运企业规定禁运和不承运的货物，不得接收；

3. 托运人必须自行办妥始发海关、检疫等出境手续。中国民航各空运企业暂不办理“货款到付”（COD）业务；

4. 货物的包装、重量和体积必须符合空运条件。

（二）价值限制

每批货物（即每份货运单）的声明价值不得超过 10 万美元或其等值货币（未声明价值的，按毛重每公斤 20 美元计算）。超过时，应分批交运（即分为两份或多份货运单）；如货物不宜分开，必须经有关航空公司批准后方可收运。

（三）付款要求

1. 货物的运费可以预付，也可以到付，但需注意：①货物的运费和声明价值费，必须全部预付或全部到付。②在运输始发站发生的其他费用，必须全部预付或全部到付；在运输途中发生的费用应到付，但某些费用，如政府所规定的固定费用和机场当局的一些税收，也可以预付；在目的地发生的其他费用只能全部到付。

2. 托运人可用下列付款方式向承运人或其代理人支付运费：人民币现金（或中国人民银行国内支票）。

五、制　单

制单是指缮制航空货运单，包括总运单和分运单。

缮制航空货运单是空运出口业务中最重要的环节，运单填写的正确与否，直接关系到货物能否及时、准确地运达目的地。因此，必须详细、准确地填写各项内容。

（一）航空运单的性质与作用

航空运单是航空运输中最重要的单据，它是由承运人或其代理人签发的一份运输合同。其性质和作用有：

1. 承运合同

航空运单一旦签发，便成为签订承运合同的书面证据，因此该合同必须由发货人或其代理人与承运人或其代理人签订后方能生效。

2. 接收货物的证明

当发货人将其货物发运后，承运人或其代理人将一份航空运单正本交给发货人，作为已接收其货物的证明。

3. 运费账单

航空运单上分别记载着属于收货人与发货人应负担的费用和属于代理的费用，因此，航空公司将第二联正本运单留存作为运费账单和发票。同时，货运代理之间的费用结算也以航空运单作为凭证。

4. 报关单据

当航空货物运达目的地后，应向当地海关报关。在报关所需各种单证中，航空运单通常是海关放行查验时的主要凭证。

5. 保险证书

若承运人承办保险或者发货人要求承运人代办保险，则航空运单即可作为保险证书。

6. 承运人内部业务交接的依据

承运人必须根据运单上记载的有关内容办理货物的发货、转运、交付等各项事宜。

（二）航空运单的种类

航空运单分为以下两大类：

1. 航空主运单

航空主运单是承运人办理该运单项下货物的发运和交付的依据，是承运人与托运人之间订立的运输契约。凡第一批由航空运输公司发运的货物都需具备主运单，通常它有3份正本和至少6份以上的副本。

2. 航空分运单

航空分运单是航空货运代理人在办理集中托运业务时签发给每一发货人的运单。航空主运单与航空分运单的关系，可参考图3－2。

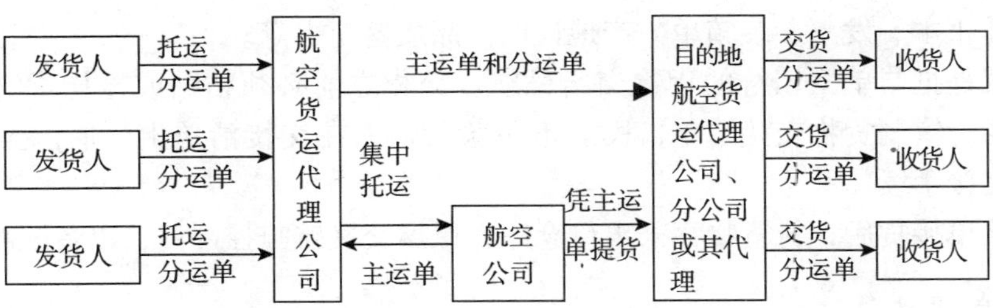

图3－2　航空主运单与航空分运单的关系示意图

航空主运单的当事人为航空公司与货运代理人；而航空分运单的当事人为航空货

运代理公司与发货人。

货物的接收一般是货物到达目的站后，由航空货运代理公司在该地的分公司或其代理人凭主运单向当地航空公司提取货物，然后按分运单分别拨交给各收货人。

六、报　关

进出口报关是指发货人或其代理人在发运货物之前，向出境地海关提出办理出口手续的过程。

（一）申　报

申报是通关工作的正式开始，报关单位及其申报人必须承担相应的法律和经济责任。在申报工作中，首先由出入境货物收发货人或其代理人、出入境运载工具的负责人，在通过海关监管的口岸时，按规定填写出入境货物报关单或采用电子数据传送向海关进行申报，并呈交海关要求的文件、单证与证明。其次，海关接单，进行编号登录、签注申报日期，并对单证及内容进行审核（初审和复审）。最后，通过审核，符合各项规定要求的，则接受报关。

（二）征　税

征税即海关就单证货物进行审价、核定税率和计征关税的行为，若属于减免税货物，则依法予以减免。海关按规定计征关税并开出银行缴款书给申报人，申报人凭海关开出的缴款通知书及时到指定银行缴纳税款。

（三）查　验

海关凭申报人的银行缴款书的回执进行验货，查验结果是海关放行的重要依据和条件。

（四）放　行

海关按规定完成应办事项，在报关单、有关货运单证和文件、证明上加盖海关放行章，或通过电子途径予以确认，以示海关同意收货人提货或发货人出运货物。

七、发　运

发运就是向航空公司交单交货，由航空公司安排航空运输。

交单就是将随飞机的单据和应由承运人留存的单据交给民航。随机单据包括第三联航空运单正本、发票、装箱单、产地证明、品质鉴定书等。

交货就是把与单据相符的货物交给民航。交货之前必须粘贴或拴挂货物标签，核对清点货物，缮制货物交接清单，民航审单验货后，在交接清单上签收。至此即算办完了单货交接手续。

民航接单接货后，将货物存入出口仓库，单据交民航吨控部门，以备配舱。

八、费用结算

（一）计费重量

航空公司规定，在货物体积小、重量大时，按实际重量计算；在货物体积大、重量小时，按体积计算。在集中托运时，一批货物由几件不同的货物组成，有轻泡货也有重货的情况下。其计费重量则采用整批货物的总毛重或总的体积重量，按两者之中较高的一个计算。

（二）航空公司运价和费用的种类

1. 运价

承运人为运输货物对规定的重量单位（或体积）收取的费用称为运价。运价指机场与机场间的空中费用，不包括承运人、代理人或机场收取的其他费用。

2. 运费

根据适用运价计得的发货人或收货人应当支付的每批货物的运输费用称为运费。

3. 费率区划

航空公司按国际航空运输协会所制定的三个区划费率收取国际航空运费。一区主要指南北美洲、格陵兰等；二区主要指欧洲、非洲、伊朗等；三区主要指亚洲、澳大利亚。

4. 主要的航空货物运价有四类：

（1）一般货物运价（GCR）；

（2）特种货物运价或指定商品运价（SCR）；

（3）货物的等级运价（CCR）；

（4）集装箱货物运价（UCR）。

5. 起码运费

这是航空公司办理一批货物所能接受的最低运费，不论货物的重量或体积大小，在两点之间运输一批货物应收取的最低金额。不同地区有不同的起码运费。

6. 有关运价的其他规定

各种不同的航空运价是指从一机场到另一机场，而且只适用于单一方向，不包括其他额外费用，如提货、报关、接交和仓储费用等。运价通常使用当地货币公布。运价一般以公斤或磅为计算单位。航空运单中的运价是按出具运单之日所适用的运价。

九、信息传递

航空货运代理公司在发运货物后，应及时将发运信息传递给发货人，提供航班号、运单号和出运日期等，并随时提供货物在运输过程中的动态信息。与此同时，将由发货人留存的单据，包括盖有放行章和验讫章的出口货物报关单、出口收汇核销单、第一联航空运单正本以及用于出口产品退税的其他单据，寄送发货人。

对于集中托运的货物，还应将发运信息预报收货人所在地的国外代理，以便其及时接货、及时查询、及时分拨处理。

第四节　海上货运系统要素和经营方式

物流海运是指使用船舶通过海上航道运送货物的一种运输方式。本节主要介绍海上运输系统的构成和海上货运经营的方式。

一、海上货运系统要素

海上货运系统主要由以下要素组成：

（一）实际承运人

经营海上货物运输的实际承运人，包括经营运输业务的船公司、联营公司、集装箱运输公司等。

（二）无船承运人

在海上集装箱运输中，经营集装箱货运的揽货、装箱、拆箱、内陆运输及经营中转站或内陆站业务，但不掌握运载工具的专业机构，称之为无船承运人。它在承运人与托运人之间起着中间桥梁作用。

（三）集装箱租赁公司

这是随集装箱运输发展而兴起的一种新兴产业。它专门经营集装箱的出租业务。

（四）联运保赔协会

一种由船公司互保的保险组织，对集装箱运输中可能遭受的一切损害进行全面统一的保险。

（五）集装箱码头（堆场）经营人

这是指具体办理集装箱在码头的装卸、交接、保管的部门，它受托运人或其代理人以及承运人或其代理人的委托提供各种运输服务。

（六）集装箱货运站

在内陆交通比较便利的大中城市设立的提供集装箱交接、中转或其他运输服务的专门场所。

（七）货　主

货主是货物的所有者，包括委托人（或托运人）和收货人。

二、海上运输经营方式

国际贸易海上运输按照船舶的经营方式主要有班轮运输（又称定期船运输）和租船运输（又称不定期船运输）两种。

（一）班轮运输

班轮运输（Liner Transport）是指船舶在固定的航线上和港口间按事先公布的船期表航行，从事客货运输业务并按事先公布的费率收取运费。

1. 班轮运输的特点和作用

（1）班轮运输的特点

①“四固定”。即航线固定、港口固定、船期固定和费率相对固定。这是班轮运输的基本特点；

②运价内已包括装卸费用。货物由承运人负责配载、装卸，承运人和托运人双方不计算滞期费和速遣费；

③承托双方的权利、义务、责任、豁免以船公司签发的提单条款为依据。

（2）班轮运输的作用

①特别有利于一般杂货和小额贸易货物运输。在国际贸易中，除大宗商品利用租船运输外，零星成交、批次多、到港分散的货物，只要班轮有航班和舱位，不论数量多少，也不论直达或转船，班轮公司一般均愿意接受承运；

②有利于国际贸易的发展。班轮运输的“四固定”特点，为买卖双方洽谈运输条件提供必要依据，使买卖双方有可能事先根据班轮船期表，商定交货期、装运期以及装运港口，并且根据班轮费率表事先核算运费和附加费用。从而能比较准确地进行比价和核算货物价格；

③提供较好的运输质量。参加班轮运输的船公司所追求的目标是：保证船期，提高竞争能力，吸引货载。班轮公司派出的船舶一般技术性能都比较好，设备较全，船员技术水平也较高。此外，在班轮停靠的港口，一般都有自己专用的码头、仓库和装卸设备，有良好的管理制度，所以货运质量较有保证；

④手续简便，方便货方。班轮承运人一般采取码头仓库交接货物的做法，并负责办理货物的装卸作业和全部费用。通常班轮承运人还负责货物的转口工作，并定期公布船期表，为货方提供了极大方便。

2. 班轮公会（Freight Conference）

（1）定义

班轮公会又称航运公会，俗称水脚公会。它是由两个或两个以上在同一条航线上经营班轮运输的船公司，为避免相互间的竞争，维护共同利益，通过在运价和其他经营活动方面签订协议而组成的国际航运垄断组织。

（2）班轮公会的产生

创办海运业，不像开创铁路运输那样需要投入巨资、征用土地和铺设轨道。有意经营者不论规模大小，均可营运。仅有一条船的经营者，也可令其船借助天然航道通航世界各地。因此，海运业和其他行业相比更富竞争性。当某一条航线同时存在几家、几十家甚至更多的船公司经营班轮运输时，激烈的竞争尤易发生。在这种情况下，各船公司往往以降低运价来争揽货载。但是，运费又是船公司最主要的收入来源，如果无节制地降低运价，则会危及船公司的生存。正因为如此，作为维护船公司自身利益的手段，在班轮公司之间产生了班轮公会的组织。1875 年，经营英国至印度港口之间从事货运的英国 7 家公司成立的加尔各答班轮公会，创世界班轮公会之先。目前在国际间的主要航线上，几乎都存在班轮公会这类航运垄断组织。

有些船公司同时经营数条班轮航线，也同时成为数家班轮公会的会员。这一情形强化了班轮公司之间的联系。资本雄厚的班轮公司甚至在几个班轮公会中占据垄断地位，左右公会事务。有时几个班轮公会联手，组成联合公会，增强公会竞争力。例如，墨西哥湾联合水脚公会，就是由 9 个班轮公会联合组成的，控制着墨西哥至欧洲北部、地中海、南非和东非的货运。

（3）班轮公会的主要业务

班轮公会的主要业务是限制和调节班轮公会内部的相互竞争，同时防止或对付来自公会外部的竞争，从而达到垄断航线货载的目的。在限制和调节班轮公会内部的相互竞争时，班轮公会主要采取以下措施：

①制定费率。制定费率是班轮公会最主要的一项工作。所有参加公会的会员公司，协定共同遵守的费率，因此这一费率又称协定费率。在协定费率中，又有固定费率和最低费率之分。固定费率是指会员公司之间协议而为某一航线制定的一个固定运价，所有会员公司都必须遵守并按统一的运价计收运费，不得有任何增减。最低费率是指会员公司为某一航线制定的一个最低费率，所有的会员公司只能按高于或等于所规定的费率计收运费，而不得按低于所规定的费率收费。

②统一安排营运。班轮公会在其控制的航线上，限制航次及挂靠港口，规定各会员公司在一定时期内船舶艘次数和每一航次的靠港数，并制定船期表。对此，各会员公司都必须遵守。

公会在安排营运时的另一措施是限制货载，为各会员公司划定装货区域，规定各会员公司在一定时期内货载的分配数额，但允许有一定百分比的伸缩。

③统筹分配收入。公会为了平衡各会员公司的利益，将会员公司运费收入的全部或部分集中起来，按预先规定的比例进行分配。对那些为公会利益作出牺牲的会员公司而言，此为一种补偿性安排。

（4）着眼于防止或对付来自外部的竞争，公会又采取以下措施

①规定延期回扣制。这是班轮公会争揽货载时常用的回扣制度。此制度规定，货主必须同公会签订所谓“忠诚信约”（Loyalty Contract），即在一定时期内，货主将自己的货物全部交由某一班轮航线的班轮公司运输，在计算期届满时，可按整个计算期间所支付运费总额的一定百分比从班轮公会取得回扣。按照延期回扣制，在连续两段期间内，货主将其货物全部交给该班轮公会运输，才能得到自己应得的回扣。否则将被剥夺回扣享受权。

②合同费率制。合同费率制又称双重费率制，它实际上是延期回扣制的替代方式。在这种制度下，货主与班轮公会签订全部交运合同，享受特别低廉的公会运价或运价不变的待遇。那些没有与班轮公司签订全部交运合同的货主则不能享受合同费率，而必须按非合同费率计收运费。

③安排战斗船。这是班轮公会船舶与非会员船舶展开竞争的重要方式。当班轮公会垄断的航线上出现非会员船舶营运时，班轮公会即按照非会员船舶航行的相同船期和停靠港口，派出战斗船，以低于非会员的费率揽货承运，直到对方被挤出该航线为止。至于战斗船的一切损失，则由公会成员共同承担。

（5）关于1974年《联合国班轮公会行动守则公约》

进入20世纪60年代以后，广大的发展中国家为了发展民族经济，维护国家利益，强烈要求改变旧的经济体系，建立新的世界经济秩序。在国际航运领域，它们强烈反对受发达国家控制的班轮公会的各种垄断性做法，认为班轮公会把运价定在发达国家和工业国家而不利于发展中国家和原料出口国的水平上，是不合理的、不公平的。为了改变这一现象，1972年4～5月，在智利首都圣地亚哥举行的第三届联合国贸易和发展会议（UNCTAD）上，“七十七国”集团拟定了《班轮公会行动守则公约草案》，以限制班轮公会的活动。联合国大会于同年12月19日作出决议，并提交给秘书长。此后

联合国贸易和发展会议主持召开的全权代表会议审议并通过了此案，1974 年 4 月 6 日在日内瓦通过了《联合国班轮公会行动守则公约》，该公约于 1983 年 10 月 6 日正式生效。中国政府曾派代表团参加拟定和审议公约的工作，并于 1980 年 9 月 23 日加入公约。由于我国的远洋运输企业不参加任何班轮公会，因此我国不履行该公约的任何具体义务。

《联合国班轮公会行动守则公约》分为七个部分（共 54 条）和一个附件。公约规定禁止使用战斗船。

（二）租船运输

租船运输（Shipping by Chartering）又称不定期船（Tramp）运输。它与班轮运输不同，船舶没有预定的船期表、航线和港口。船期、航线及港口均按租船人和船东双方签订的租船合同规定的条款行事。也就是说，根据租船合同，船东将船舶出租给租船人使用，以完成特定的货运任务，并按商定运价收取运费。

1. 租船运输的特点和作用

租船运输的特点：

（1）租船运输没有固定的航线、固定的装卸港口和固定的船期。它根据租船人的需要和船东的要求，由双方洽商租船运输条件，并以租船合同形式加以肯定，作为双方权利与义务的依据；

（2）没有固定的运价。租船运价受租船市场供求关系的制约，船多货少时运价低，反之则高；

（3）租船运输一般是整船洽租并以装运货值较低、成交数量较多的大宗货物为主。

租船运输的作用：

（1）租船一般是通过租船市场，由船租双方根据自己的需要选择适当的船舶，满足不同的需要，为开展国际贸易提供便利；

（2）国际间的大宗货物主要以租船来运输，由于运量大，单位运输成本较低；

（3）租船运价是竞争价格，所以租船运价一般比班轮运价低，有利于低值大宗货物的运输；

（4）只要是船舶能安全出入的港口，租船都可以进行直达运输；

（5）当贸易增加、船位不足时，因造船、买船又难以应急，租船运输便可起到弥补需要的作用。另外，如一时舱位有余，为避免停船损失，也可借租船揽货或转租。

2. 租船方式

国际上使用较广泛的租船方式主要有以下三种：

（1）定程租船（Voyage Charter）

又称航次租船，是以航程为基础的租船方式。在这种租船方式下，船方必须按租船合同规定的航程完成货物运输任务，并负责船舶的经营管理以及船舶在航行中的一切费用开支，租船人按约定支付运费。

定程租船有以下特点：

①船舶的经营管理由船方负责；

②规定一定的航线和装运的货物种类、名称、数量以及装卸港口；

③船方除对船舶航行、驾驶、管理负责外，还应对货物运输负责；

④在多数情况下，运费按所运货物数量计算；

⑤规定一定的装卸期限或装卸率，并计算滞期费、速遣费；

⑥船租双方的责任、义务，以定程租船合同为准。

定程租船按运输形式又可分为以下几种：

①单程租船，也称单航次租船。即所租船舶只装运一个航次，航程结束时租船合同即告终止；

②来回程租船。这是租船合同规定在完成一个航次任务后接着再装运一个回程货载的运输形式；

③连续单程租船。这一运输形式要求在同一去向的航线上连续完成多个单航次运输。它的特点是完成若干个连续的航次，不能中断；船舶必须是一程运货，一程空放，船东不能利用空船揽载其他货物，一般航程较近；

④包运合同租船。即船东在约定的期限内，派若干条船，将规定的一批货物，按照同样的租船条件，由甲地包运到乙地，至于航程次数则不作具体规定。

（2）定期租船（Time Charter）

简称期租船。它由船舶出租人将船舶租给租船人使用一定期限，并在规定的期限内由租船人自行调度和经营管理。租金按月（或30d）、按每载重吨（DWT）若干金额计算。

期租船有以下特点：

①租赁期间，船舶的经营管理由租船人负责；

②不规定船舶航线和装卸港口，只规定船舶航行区域；

③除特别规定外，可以装运各种合法货物；

④船方负责船舶的维护、修理和机器的正常运转；

⑤不规定装卸期限或装卸率，不计算滞期费、速遣费；

⑥租金按租期每月每吨若干金额计算；

⑦船租双方的权利与义务，以期租船合同为准。

（3）光船租船（Bare Boat Charter）

它实际上也是期租船的一种，与一般期租船不同的是，船东不负责提供船员，只是将船交给租方使用，由租方自行配备船员，负责船舶的经营管理和航行等各项事宜，但是，把船交给租船人支配，船东往往心存疑虑。另外，由于雇佣和管理船员工作繁重复杂，租船人对这种方式也缺乏兴趣。因此光船租船方式在租船市场上较少被采用。

第五节　海上货运业务基本程序

海上货运作业程序比较复杂，从揽货开始，到交货完毕，要经过许多环节，主要作业环节如图3-3所示。

由于集装箱运输具有装卸效率高、车船周转快、劳动强度低、包装费用少、货损货差少和便于开展联运的优点，所以发展非常迅速，很快就遍及世界各主要航线。又由于各主要海运国家的船公司竞相扩大高速集装箱船队，所以世界集装箱船队的船舶数量和积载能力都有大幅度的增长。因此，这里介绍的海运业务，主要以集装箱班轮运输业务为对象。

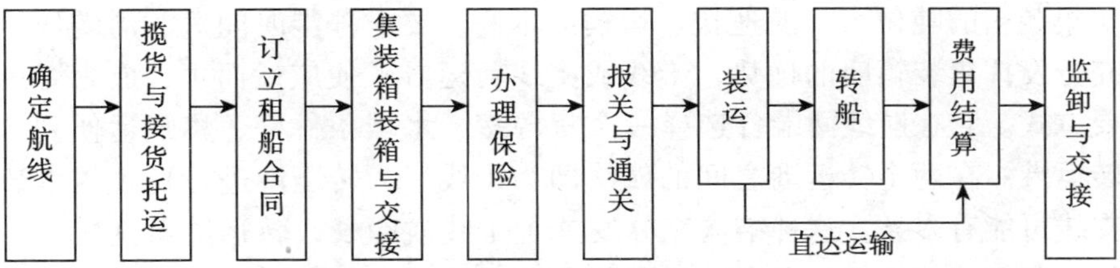

图3－3　海运业务程序示意图

一、确定航线

船舶在两个或两个以上港口之间从事运输的具体线路称为航线。定港、定船、定期、定运价的航线称为班轮航线。

（一）设置航线需要考虑的因素

船公司在设置航线时常考虑以下因素：

1. 货源

是否有保证船舶正常营运所需的充足且稳定的货源，要根据货源情况来确定，同时还要考虑基本舱位的多少。

2. 自然条件

包括地理环境、气候条件、航道的水深以及沿途港口状况是否适合船舶的安全航行。

3. 竞争因素

所拟定航线上各船公司的参与及其竞争力。

4. 政治因素

国家的外交、经贸政策及航线所在地区政局稳定的情况。

（二）设置航线的步骤

由于航运市场变幻莫测，竞争激烈，为保证航线开辟后有良好的经济效益，降低投资风险，必须在设置航线时进行优化。确定航线的步骤见图3－4。

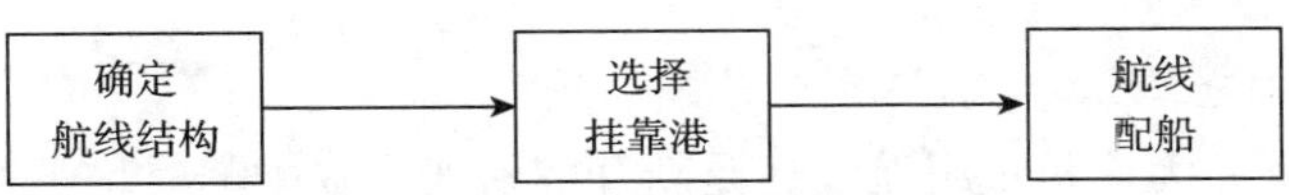

图3－4　确定航线程序

1. 确定航线结构

在选择、确定航线时，必须考虑船舶率。如果航线发船密度太大，而在发船间隔内每一始发港的发货量却极其有限，不可能装满整艘船，必然会造成很大的浪费，并直接导致经营成本的上升。在实践中，船部门为提高船舶装载率，往往采取多港挂靠直达运输方式，或干线/支线转运方式。多港挂靠方式可以提高船舶装载率，但却增加了船舶的停港时间和费用，只适于一般散货类或非集装箱货物的运输。

由于集装箱的吨位大、航速快、运输成本高，要求停港时间短、周转快、装载率高，为充分发挥集装箱船的优势，干线或支线转运方式便应运而生，成为海运航线选择的主要方式。它在航线两端各选择一个货源多、水域条件好、集疏运便利、装卸效率高的转运港。在两个转运港之间的航线即为干线。为转运港进行货物的集疏航线为支线，支线可能有多条。这种结构充分发挥了干线航距长，转运港条件优越，可以配备大吨位、高航速的船舶，而支线则因其港航条件差，配备小吨位、低航速船舶的特点，克服了多港挂靠的缺点。因此，在长距离的航线上，尤其是在环球航线上，几乎全部采用这种航线结构。

2. 选择挂靠港

船舶挂靠港口方案不同，或者是相同的挂靠港因其挂靠顺序不同，营运的经济效果也会有差异。因此，常以能够获得最大利润的挂靠港方案和挂靠顺序作为评价标准。

采取多港挂靠直达运输方式虽然可以减少中间环节，提高货运质量，但会使船舶停港时间和港口费用增加，而且受航线上港口水深条件的限制，从而造成运输成本上升。为了减少船舶挂靠次数，缩短停港时间，节约港口费用，通常根据港口货源的多少及其稳定程度对挂靠港进行取舍。对货流较大且稳定，需要船舶经常停靠的港口，选择为基本挂靠港；对于货源不足或不稳定的，船舶不一定经常停靠的港口，可作为非基本挂靠港。当然，基本挂靠港与非基本挂靠港只是相对固定的，应随着货源等情况的变化，进行适当的调整。挂靠港确定后，还应根据货物的流量、流向、挂靠港的营运情况、船舶到港时间等确定挂港顺序。

3. 航线配船

确定航线时，除重视航线、挂靠港的选择外，还要重视航线配船问题。不同类型船舶的营运效果是不同的，即使是同一类型但吨位不同的船舶营运效果也不一样。只有合理地、经济地进行配船作业，才能取得最佳效果。

新开辟航线配船必须进行船型论证。主要内容有：①拟定船舶主尺度方案；②拟定船舶吨位方案；③拟定船舶航速方案；④拟定船舶动力装置方案。船型方案拟定后，对各种方案进行技术、营运和经济指标的计算分析。通过各方案的技术、经济指标比较，从中选出最优方案。然后编制船舶设计计划任务书，经主管部门审批后进行设计制造或购买。

（1）配船原则

在一般情况下，无论是重组航线还是新开辟航线，在配船时均需遵循下列原则：

①船舶的结构、装卸性能应与所运货种、包装形式及港口装卸条件相适应，以缩短船舶在港停留时间，加快船舶的周转，保证货运质量；

②船舶航速应与航线上水流流速、风浪大小、船期表、所运货物价值的高低及船公司的竞争策略相适应；

③船舶的续航能力（加一次油后能行驶的最大里程）与航线上加油港位置相适应；

④船舶的尺度性能应与航道技术特征、碍航物所允许通行的船舶尺度、港口水深、泊位长度等相适应；

⑤船舶吨位应与发船间隔、平均昼夜发货量相适应；

⑥根据实际情况的变化，及时对配船方案进行调整。

（2）航线配船数计算

在物流师培训教材中，介绍了班轮航线的配船数计算公式：

$$N=\frac{T_{往返}\cdot Q_{\max}}{365\cdot A_{货}\cdot D_{定}}\text{（艘）}$$

其中：

$T_{往返}$表示船舶往返航次时间（d）；

$Q_{\max}$表示航线往返航向中较大的年货物发运量（t）；

$A_{货}$ 表示船舶载重量利用率（%）；

$D_{定}$ 表示船舶定额载重量（t）。

例如，某航线一端点港年货物发运量为 30 万 t，另一端点港年货物发运量为 15 万 t，船舶的载重量为 2 万 t，船舶载重量利用率平均为 0. 85，船舶往返航次时间为 120d，问此航线要配置多少艘同类船舶?

$$N=\frac{T_{往返}\cdot Q_{\max}}{365\cdot A_{货}\cdot D_{定}}=\frac{120\times300000}{365\times0.85\times20000}=5.8\approx6\text{（艘）}$$

二、揽货与接货托运

揽货托运作为海上运输业务的第一个环节，也是关键的环节。

揽货是指船公司从货主方面争取货源的业务行为。其目的是使自己所经营的货船能达到满载或接近满载，以取得较好的收益。

托运是指发货人自己或委托货运代理向承运人或其代理人办理海上货物运输的业务。

托运人或其代理人向承运人或其代理人申请货物运输，承运人对这种申请给予承诺，就是订舱。

作为船公司，接受订舱之后，一般要注意以下几个问题：

（一）做好船舶舱位的分配

船公司要根据航线挂靠港的实际情况，对该航线上的船舶舱位进行分配，并定出限额，分支机构或代理机构则依据所分配的船舶舱位范围来承揽货载，并及时根据行情的变化、舱位不足或过剩的情况，船舶发来的电报或各装货港交船公司的舱位报告，在各装货港之间进行调剂，使船舶舱位得到充分利用。

（二）注意订舱货物的性质、包装和重量

接受订舱时，必须注意货物的性质、包装和重量。如装运危险物品，在积载和保管方面有许多限制，则必须加以注意；装运超长件货品时，要考虑舱口大小的限制；

装运超重件货品时，要考虑船舶和装货港、卸货港设备能力等情况。

（三）杂货船的安全性

对于杂货船班轮，要考虑港口的条件、船舶吃水、泊位长度、吊干或起重机负荷等，以保证船舶能够安全靠泊和正常装卸。

（四）特殊货品的安全性

要考虑特殊货品的运输安全，如超大件货物（超长、超宽、超重）能否装运、鲜活物品的冷藏条件、冷冻物品的冷冻条件等。

（五）注意装卸港及通过港的法规

国际贸易货物，其装卸港和通过港常分属不同的国家，所适用的法律或港口当局的规章制度和管理办法也常不相同。所以在接受订舱时，须特别注意有关国家的法律和港口的规章制度，以免出现不必要的问题或纠纷。

（六）备齐单证

订舱所需的托运单、装货单、收货单等单证是否齐全，货物是否已经备妥。

（七）注意船舶的营运期限

根据船期表了解所需要的船舶能否按期到港，并注意营运船舶的截单期。所谓截单期，是指该船该航次接受订舱的最后日期，超过截单期船舶舱位（集装箱船的箱位）是否尚有多余，若有多余，船公司或其代理再次同意订舱，称为“加载”。截单期一般预定在装船期前若干天（一般5～10d，但至少3d），以利报关、制单、保险及货物集港、集装箱装箱等工作的进行。

三、订立租船合同

租船合同是指船东与租船人根据自愿原则达成的协议。租船合同的种类很多，当事人可选某一种作为协商的依据，对其中的条款可作增加、删除或修改。订立租船合同时应考虑到与进出口合同的衔接问题，以便装运任务的顺利完成。要了解合同中的有关规定，如船期、装运港和卸货港、货物的种类、包装和数量、装卸条件、运费的计算、支付的时间和地点、装卸期限、延滞费与速谴费等。租船市场运价变化大，成交大宗货物的单位应经常向外运部门了解租船市场的动态和运价趋势。

租船合同的主要条款及应注意的问题有：

（一）当事人

双方当事人必须用全称并应写明详细地址。

（二）船　名

船名除下列情况外，船东不得任意要求更改或以其他同型、同规范的船来代替。

1. 船东因船舶转售过户需要更改船名；

2. 租约订明的船只在到港前灭失，合同受阻，且租约中订有可以使用代替船的规定；

3. 租约将船名订错，经租船人调查验证，该船确系原来约定的船舶，则租船人不得拒绝。

（三）船　旗

租约订错船旗或船舶悬挂的不是约定中的船旗，都构成船东毁约行为，租船人有权撤约。

（四）船舶的适航性

船舶的适航性是履行运输契约的一项重要保证。《海牙规则》第四条对船的适航性有三条规定：

1. 船方在开航前和开航时必须恪尽职责，使船舶适航；

2. 船舶必须配备合格、足数的船员、装备和物料供应；

3. 货舱、冷藏舱、冷气舱及其他装货的部分应可以适宜和安全地收受、运输和保存货物。

《海牙规则》第四条第 1 款规定，对于船舶因不适航所致的货物损害或灭失，船方如要免责，必须承担“恪尽职责”的举证。

（五）船　期

即受载期，它是指从受载日（Laydays date）至解约日（Cancelling Date）的连续日期，船期可由双方商定，通常在 10～20d。

（六）装卸港口

在合同中一般作出明确规定，订明港口后，事后须更改港口或增加港口，船方有权要求增加运费或拒绝更改。

（七）船舶到达的含义

船舶到达通常是指船舶在解约日当天的 24 点前到达租约所指定港口的法定管辖区。如规定以递送“准备就绪通知书”作为到船，则应具备三个条件：

1. 船舶已到达所规定港口的商业区或指定的泊位；

2. 船舶已做好装货的准备；

3. 船长已将书面“准备就绪通知”送交租船人。

（八）港口租约

一般是以船舶到达港口商业区为准。

我国是以船舶到达港口锚地或港池外泊位即算到达。

有的租约为了避免对船舶到港解释不一致，便具体订明“船舶过港口海关”或“过灯塔”作为到船的标志。

（九）泊位租约

根据泊位租约，船舶必须到达指定的泊位才算到达，即船舶从等泊、过驳、等潮的停泊地点到指定泊位的航行时间应由船东承担，不算装卸时间。

（十）准备就绪和准备就绪通知书

“准备就绪”是指一艘船舶抵达指定的港口或泊位，并经过检疫办妥各项港口手续后，完全适合立即装卸租约所规定的货物。

（十一）安全港口

根据 1980 年波罗的海国际航运公会等四个组织联合发表的一个文件，“安全港口”是指一个港口在某一阶段时间内，船舶可以到达、驶入、停留或离开，在没有特殊情况下，没有遭遇于一个具有良好航海和船舶驾驶技术所不能避免的危险。所谓特殊情况，大致有：①政治上的战争、社会暴乱等；②船舶方面的航道吃水浅、港池小、大船无回转的余地；③港口方面的港口潮汐、航道标志、港口安全设施、气象预报等问题；④气候方面的大风暴、冰冻等。

（十二）就近条款

就近条款是指在合同中，在装卸港之后加上“或该港附近可以安全到达并经常保持起浮的地点”。如订有此条款，当船方认为指定的港口不安全时，船舶便可开到一个附近的安全港口装卸货物。此条款对租方不利。

此外，租船合同中还应写明货物、实载、装卸时间以及运费计算等条款。

四、集装箱装箱与交接

集装箱运输与传统的货物运输有很多不同。集装箱货物装箱方式一般有两种：整箱和拼箱。

整箱是指货主自行将货物装满箱以后，以箱为单位托运的集装箱。拼箱是指承运人（或代理人）接收货主托运数量不足满箱的货物的情况下，根据货类性质和目的地进行分类整理，把去同一目的地的货物集中到一定数量拼装入箱。

对于拼箱，在货物交接中，往往以提单上货物的最后一件由承运人接收待运的日期作为单证上的货物接收日期。

托运人在将货物交给承运人托运时，应提供每批货物的详尽资料，包括：

第一，货物名称、装港、卸港、交货地点、标记、毛重（kg）、体积（立方米取三位小数）、件数、包装、离岸价格（Free on Board）、运费支付方式、特种货性能、冷藏货温度要求、重件（每件超过5t）的每件重量及尺码、超尺寸货物的尺寸。

第二，集装箱箱型、箱类、箱量、封志号、箱内件数、包装、重量、体积、空箱重量、整箱毛重、运输方式等。

对于货物名称、重量或尺码，承运人有权开启集装箱进行检查。在证实托运人有不正当行为的情况下，检查费用和由于检查直接产生的任何货损均由托运人承担。

五、办理保险

在货物集港之前，货主即向保险公司办理货物海洋运输保险事宜。办理运输保险首先要选择保险的险别，海上货物运输保险的主要险别有平安险、水渍险和一切险三种，可根据货运情况和需要进行选择。其次要选择保险公司，要选择经济实力雄厚、经营稳定性好、价格合理、处理索赔公平、及时、服务周到的保险公司。

办理投保手续比较简单，向保险公司索取投保书空白表格，填妥后交给保险公司，保险公司就可制妥并签发保险单。

六、报关与通关

大多数海运都涉及进出口贸易，因此海关申报工作是必不可少的。在以出口贸易最为普遍的集装箱海运中，承载进出口集装箱货物的运输工具负责人或代理人，应按规定向海关申报，并在交验的进出口载货清单（舱单）或者装载清单、交接单、运单上，列明所载集装箱件数 箱号、尺码、货物的品名、数量、收发货人、提单或装货单号等有关内容，并同时附交每一个集装箱的装货清单。

进出口集装箱货物的收发货人要求在进口到达地或出口起运地海关办理进口或出口报关手续的，应具备海关监管和转运条件，报经入境地或起运地海关同意后，海关认为必要时，可对有关集装箱施加海关封志，按海关对转关运输货物的规定办理手续。

通关作业包括物流监控、报关单电子数据申报、集中审单、按单审核、征收税费、查验、放行等各项作业环节。其基本程序为：申报→查验→征税→放行。

七、装运和转船

在船公司通知的时间内，出口单位或货代将货物发运到港区内指定的仓库或货场。在条件许可的情况下，也可以在装船时直送港区船边现装，以减少进仓的手续和费用。对于危险品、重大件、冷冻鲜活物品、散油以及需要特殊运输工具、装卸设备的货物，应事先联系安排。发货前要逐票核对货名、数量、标记、配载船名、装货单号码，应做到单货相符，船货相符。发货时，如发现包装破损或残缺，应及时修复或调换。

（一）分批装运

在货物装运过程中，数量较大的货物，可以分为若干批次不同的航次、车次、班次进行装运。合同中往往都规定分批装运的条款。出现分批装运的原因很多，例如，运输工具的限制；港口卸货条件的限制；船源紧张；货主备货困难；货物需逐批生产等。

关于分批装运，一般在合同中明确规定。对于分批装运，一般有三种规定方法：

1. 只规定“允许分批装运”，不加任何限制；
2. 订明分若干批次装运，而不规定每批装运的数量；
3. 订明每批装运的时间和数量，即定期、定量分批装运。

（二）转　船

货物装运后允许在中途港换装其他船转至目的港，称为转船。转船的原因有多种，例如，到目的港无直达船或无合适的船；目的港不在装载货物的班轮航线上；货物零星分散，班轮不愿停泊目的港；属于联运货物等。对于转船，在合同中作出规定时，称之为允许转船条款。

在我国出口业务中，如果到目的港无直达船时，必须在合同中订有“允许转船”的条款。对“允许转船”的货物，按国际航运习惯，转船港口转船事宜应由第一承运人根据具体情况办理，不需要事先征得货主的同意。

八、费用结算

海上货物运输费用的计算包括班轮运价、计价标准、集装箱运费三部分。

（一）班轮运价

1. 运费

运费是承运人为承运货物而收取的报酬，而计算运费的单价（或费率）则称为班轮运价。班轮运价是按照班轮运价表的规定来计算的。

2. 运价

班轮运价由航运成本和利润两部分组成。班轮公司制定运价表时，除根据上述成本费用外，还考虑以下几个主要因素：①货物价值和商品特性；②运量大小和港口装卸效率的高低；③航程的远近；④航运市场的供求变化和同业竞争的程度。以上可作为承运人收取运费和托运人估算运费的依据。

3. 运价表

运价表又称运价本和费率本。它不仅包括商品、单位费率、计算标准、收费的币别、计算运费和附加费的方法，而且还包括适用范围、基本港口、港口规则、船货双方的责任和权利，以及直航、转船、回运、选择或变更卸货港口的方法等内容。

不同的班轮公司或轮船公司有不同的运价表，但它们都是按各种商品的不同积载系数、不同的性质和不同的价值结合不同的航线加以确定的。班轮运价表一般包含下列几部分内容：

（1）说明及有关规定。说明运价表的适用范围、计价货币、计价单位及其他有关规定；

（2）港口规定及条款。如对某些国家或地区的港口在签发提单时须按该港口习惯加盖印章；

（3）货物分级表。列明各种货物所属的运价等级和计费标准。以利于托运人查找托运货物所属的等级；

（4）航线费率表。列明不同航线不同等级货物的基本运费率；

（5）附加费率表。列明各种附加费及其计收标准；

（6）冷藏货费率表及活牲畜费率表。

（二）计价标准（办法）

不同的商品有不同的计价标准，常见的班轮运费计价标准有：

1. 按货物毛重计收运费，在运价表中以“W”字母表示；

2. 按货物体积计收运费，在运价表中以“M”字母表示；

3. 按货物毛重或体积较高者计收运费，在运价表中以“W/M”字母表示；

4. 按货物的价值计收运费，在运价表中以“A. V”或“AD. VAL”字母表示；

5. 按货物重量、体积或价值三者中较高者计收运费，在运价表中以“W/M or AD VAL”字母表示；

6. 按货物件数计收运费，如汽车、活牲畜等货物；

7. 大宗低值货物按议价计收运费，如粮食、煤炭和沙石等；

8. 收费标准还规定了起码费率，每一提单上所列的重量或体积所计算出的运费，尚未达到运价表中规定的最低运费额时，则按最低运费计收；

9. 附加费，除收取运价表中规定的基本运费外，还要根据不同情况增收不同的附加费。附加费包括超重附加费、超长附加费、转船附加费、燃油附加费、直航附加费和港口附加费等。

（三）集装箱运费及其计费

集装箱基本运费的计算，基本上分为以下两类方法：

1. 袭用件杂货运费计算方法

根据商品的等级不同规定不同的费率，它主要适用于拼箱交货方式。

2. 以每个集装箱为计费单位，即包箱费率（Box Rate）

以每个集装箱为计费单位，而不计实际装货量，这种费率常用于整箱交货方式。

九、监卸与货物交接

船舶到港前，一般由船方申请理货公司进行理货，理货公司代表船方将进口货物按提单、标记、唛头点清件数，查看包装后，拨交给收货人。

监卸人是收货人的代表，应在现场与理货人密切配合，把好质量、数量关。并应要求港方卸货人员按票卸货，防止混卸和不规则操作。已卸的货物要按提单、标记分别码垛，堆放在仓库或货场内。

注意，在货物交付的过程中，由于采用的贸易术语不同，对双方交货时间的解释也不完全一样，因而可能造成承担责任的问题上的矛盾。贸易术语如 FOB、CFR、CIY，属于装运交货方面的贸易术语，应查清含义，避免出现责任纠纷。

第六节　海上国际集装箱运输业务

一、集装箱货运流程

（一）订　舱

发货人或货物委托人根据贸易合同或信用证有关条款的规定，在货物托运前一定的时间内，填写订舱单向船公司或其代理人申请订舱。

（二）接受托运申请

在运输条件符合发货人的要求时，可接受托运申请，并着手编制订舱清单，然后分送码头堆场、货运站，据以安排空箱及办理货运交接。

（三）发放空箱

整箱货运的空箱由集装箱码头堆场发放；拼箱货运的空箱由集装箱货运站负责领取。

（四）拼箱货装箱

发货人将货物交集装箱货运站，核对后装箱。

（五）整箱货装箱

由发货人自行负责装箱并将加海关封志的集装箱交集装箱码头堆场，堆场根据订舱清单，核对收据及装箱单验收货箱。

（六）集装箱的交接签证

集装箱码头堆场在收箱后，即在场站收据上签字或盖章确认，并将其交还发货人，据此换取提单。

（七）换取提单

发货人凭场站收据，向作为承运人的集装箱班轮公司或其代理人换取提单，然后去银行结汇。

（八）装　船

集装箱码头制订装船计划，并负责装船。

（九）海上运输

海上承运人（班轮公司）负有安全运输、保管、照料的责任，并依据提单条款划分与货主之间的责任、权利和义务。

（十）卸　船

集装箱码头根据寄来的有关货运单证，制订卸船计划，待船舶靠泊后即卸船。

（十一）整箱货交付

如果内陆运输由收货人自己负责，集装箱码头堆场根据收货人出具的提单将货箱交给收货人。

（十二）拼箱货交付

集装箱货运站在掏箱后，根据收货人出具的提货单将货物交给收货人。

（十三）空箱回运

收货人或集装箱货运站在掏箱完毕后，应及时将空箱回运至集装箱堆场。

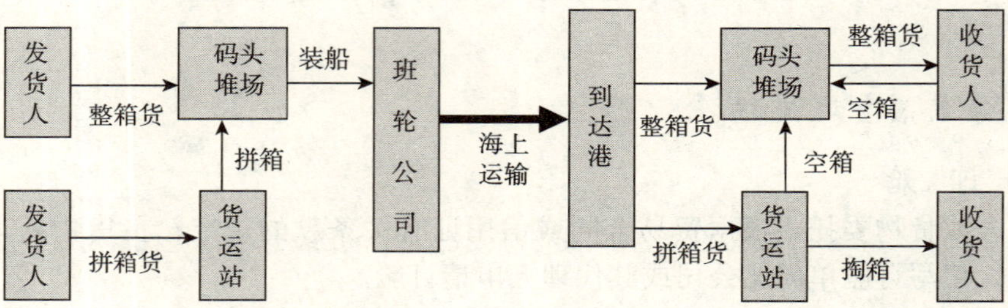

图3－5　集装箱货运流程

二、船公司的业务

在集装箱运输中，目前船公司仍占主要地位，因此，船公司作为国际集装箱运输的中枢，如何做好集装箱的配备以及掌握货源情况，在各港口之间合理调配集装箱，接受订舱，并以集装箱码头堆场、货运站作为自己的代理人向发货人提供各种服务是极为重要的。从某种意义上说，集装箱能否顺利进行，可以说依赖于船公司的经营方式。

在集装箱出口货运业务中，船公司的主要业务有：

（一）掌握待运的货源

船公司通常采用下述两种方法掌握待运的货源情况，并据以部署空集装箱的计划：

1. 暂定订舱

所谓暂定订舱是在船舶到港前30d左右提出，由于掌握货源的时间较早，所以对这些货物能否装载到预定的船上，以及这些货物最终托运的数量是否准确，都难以确定。

2. 确定订舱

所谓确定订舱通常在船舶到港前7～10d提出，一般都能确定具体的船名、装船的日期。

（二）配备集装箱

集装箱运输无论使用哪一种运输方式，采用集装箱装载货物是不能改变的。因此，在进行集装箱运输前，首先要配备集装箱，特别是在采用集装箱专用船运输时，由于这种船舶的特殊结构，只能装载集装箱运输，为此，经营集装箱专用船舶的船公司，需要配备适合专用船装载、运输的集装箱。

当然，在实际业务中并不是所有的集装箱都有船公司负责配备，有的货主自己也配有集装箱。此外，还有专门供出租使用的集装箱租赁公司。要有效利用船舶的载箱能力，船公司应配备最低数量的集装箱，在进行特殊货物运输时，还应配备特殊的集装箱。

（三）接受托运

发货人或货物托运人根据贸易合同以及信用证有关条款的规定，在货物装运期限前向船公司或其他代理人以口头或书面形式提出订舱。船公司根据所托运货物的运输要求和备集装箱的情况，决定是否接受这些货物的托运申请。船公司或其代理在订舱单上签字后，则表示已同意接受该货物的运输，船公司接受托运时，一般应了解下述情况：

1. 订舱的货物详细情况；
2. 运输要求；
3. 装卸港、交接货地点；
4. 由谁负责安排内陆运输；
5. 有关集装箱的种类、规格等。

（四）接收货物

1. 在集装箱运输中，船公司接收货物的地点有：

（1）集装箱码头堆场。在集装箱码头堆场接收的货物一般都是由发货人或集装箱货运站负责装箱并运至码头堆场的整箱货；

（2）集装箱货运站。集装箱货运站在作为船公司的代理时接收非整箱货运输；

（3）发货人工厂或仓库。在由船公司负责安排内陆运输时，则在发货人工厂或仓库接收整箱货运输。

2. 在上述三种接收方式中，船公司都要了解到：

（1）是否需要借用空集装箱；

（2）所需集装箱的数量及种类；

（3）领取空箱的时间、地点；

（4）由谁负责安排内陆运输；

（5）货物具体的装箱地点；

（6）有关特殊事项。

（五）装　船

通过各种方式接收的货物，按堆场计划在场内堆存，待船舶靠泊后即可装船。装船的一切工作均由码头堆场负责进行。

（六）制送主要的装船单证

为了能及时向收货人发出装船通知，以及能使目的港集装箱码头堆场编制卸船计划和有关内陆运输等工作，在集装箱货物装船离港后，船公司或其代理即行缮制有关装船单证，从速送至卸船港。通常，由装船港船公司代理缮制和寄送的单据有：

1. 提单副本或场站收据副本；
2. 集装箱号码单；
3. 货物舱单；
4. 集装箱装箱单；
5. 积载图；
6. 装船货物残损报告；
7. 特殊货物表等。

三、集装箱码头堆场的业务

集装箱码头堆场的主要业务工作是办理集装箱的装卸、转运、装箱、拆箱、收发、交接保管、堆存、捆扎、掏载、搬运以及承揽货源等。此外，还应洽办集装箱的修理、冲洗、熏蒸等工作。

（一）集装箱的交接

发货人和集装箱货运站将由其或其代理人负责装载的集装箱货物运至码头堆场时，设在码头堆场大门的门卫对进场的集装箱货物核对订舱单、码头收据、装箱单、出口许可证等单据。同时，还应检查集装箱的数量、号码、铅封号码是否与场站收据记载相一致。箱子的外表状况以及铅封有无异常情况，如发现有异常情况，门卫应在码头收据栏内注明，如异常情况严重，会影响运输的安全，则应与有关方联系后，决定是否接收这部分货物。对进场的集装箱，堆场应向发货人、运箱人出具设备收据。

（二）制订堆场作业计划

堆场作业计划是对集装箱在堆场内进行装卸、搬运、储存、保管的安排，这是为了经济、合理地使用码头堆场和有计划地进行集装箱装卸工作而制订的。堆场作业计划的主要内容有：

1. 确定空箱、实箱的堆放位置和堆高层数；
2. 装船的集装箱应按到港先后顺序、集装箱的种类、规格和载重的轻重分别堆放；
3. 同一货主的集装箱应尽量堆放在一起。

（三）集装箱的装船

为了能在最短时间内完成装船工作，码头堆场应在船舶到港受载前，根据订舱单以及先后到港的卸箱顺序，制订出船舶积载图和装船计划，等船靠泊后，码头堆场根据码头收据和装箱单，按装船计划装船。装船完毕后，由船方在装箱单、码头收据、积载图上签字，作为确认货物装船的凭证。

（四）对特殊集装箱的处理

对堆存在场内的冷藏集装箱应及时接通电源，每天还应定时检查冷藏集装箱和冷冻机的工作状况是否正常，箱内温度是否保持在货物所需要的限度内，在装卸和出入场内时，应及时解除电源。

对于危险品集装箱，应根据可暂时存放和不能存放两种情况分别处理。能暂存的货箱应堆存在有保护设施的场所，而且堆放的数量不能超出许可的限度。对于不能暂存的货箱应在装船预定时间内，进场后即装上船舶。

（五）与船公司的业务关系

1. 集装箱码头保证

（1）根据船期表提供合适的泊位；

（2）船舶靠泊后，及时提供足够的劳力与机械设备，以保证船舶速遣；

（3）提供足够的场所，作为集装箱作业及堆存之用；

（4）适当掌握和注意船方设备，不违章操作。

2. 船公司保证

（1）向码头确保船期，在船舶到港前一定时间提出确实到港的通知。如发生船期改变，则应及时通知码头；

（2）装船前 2 ~ 10d 左右提供出口货运资料，以满足堆场制订堆场计划、装船计划之需要；

（3）应及时提供船图，以保证正常作业。如船公司不能按时提供有关资料，则有失去靠泊的可能。

3. 船公司与码头堆场之间的主要业务

（1）收发箱作业及其附属业务；

（2）缮制设备收据、签发场站收据；

（3）装卸箱作业以及船边至堆场之间的搬运、整理等工作；

（4）缮制装卸箱清单以及积载图报送代理公司；

（5）接收装拆箱货物的作业，缮制装箱单；

（6）有关集装箱的堆存、转运、冲洗、熏蒸、修理等事项。

四、集装箱货运站货运业务

集装箱货运站是集装箱运输的产物，集装箱运输的主要特点之一就是船舶在港时间短，这就要求有足够的货源，在卸船完毕后，即可装满船开航。集装箱货运站的主要业务就是集散货物。

集装箱货运站有两种类型，一种叫内陆港口型，另一种叫货源集散型。集装箱货运站的主要业务有：

（一）办理货物交接

在货物不足一箱时，一般都运至集装箱货运站，由集装箱货运站根据所托运的货物种类、性质、目的港，将其与其他货物一起拼装在集装箱内，并负责将已装货的集装箱运至码头堆场。集装箱货运站在根据订舱单接收前来托运的货物时，应查明这些货物是否已订舱，如货物已订舱，货运站则要求货物托运人提供码头收据、出口许可证，然后检查货物的件数是否与码头收据记载相符，货物的包装是否正常，能否适合集装箱运输。如无异常情况，货运站即在场站收据上签字，反之，则应在码头收据的备注栏内注明不正常的情况，然后再签字，如不正常的情况较严重，可能会影响以后的运输安全，则应同有关方联系决定是否接收这些货物。

（二）积载装箱

集装箱货运站根据货物到站的情况，在达到一定数量后，即开始配箱、装箱。

1. 配箱时应注意的问题

（1）当不同货物混装在同一箱内时，则应根据货物的体积、重量、外包装的强度、货物的性质等情况，将货物区分开并包装牢固，将重货装在底部，将包装不牢的货物或轻货装在箱子上部；

（2）货物在箱内的重量分布应均衡，如箱子某一部位的负荷过重，则有可能使箱子底部发生弯曲或有脱开的危险；应根据货物的包装强度，决定堆码的层数；

（3）货物与货物之间，应加隔板或隔垫器材，避免货物相互擦伤、沾湿、污损；

（4）应根据货物的不同种类、性质、包装，选用不同规格的集装箱。

2. 货物装箱时应注意的问题

（1）货物的装载应严密整齐，货物之间不能留有空隙，这样不仅可充分利用箱内容积，也可防止货物相互碰撞而造成损害；

（2）应使用清洁、干燥的垫料（胶合板、草席、缓冲器材、隔垫板），如使用潮湿的物料，则易发生货损事故；

（3）在装箱完毕后，应采取必要的措施，防止箱口附近的货物倒塌；

（4）对装载的货物应系牢，防止运输中摇晃、紧急制动、碰撞时发生货损事故。

（三）制作装箱单

集装箱货运站在进行货物装箱时，应制作集装箱装箱单，制作时必须准确、清楚。

（四）将装载的货箱运至码头堆场

货物装箱完毕后，集装箱货运站在海关监督之下加海关封志，并签发场站收据。同时，应尽快与码头堆场取得联系，将已装货的集装箱运至码头堆场。

【参考案例】

广州集装箱码头有限公司进出口货物操作程序

一、外贸货物出口操作流程

1. 重箱进场，拖车司机提供“重箱进港单和设备交接单”，内容必须有：待进场的集装箱箱号、铅封号、货名、重量、备装船名、航次、目的港、箱属公司名、托运人单位名称、承运人单位名称、拖车公司、拖车司机姓名以及箱子状况。

2. 委托报关，货主可自行委托有资质的报关行报关，报关公司根据码头电脑传送的重箱进港信息报关。

3. 海关查验放行，海关在网上受理报关后，确定是否进行拆箱查验或 H986 过机查验，然后予以放行（同时实行电子放行及纸面放行两种方式）。

4. 报关行交放行货物资料给船公司配船出口，报关公司将海关已放行的报关单及海关电子扫描单交船公司作配载装船计划。

5. 船公司根据海关放行单制作装船清单交码头计划室，船公司根据已放行的报关单、海关电子扫描单及货物资料制作出口舱单。

6. 码头计划室核单，进行船舶配载。码头计划室人员收到出口舱单与海关出口货物准装通知书（电子扫描单）后，核对两份单的箱号、箱量等资料，不一致则通知船公司。计划员核对装船单证无误后，再做装船策划。

7. 码头中控室指挥机械装船。计划员核对装船单证无误后，做装船策划。

8. 码头中控室根据计划室的计划指令指挥机械出箱装船。

9. 理货公司理货员上船核对舱单与装船计划，若发现不一致之处则立即与码头计划室联系，查明原因。

10. 理货员确认无误后，通知码头作业，装船完毕后理货员代表船方与码头办理交接确认手续。

操作流程如图 3－6 所示。

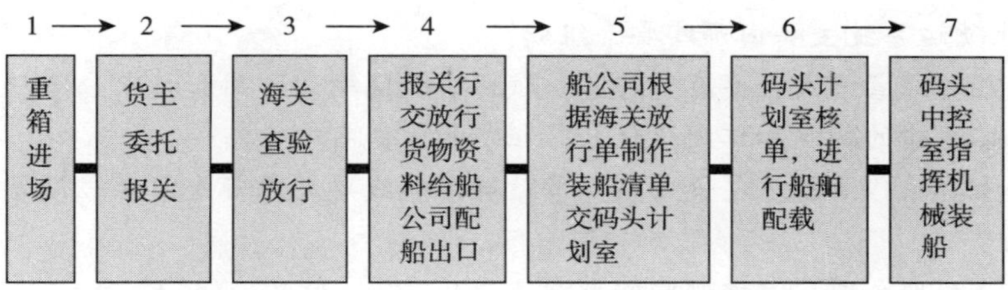

图 3－6　外贸货物出口操作流程图

二、外贸货物进口操作流程（集装箱卸船及提运）

1. 船舶到港前，代理提前把进口舱单传给码头计划室，计划员审单，进行卸船策划。

2. 船舶到港，代理办理完毕一关三检手续后，通知码头调度室作业。

3. 调度派班进行卸船作业（外贸驳船需要收到海关的卸货通知书）。

4. 中控室根据卸船资料指挥码头机械进行卸船工作。

5. 货主自行委托报关。

6. 海关或国检受理后按规定查验放行。如需要现场开箱验货或要求过机查验，海关可以电脑发送信息到码头，码头直接操作。如国检需要开箱验货则由客户到码头业务申请台办理服务单，码头根据服务单收费操作。

7. 货物结关后，货主持已办结海关和国检手续的提单到业务申请台办理提货手续。业务申请台核对单证无误后，换发码头提货凭证（预约单）。

8. 提货人派车到码头，凭码头提货凭证连同设备交接单到码头闸口打单提箱。

9. 中控室根据检查桥录入的提箱信息，与码头作业司机核对拖车牌号和集装箱号后，指挥机械进行装车作业。

10. 在码头出闸口，检查桥业务员再次核对箱号，确认无误后予以放行，做好出闸记录。

资料来源：http：//www. gct. com. cn/INDEX. HTM.

【课后习题】

1. 航空货运系统有哪些基础设施，它们的作用是什么？

2. 航空货运的经营方式有哪些？班机运输的特点是什么？

3. 什么是航空集中托运？集中托运的特点和限制是什么？有哪些具体做法？

4. 航空货物运输的程序是怎样的？航空货运的业务大致包括哪些环节？

5. 什么是空运中的订舱？订舱的具体做法有哪些？航空货运中的货物收运条件有哪些？

6. 航空运单的性质是什么？有哪些作用？分为哪些类别？

7. 进出口货物在海关要办理哪些手续？

8. 航空运费结算包含哪些内容？

9. 海上货运系统主要由哪些要素组成？

10. 船舶的经营方式主要有哪几种？试述班轮运输的作用和特点。

11. 租船运输的特点和作用是什么？租船的方式有哪些？

12. 海上货运作业程序包含哪些环节？确定航线要考虑哪些因素？设置航线工作包含哪些内容？

13. 订立租船合同应注意哪些问题？

14. 在海上货运中，什么叫分批装运？什么叫转船？订立运输合同时应注意哪些问题？

15. 在海洋货运的费用结算中，班轮运价表一般包含哪些内容？集装箱运费的计价方式有哪几种？

16. 集装箱货运流程有哪些？在集装箱出口业务中，船公司、集装箱堆场和货运站的工作内容和操作程序有哪些？

17. 某航线一端点港年货物发运量为 15 万 t，另一端点港年货物发运量为 12 万 t，船舶的载重量为 1 万 t，船舶载重量利用率平均为 0.85，船舶往返航次时间为 96d，问此航线要配置多少艘同类船舶？

第四章 物流运输规划

【学习要点】

学习本章要掌握各种运输方式的优缺点及其所适用的作业领域，掌握联合运输的种类和组织形式以及运输规划中常用的定量分析方法。

第一节 合理选择运输方式

运输方式的选择是物流决策中的一个重要环节，是物流合理化的重要内容。我国的主要运输方式有铁路运输、公路运输、水路运输、航空运输和管道运输，以及由它们组成的联合运输和综合运输体系。这些运输方式都具有自己的特点和优势领域，应根据实际情况加以选择。

一、铁路运输的特点

铁路运输是利用铁路设施、设备运送旅客和货物的一种运输方式。铁路运输主要承担长距离、大数量的货运，在没有水运条件的地区，几乎所有大批量货物都是依靠铁路来运输的，它是在干线运输中起主力作用的运输形式。

铁路能提供长距离范围内大宗商品的低成本、低能源运输，且较多地运输至少一整车皮的批量货物，其运输的经济里程一般在200km以上。

（一）铁路运输的优点

1. 运行速度快，时速可达80～120km，甚至更快；
2. 运输能力较大，可满足大量货物一次性高效率运输；
3. 运输连续性强，由于运输过程受气候条件限制较小，所以可提供全天候的运行；
4. 轨道运输的安全性能高，运行较平稳；
5. 通用性能好，可以运送各类不同的货物；
6. 运输成本较低；
7. 能耗低。

（二）铁路运输的缺点

1. 灵活性差，只能在固定线路上实现运输；
2. 需要以其他运输手段配合与衔接；
3. 设备和站台等限制使得铁路运输的固定成本较高，建设周期较长，占地也较多；
4. 铁路运输的固定成本很高，但变动成本相对较低，使得近距离的运费较高；

5. 长距离运输的情况下，由于需要进行货车配车，故其中途停留时间较长；

6. 由于铁路运输装卸次数较多，货物错损事故通常也比较多。

（三）铁路运输适用的作业领域

一般来说，铁路运输适用于大宗低值货物的中长距离运输，也较适合于散装、罐装货物运输。对于运费负担能力小、货物批量大、运输距离长的货物来说，运费比较便宜。

二、公路运输的特点

公路运输是使用汽车或其他无轨车辆（如拖拉机、畜力车）在公路上进行货客运输的一种方式。公路运输能提供更为灵活与多样的服务，其经济半径一般在200km以内。

（一）公路运输的优点

1. 公路运输的主要优点是灵活性强，对收、到站作业的要求不高。可以采取“门到门”的运输形式，即可从发货者门口直达收货者门口，而不需转运或反复装卸搬运。公路运输也可作为其他运输方式的衔接手段。可以选择不同的行车路线，灵活制定营运时间表，所以服务便利，市场覆盖率高；

2. 运输速度较快；

3. 可靠性比较高，对产品损伤较少；

4. 投资少，经济效益高，因为运输企业不需要拥有公路，所以其固定成本很低，且公路运输投资的周转速度快；

5. 操作人员容易培训。

（二）公路运输的缺点

1. 变动成本相对较高，公路的建设和维修费经常是以税和收费的形式向承运人征收的；

2. 运输能力较小，受容积限制，使它不能像铁路运输一样运送大量不同品种和大件的货物；

3. 能耗高，环境污染比其他运输方式严重得多，劳动生产率低；

4. 土地占用较多。

（三）公路运输适用的作业领域

公路运输主要适用于以下作业：近距离的独立运输作业，补充和衔接其他运输方式，当其他运输方式担负主要运输时，由汽车担负起点和终点处的短途集散运输，完成其他运输方式到达不了的地区的运输任务等。

三、水路运输的特点

水路运输是利用水道、使用船舶运送客货的一种运输方式。水路运输主要承担大数量、长距离的运输，是在干线运输中起主力作用的运输形式。在内河及沿海，水路运输也常作为小型运输工具使用，担任补充及衔接大批量干线运输的任务。

（一）水路运输的优点

1. 运能大，能够运输数量巨大的货物；

2. 通用性较强，客货两宜；

3. 越洋运输大宗货物，连接被海洋所隔开的大陆，远洋运输是发展国际贸易的强大支柱；

4. 运输成本低，能以最低的单位运输成本提供最大的货运量，尤其在运输大宗货物或散装货物时，采用专用的船舶运输，可以取得更好的技术经济效果；

5. 劳动生产率高，平均运距长。

（二）水路运输的缺点

1. 受自然气象条件因素影响大，由于季节、气候、水位等的影响，水路运输受限制的程度大，因而在一年中运输中断的时间较长；

2. 营运范围受到限制；

3. 航行风险大，安全性略差；

4. 运送速度慢，准时性差，货物在途时间长，会增加货主的流动资金占有量，经营风险也会增加；

5. 搬运成本与装卸费用高，这是因为它运能最大，所以导致了装卸作业量最大。

（三）水路运输适用的作业领域

水路运输主要承担以下作业任务：承担大批量货物，特别是集装箱运输；承担原材料、半成品等散货运输；承担外贸运输、远距离、运量大、不要求快速抵达的国际客货运输。

（四）水运的四种形式

1. 沿海运输

沿海运输是使用船舶通过大陆附近沿海航道运送客货的一种方式，一般使用中小型船舶。

2. 近海运输

近海运输是使用船舶通过大陆邻近国家海上航道运送客货的一种运输形式，可使用中型船舶，也可使用小型船舶，一般视航程而定。

3. 远洋运输

远洋运输是使用船舶跨大洋的长途运输形式，主要依靠运量大的大型船舶。

4. 内河运输

内河运输是使用船舶在陆地内的江、河、湖、川等水道进行运输的一种方式，主要使用中小型船舶。

四、航空运输的特点

航空运输是使用飞机或其他航空器进行运输的一种形式。

（一）航空运输的优点

1. 速度快，不受地形的限制。在火车、汽车都到达不了的地区也可依靠航空运输，因而有其重要意义；

2. 货物包装要求低，因为空中航行的平稳性和自动着陆系统减少了货损的比率，所以可以降低包装要求。而且在避免货物灭失和损坏方面也有明显的优势；

3. 采用空运，运输时间短，可以使生产企业库存量降低；

4. 及时性：对于抢险救灾和军事后勤供应，具有重大意义。

（二）航空运输的缺点

1. 受气候条件的限制，在一定程度上影响了运输的准确性和正常性；

2. 需要航空港设施，所以可达性差；

3. 设施成本高，维护费用高；

4. 运输能力小，运输能耗高；

5. 运输技术要求高，人员（飞行员、空勤人员）培训费高。

（三）航空运输适用的作业领域

1. 成为国际运输的重要工具，对于对外开放及促进国际间技术、经济合作与文化交流有重要作用；

2. 适用于高附加值、质量低、体积小的物品运输；

3. 紧急情况下的物资运输；

4. 邮政运输手段。

五、管道运输的特点

管道运输是利用管道输送气体、液体和粉状固体的一种运输方式。其运输形式是靠物体在管道内顺着压力方向循序移动而实现的，与其他运输方式的重要区别在于，管道设备是静止不动的。目前，全球的管道运输承担着很大比例的源物质运输，包括原油、成品油、天然气、油田伴生气、煤浆等。其完成的运量非常大。

（一）管道运输的优点

1. 由于采用密封设备，在运输过程中可避免散失、丢失等损失；

2. 不存在其他运输设备本身在运输过程中消耗动力所形成的无效运输问题；

3. 运输量大，适合于大且连续不断运送的物资；

4. 建设周期短、费用低、运输费用也较低；

5. 耗能少、成本低、效益好；

6. 安全可靠、运行稳定、不会受恶劣多变的气候条件影响；

7. 埋于地下，所以占地少，有利于环境保护；

8. 对所运的商品来说，损失的风险很小。

（二）管道运输的缺点

1. 运输对象受到限制，承运的货物比较单一；

2. 灵活性差，不易随便扩展管道，路线往往完全固定，服务的地理区域十分有限；

3. 设计量是个常量，所以与最高运输量之间协调的难度较大，且在运输量明显不足时，运输成本会显著增加；

4. 仅提供单向服务；

5. 运速较慢。

管道运输适合于担负单向、定点、量大的流体状货物运输。

物流管理者要对以上各种运输的基本方式进行优选、匹配，这有利于物流运输合理化，有利于做好物流系统的决策。所以，设计出合理的物流系统，精确地维持运输成本和服务质量之间的平衡，做好运输管理工作是保证高质量物流服务的主要环节。

六、联合运输的特点

运输方式选择不仅限于单一的运输手段，而可以通过多种运输手段的合理组合来实现物流的合理化，这就是多式联合运输。在 1980 年 5 月联合国国际多式联运公约第二期会议一致通过的《联合国国际多式联运公约》中，对国际多式联运曾作出如下定义："国际多式联运是指按照国际多式联运合同，以至少两种不同的运输方式，由多式联运经营人将货物从一国境内接管货物的地点运至另一国境内指定交货地点。为履行单一方式货物合同所规定的货物接送业务，则不应视为国际多式联运。"

其特征如下：第一，这种运输必须使用全程提单；第二，联运经营人对货主承担全程的运输责任；第三，联运经营人以单一费率向货主收取全程运费；第四，必须是国际间的货物运输。而后这种运输也必须是采用两种以上不同运输方式衔接组成一个连贯的运输以完成国际间的货物运输。

（一）联运的种类

联运的发展和联运企业的出现，是发展联合运输的客观需要，也是交通运输向专业优化发展的重要标志。联运企业的功能既为旅客、货主服务，又为运输企业的集散服务。

联运按其对象，可以分为货物联运和旅客联运；按其各种运输工具的组合，又可以分为水陆联运（包括铁路、水路联运以及公路、水路联运）、铁公联运、水陆空联运等；联运从地域概念来分类，可以分为国内联运和国际联运。在同一运输方式中，由于各运输企业分散与独立经营的特点，也可以组织江海联运、江河联运、江海河联运等。

我国在货物联运中，按照运送凭证通用性程度的不同以组织不同的联运方法，通常又区分为干线联运和干支线联运。

1. 干线联运

干线联运是指按照铁道部、交通部联合颁发的《铁路和水路货物联运规则》范围内办理的铁水联运，它是大宗物资联运的主要通路，具有批量大、运距长等特点，全国有统一的规则、统一的运价。通过统一的联运运单，衔接各运输环节，做到一次托运，一次收费，一票到底，负责全程运输的联运。这个干线铁水联运网，现已遍及全国营业铁路车站，与沿海、长江以及黑龙江、江苏、浙江、湖南、湖北、四川 6 个省的主要内河（海）航线的 97 个港口（其中：海港 26 个、长江港口 31 个，其他内河港口 40 个）一起组成了铁水干线联运网。基本上沟通了全国除西藏以外的各省、市、自治区。由水运系统组成的联运港口共有 228 个。

干线联运的基本方法：按照全国统一的规定办理，主要实行全程制订一个运输计划，对整车（整批）联运货物，均由发运（起运）地点的港、站受理，运输计划逐级上报，由交、铁两部平衡批准后下达执行；承运手续由起运港、站一次签发联运票，一票贯通全程；运杂费用在承运时一次收清，路、港、航运输企业内部分段相互结算；

索赔和理赔，由到达港、站为代表负责受理，查明责任以及统一处理赔偿。

2. 干支线联运

干支线联运是指铁水干线与地方公路、水路之间的联运。由于地方公路、水路管理体制比较复杂，各省、市、自治区的运价不一样，所以全国还没有统一的比较具体的联运规则，联运的运送凭证只能在全程运输中的局部区段内或地方运输企业、联运企业间通用，或通过联运企业中转换装业务来组织实现。

干支线联运的基本方法是：干支线联运工作，目前主要是通过各地的联运企业，兼办联运的运输企业以及各港、站等基层运输单位联合组成的办公室，通过代办中转业务来实现衔接两程以上的联运。国家经委、铁道部、交通部、民航总局和中国人民银行，曾联合颁发了《关于发展联运进行运输改革，为搞活商品流通服务的意见》和《联运工作条例》，都对开展联运工作的方针、政策、内容等作了原则规定，号召全国各地，从实际出发，采取多种方式，大力发展联运事业，以城市为中心，积极向县城、乡镇延伸组成联运网络。各联运企业间开展代理业务，对货主受理整车（整批）、零担（零星）货物，实行一次托运，一次结算，上门取送，全程负责；向运输企业办理托运、中转、领取手续。另外对集装箱联运、旅客联运、运输协作，都作了具体规定。

（二）联运的组织形式

目前无论是联运企业还是联合运输办公室（有的地方称“联合运输指挥部”，以下分别简称“联办”或“联指”），在组织各种联运工作中，大致都有以下几种形式：

1. 疏散型

在干支枢纽地设有联办（或联指），而支线的各县尚未建立联运企业的情况下，由联办与干线运输企业签订疏运合同，与支线各县的货主签订送达合同，负责代办铁、江、海等干线的到达港、站物资，并为货主代办向公路、水路等支线的运输企业托运送货到家。

2. 集散型

在干支枢纽地设有联运企业或联办，而在支线经济吸引范围内各地尚未建立联运企业的情况下，由支线枢纽城市的联运企业或联办负责为货主代办公、水等支线运来的货物，并向铁、江、河等干线托运；也代办铁、江、海等干线到达港站的货物向公、水等支线托运，送货上门。

3. 线条型

在干支线枢纽城市设有联运企业或联办，同时在经济吸引腹地内支线上的一部分县（市）也有联运企业或联办的情况下，各联运企业相互沟通联运业务，形成一条联运线。这种联运型比上述疏散型和集散型已向前跨了一步，枢纽地联运企业已不光对联运签订合同，并与支线运输企业和干支的各联运企业联办联运业务。

4. 网络型

在干支线枢纽城市有联运企业，并在其经济吸引范围支线上的县（市）普遍设联运企业，联运企业之间相互沟通联运渠道，组成联运服务网络，称为网络型。在这样的网络中，不管经过几程联运，通过各联运企业之间的组织，相互协办中转运输业务，对于货主来说，可实现“一次托运，一次结算，上门取货，全程负责”的目标，在承运企业间可实行“代办托运，分别起票，分段计费，相互清算”等方法。

上面我们讲了联运的类型，具体组织何种形式，要根据所在地区联运企业的多寡，各联运企业具备的仓储、场地、机械工具设备及换装手续等条件而定。

第二节 运输量分配问题

运筹学中最早提出的运输问题实际上是运输量分配问题。运输问题可以用表上作业法和图上作业法求解，也可以化为线性规划问题求解。目前计算机应用已经相当普遍，所以最有效的方法是用最后一种方法求解。物流技术网站发布的运筹学软件，可以用来解决运输问题和后面介绍的路线规划问题。

一、运输问题的数学模型

运输问题是线性规划问题的特例，它主要解决各流向上的运输量分配问题。该问题是将物品由 m 个起运站运到 n 个目的地。已知由 i 站运到 j 地的单位运费是 C_{ij}，并假定运费与两地间的运量成正比。设 a_i 表示 i 站的供应量，b_j 表示 j 地的需求量。引进变量 X_{ij}，它表示从 i 站到 j 地的运量。使总运输成本最小的运输问题可表述为：

$$\min f(x) = \sum_{i=1}^{m}\sum_{j=1}^{n} C_{ij}X_{ij}$$

$$\text{s.t.}\begin{cases}\sum_{j=1}^{n} X_{ij} = a_i, i = 1,2,\cdots,m\\ \sum_{i=1}^{m} X_{ij} = b_i, j = 1,2,\cdots,n\\ \text{所有 } X_{ij} \geqslant 0\end{cases}$$

如果 $\sum a_i = \sum b_j$，即总供应量等于总需求量，则称为平衡运输问题，否则称为不平衡运输问题。对于不平衡运输问题，可通过一定处理后，使之变为平衡运输问题。

如果 $\sum a_i > \sum b_j$，即总供应量大于总需求量，则可另外增加一个“虚构目的地”，令其需求量 $b_{n+1} = \sum a_i - \sum b_j$，并令各起运站到虚构目的地的运费为零。在求解得到的最优解中，各站的供应量减去运往虚构目的地的数值。

如果 $\sum a_i < \sum b_j$，即总供应量小于总需求量，则可另外增加一个“虚构起运站”，令其供应量 $a_{m+1} = \sum b_j - \sum a_i$，并令其运至各目的地的运费为零。在求解得到的最优解中，各目的地的数量应减去虚构起运站运达的数值。

二、求解方法

对于运输问题，一般采用单纯形法求解。经验表明，当起运站和目的地都多于5个时，用其他方法求解比较困难或烦琐，最好用单纯形法求解。

例如，有三个起运站，四个目的地，供应量分别为50、50、75，需求量分别为40、55、60、20，各起运站到目的地的单位运费分别为：

$$C_{11}=3,\ C_{12}=1,\ C_{13}=4,\ C_{14}=5,\ C_{21}=7,\ C_{22}=3,$$
$$C_{23}=8,\ C_{24}=6,\ C_{31}=2,\ C_{32}=3,\ C_{33}=9,\ C_{34}=2。$$

则运输问题可表述为：

$$\min f(x)=3X_{11}+X_{12}+4X_{13}+5X_{14}+7X_{21}+3X_{22}+8X_{23}+6X_{24}+2X_{31}+3X_{32}+9X_{33}+2X_{34}$$

$$\text{s.t.}\begin{cases}X_{11}+X_{12}+X_{13}+X_{14}=50\\X_{21}+X_{22}+X_{23}+X_{24}=50\\X_{31}+X_{32}+X_{33}+X_{34}=75\\X_{11}+X_{21}+X_{31}=40\\X_{12}+X_{22}+X_{32}=55\\X_{13}+X_{23}+X_{33}=60\\X_{14}+X_{24}+X_{34}=20\\\text{所有 } X_{ij}\geqslant 0\end{cases}$$

用单纯形法解得：

$$X_{13}=50,\ X_{22}=40,\ X_{23}=10,$$
$$X_{31}=50,\ X_{32}=15,\ X_{34}=20。$$

总运费为：

$$f(x)=50\times4+40\times3+10\times8+40\times2+15\times3+20\times2=565。$$

三、运输表与运输模式

运输问题的线性规划表达形式是比较复杂的，例如，10个起点站和10个终点站的运输问题至少涉及10×10=100（个）变量，把运输问题表示成线性规划模型，就非常复杂，写成矩阵形式，就是庞大的矩阵。使用计算机计算，也要输入数百个数据，操作非常繁杂和困难。而且我们发现，在这些矩阵元素中，大部分为0或1，这些矩阵元素完全可以由计算程序来完成。因此，我们提出一种运输问题应用模式，即运输表，凡是能表达成运输表的问题，都可以用运输模式来解决。

例如，上面例题可以用表格形式来表示，如表4-1所示。

表4-1　运输表格式

终点 起点	1	2	3	4	供应量
1	3	1	4	5	50
2	7	3	8	6	50
3	2	3	9	2	75
需求量	40	55	60	20	175

在运用运筹学软件求解运输问题时，只要列出运输表即可，不一定要列出前面介绍的数学公式。把运输表中的数据输入计算机，首先输入起点站个数和终点站个数，

然后输入供应量和需求量，最后输入运输表中间的运输成本数据。数据输入完毕后，单击“存盘计算”按钮，程序便输出原始数据和最优解数据。

第三节 运输路线规划问题

一、一般最短路径问题的求解方法

假设在图4-1中，有9个结点组成有向网络，试求从“起点1”到达“终点9”的最短路径。这类问题可以运用动态规划来求出最佳路线。具体计算方法可以不同，但基本思路是一致的。把一个复杂的问题化为若干个阶段，各阶段求解一个简单的小问题，最后求出整个问题的最优解。

（一）第一种方式：从终点开始依次向前

第一步：计算各结点的辅助参数。

在图4-1中，9个结点的编号分别为1、2、3、4、5、6、7、8、9。对于结点j，引进一对辅助参数（T_j，P_j），其中P_j表示从j点到终点的最短路径长度，T_j表示该最短路线上j点的后一个邻点编号，称之为后链。即：

（T_j，P_j）=（后链，从j点到终点的最短路径长度）

令终点9的辅助参数为（T_9，P_9）=（9，0）。

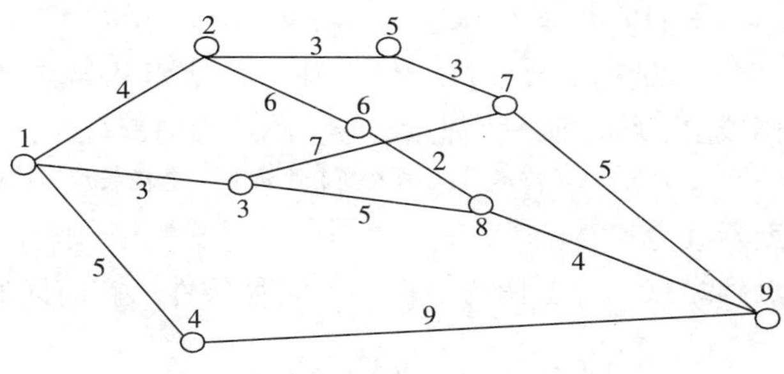

图4-1 由9个结点组成的网络

计算顺序可从终点到起点。所选择的结点必须满足条件：它后面的所有邻点到终点的最短路径长度为已知。

首先，考虑终点9前面临近的结点7、结点8、结点4，它们的后链均为9，终点9与它们之间只有一条路线，其本身就是最短路径，最短路径长度等于终点9与它们之间的距离，所以结点7、结点8、结点4的辅助参数分别为：

（T_7，P_7）=（9，5）

（T_8，P_8）=（9，4）

（T_4，P_4）=（9，9）

其次，再考虑结点3，它的后一个邻点编号为7和8，另一辅助参数P_j由下面公式来计算：

$$P_3 = \min\{P_7 + W_{37}, P_8 + W_{38}\} = \min\{5+7, 4+5\} = 9$$

其中：W_{37} 和 W_{38} 表示结点 3 到结点 7 和结点 3 到结点 8 的相对距离。两个邻点中，结点 8 对应的距离最小，所以结点 3 的后链为 8。

即 $(T_3, P_3) = (8, 9)$

同理计算出其他结点的辅助参数：

$$(T_5, P_5) = (7, 5+3) = (7, 8)$$

$$(T_6, P_6) = (8, 4+2) = (8, 6)$$

$$(T_2, P_2) = (5, 8+3) = (5, 11)$$

对于起点 1，后面有 3 个邻点，P_1 按下面公式求出：

$$P_1 = \min\{P_2 + W_{12}, P_3 + W_{13}, P_4 + W_{14}\} = \min\{11+4, 9+3, 9+5\} = 12$$

对应的后链为 3。

$$(T_1, P_1) = (3, 12) = (3, 12)$$

第二步：反向寻求最短路径。

从起点开始，$P_1 = 12$ 表示起点 1 到终点 9 的最短路径的距离值，它的后链为 $T_9 = 3$。

再查结点 3 的辅助参数，$T_3 = 8$。说明最短路径上它的后一个邻点是结点 8。

再查结点 8 的辅助参数，$T_8 = 9$。说明最短路径上它的后一个邻点是终点 9。

因此找出最短路径为：

1→3→8→9，最短距离为 12

（二）第二种方式：从起点开始依次向后

第一步：计算各结点的辅助参数。

对于结点 j，引进一对辅助参数 (T_j, P_j)，其中 P_j 表示从起点到 j 点的最短路径长度，T_j 表示该最短路线上 j 点的前一个邻点编号，称之为前链。即：

(T_j, P_j) =（前链，从起点到 j 点的最短路径长度）

令起点 1 的辅助参数为 $(T_1, P_1) = (1, 0)$。

计算顺序从起点到终点。所选择的结点必须满足条件：它前面的邻点到起点的最短路径长度为已知。

首先，考虑起点 1 后面临近的结点 2、结点 3、结点 4，它们前链均为 1，起点 1 与它们之间只有一条路线，其本身就是最短路径，最短路径长度等于起点 1 与它们之间的距离，所以结点 2、结点 3、结点 4 的辅助参数分别为：

$$(T_2, P_2) = (1, 4)$$

$$(T_3, P_3) = (1, 3)$$

$$(T_4, P_4) = (1, 5)$$

其次，再考虑结点 5 与结点 6，它们的前链 T_j 等于 2（即前一个邻点编号），另一辅助参数 P_j 由下面公式来计算：

$P_5 = P_2 + W_{25} = 4 + 3 = 7$，其中 W_{25} 表示结点 2 到结点 5 的相对距离。

即 $(T_5, P_5) = (2, 7)$

同理：

$$(T_6, P_6) = (2, 10)$$

对于一般情况，结点 i 的下一个结点 j，其辅助参数可表示为：

$$(T_j,\ P_j)\ =\ (i,\ P_i + W_{ij})$$

其中：W_{ij}表示结点 i 与结点 j 之间的距离。

按此公式可以计算出其他结点的辅助参数值。

注意，当一个结点前有多个邻点时，应选择 P 值较小者，如结点 7，前面有两个邻点 3 和 5，对应的最短路径长度分别为 3 和 7，选取最小者，即结点 3，因此结点 7 的辅助参数为：

$$(T_7,\ P_7)\ =\ (3,\ 3+7)\ =\ (3,\ 10)$$

同理：

$$(T_8,\ P_8)\ =\ (3,\ 3+5)\ =\ (3,\ 8)$$

最后，终点 9，前面有 3 个邻点，仍按上述方法处理，得出：

$$(T_9,\ P_9)\ =\ (8,\ 8+4)\ =\ (8,\ 12)$$

第二步：反向寻求最短路径。

从终点开始，$P_9=12$ 表示起点 1 到终点 9 的最短路径的距离值，它的前一个邻点编号 $T_9=8$。

再查结点 8 的辅助参数，$T_8=3$。说明最短路径上它的前一个邻点是结点 3。

再查结点 3 的辅助参数，$T_3=1$。说明最短路径上它的前一个邻点是结点 1。

因此找出最短路径为：

1→3→8→9，最短距离为 12

这种方法与狄克斯（Dijkstra）方法的表达方式类似。

二、配送路线规划

车辆路线问题（VRP）与物流系统中的配送路线规划问题是相似的。可以用动态规划方法或结点序列法求出精确解，如运筹学软件中的“旅行路线”程序；也可以用节约法求出优化解，如运筹学软件中的“车辆调度”程序。

用动态规划求解，方法比较繁杂，这里就不介绍了。这里简要介绍一下节约法的求解思路。

在图 4－2 中，A 表示配送中心，要派一辆汽车向结点 B、结点 C、结点 D 送货，给三结点送货总量不超过汽车的载重量。如何规划车辆路线？

如果分别对各结点送货，即车辆从配送中心出发，把货物送到某结点后返回配送中心，再对另一个结点送货，如图 4－2 中（甲），图中实线表示汽车行驶路线。在这种方案中，汽车运行的总路程为：$(8+5+8)\times 2=42$。

节约法就是寻找结点组合来减少车辆运行路程。例如，车辆把结点 B 和结点 C 的货物都送完后再返回配送中心，然后再给结点 D 送货，如图 4－2 中（乙）。汽车运行的总路程为：$8+5+5+8\times 2=34$，比甲方案的节约值为 8。

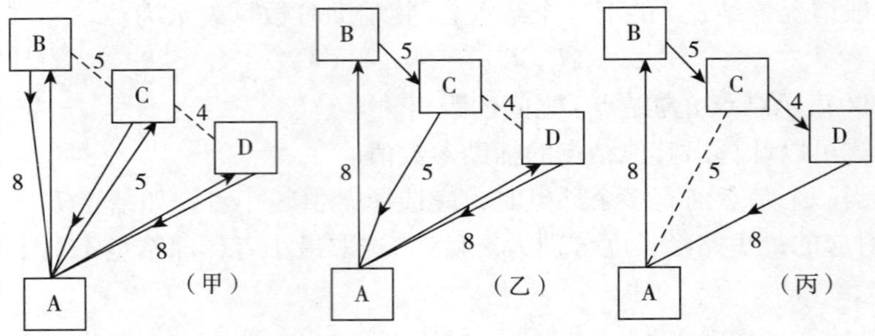

图4－2　节约法示意图

同理，图4－2中（丙）方案，汽车运行的总路程为：8＋5＋4＋8＝25，比甲方案的节约值为17。

下面再举一个例子。

某配送中心每天派一辆车往5个固定零售点运送商品，这5个点的位置如图4－3a所示。结点①表示配送中心，结点②、结点③、结点④、结点⑤、结点⑥表示商品零售点。配送车辆从配送中心出发，分别把商品送到5个零售点，然后返回配送中心。试求最佳路线。

按照布局图上的距离数据，可以计算出各结点之间的距离，如表4－2所示。注意带箭头的路段表示“单行线”，只允许车辆单向行驶。

把表中数据输入计算程序，求出的最佳路线为：

①→②→③→④→⑤→⑥→①

如图4－3b所示，总路程为112km。

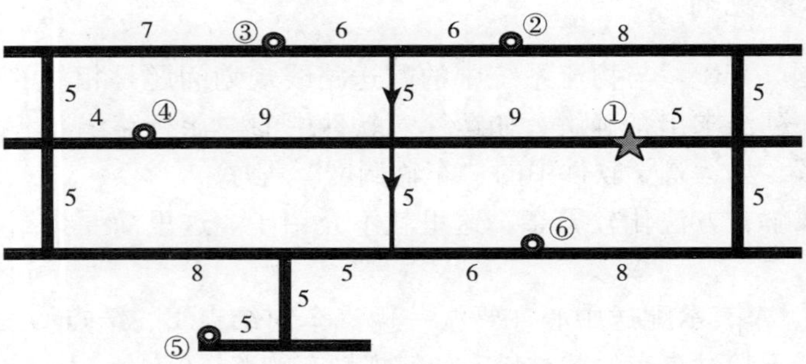

图4－3a　配送点布局图

表4－2　　各结点之间的距离数据

	1	2	3	4	5	6
1	0	18	30	18	29	18
2	18	0	12	20	31	22
3	20	12	0	16	31	22
4	18	28	16	0	27	20
5	39	47	35	27	0	21
6	18	26	38	28	21	0

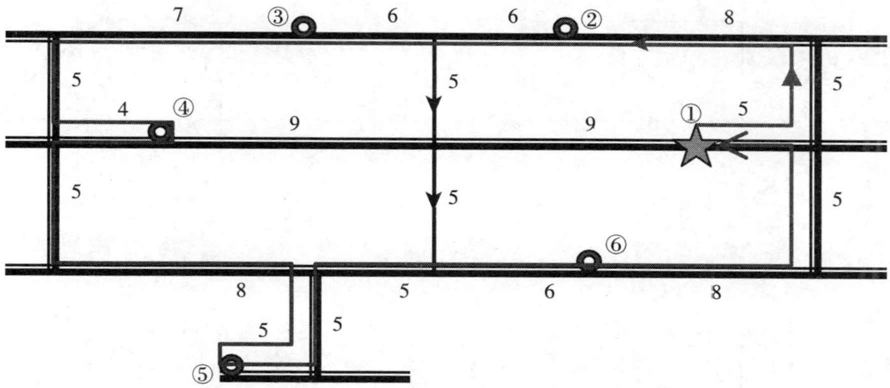

图 4－3b 配送路线图

第四节 管道连通问题

一、最小连通问题及求解方法

最小连通（通路）问题是讨论的一个基本问题，它在通信、石油管道铺设、公路网等实际问题中有着广泛的应用。这里介绍其中的最小树问题，即最短连接问题。

（一）问题表述

有 N 个点，它们之间的距离为已知，问如何把各点连接成一个连通图，使其连线的总长度为最短？

（二）求解步骤

第一步：在图的边集合中取一条边 e_1，其长度是所有边中长度最小者。

第二步：如果选好 e_1，e_2，…，e_k，则在从剩余的边集合中选取边 e_{k+1}，满足：

1. 使 e_1，e_2，…，e_k，e_{k+1}所组成的图不含圈；

2. e_{k+1}在剩余的边集合中是长度最短者。

直至选取的边数为 $N-1$ 为止。下面举例说明求解步骤。

如图 4－10 中，由 8 个结点组成的无向网络，试求它们之间的最短连接。

第一步：图中共 13 条边，边长最短者为 1，首先选取为 e_1，见图 4－4 中的粗实线段。

第二步：在剩余的边长中，最小者为 2，依次选取之，见图 4－5 和图 4－6 中的粗实线段。

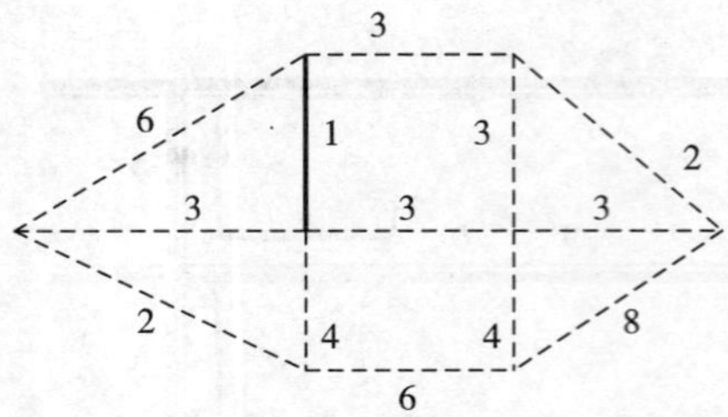

图 4－4

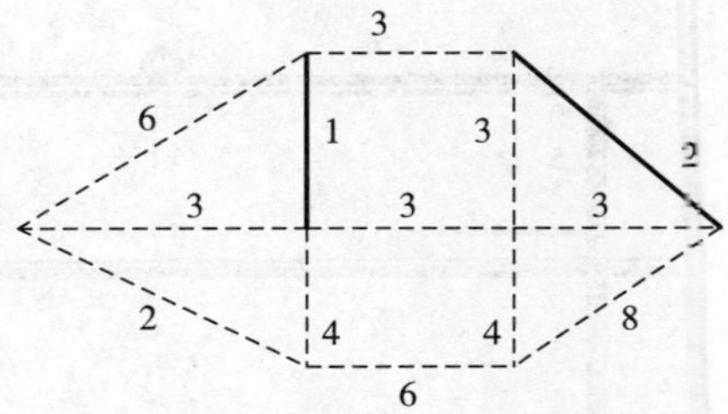

图 4－5

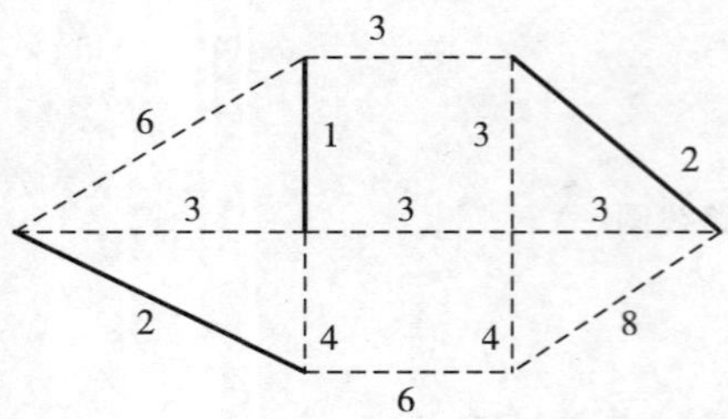

图 4－6

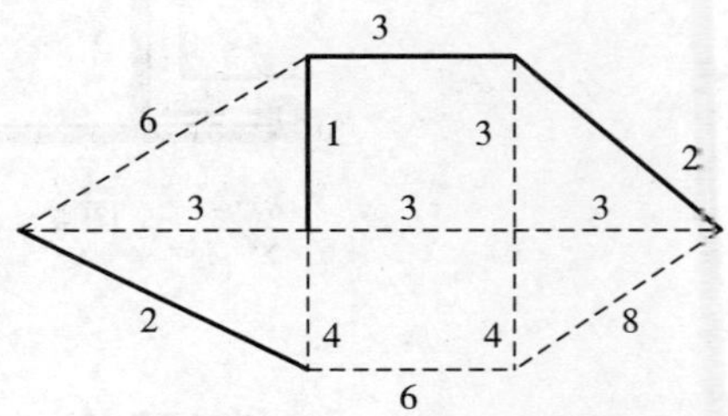

图 4－7

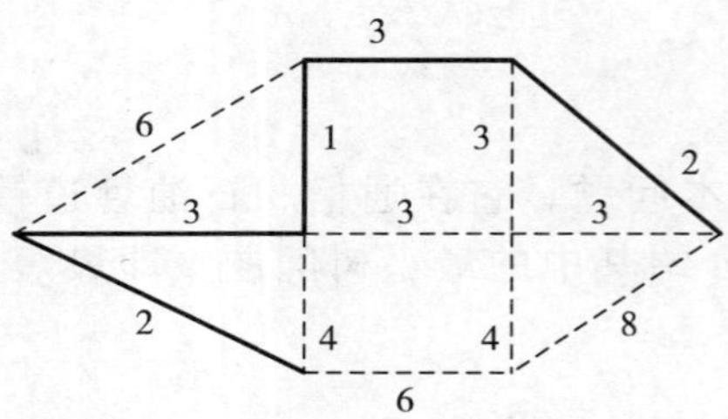

图 4－8

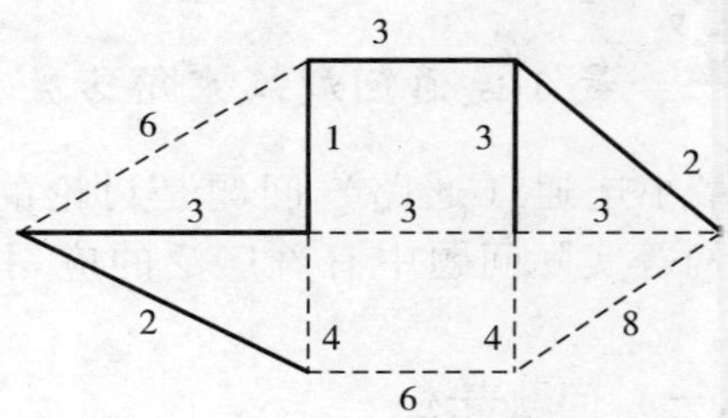

图 4－9

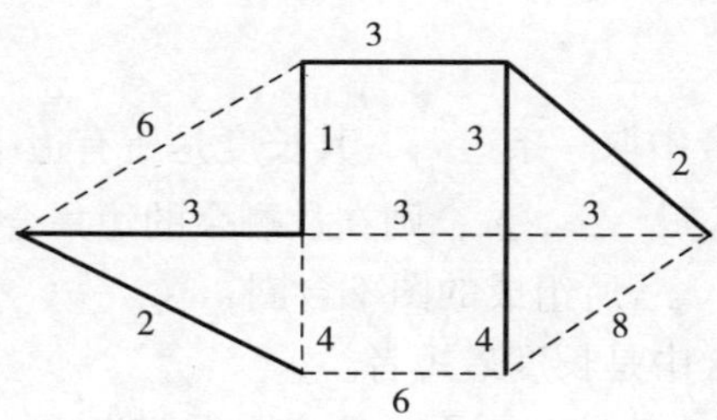

图 4－10

第三步：在剩余的边长中，长度为 3 的边有五条，选取其中之三条，见图 4－7、图4－8和图 4－9 中的粗实线段。而另两条长度为 3 的边不能选取，否则将使图中出现圈。

第四步：在剩余的边长中，最小者为 4，选取不构成圈的一条，见图 4－10 中的粗实线段。

至此，已经选取了 $N-1=7$ 条边。图 4－10 就是最优解，而最优解不是唯一的。

连接线的总长度为：

$$L=3+1+3+3+4+2+2=18$$

二、应用举例——输油管道铺设

举一个应用例题：东海某海域有 8 口油田，相互之间的距离如表 4－3 所示。已知 1 号井离海岸最近，为 5n mile。试问从海岸经 1 号井铺设油管将各油田连接起来，应如何铺设才能使输油管线长度为最短。为便于计量和检修，油管只允许在各井位处分叉。

表 4－3　　各油田之间的距离

	2	3	4	5	6	7	8
1	14	20	9	7	18	20	15
2		9	18	12	26	23	11
3			26	17	25	19	10
4				7	16	15	9
5					9	11	8
6						6	10
7							5

按前面介绍的方法，求出最短连线，即最优方案。输油管道的最优铺设方案如图 4－11所示，这种方案可使输油管道的总长度最短。

具体计算步骤如下：

第一步：在距离表中寻找最小值 5，对应的结点为⑦与⑧，将它们连接起来；

第二步：在距离表的剩余数值中寻找最小值 6，对应的结点为⑦与⑥，将它们连接起来；

第三步：在距离表的剩余数值中寻找最小值 7，对应的结点为①与⑤、④与⑤，将它们连接起来；

第四步：在距离表的剩余数值中寻找最小值 8，对应的结点为⑤与⑧，将它们连接起来；

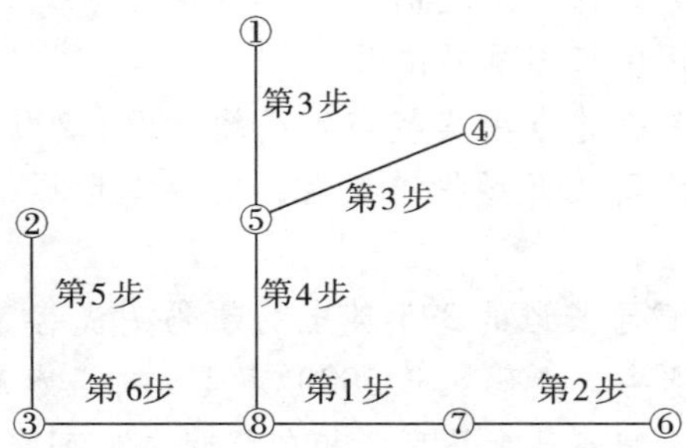

图 4－11　连线步骤

第五步：在距离表的剩余数值中寻找最小值9，对应的结点为②与③、⑤与⑥、④与⑧、①与④，只将②与③连接起来。而如果把⑤与⑥、或④与⑧或①与④连接起来，将会构成圈（回路），所以不能连接；

第六步：在距离表的剩余数值中寻找最小值10，对应的结点为③与⑧，将它们连接起来。

【参考案例】

韩进海运联合运输公司

联合运输借助于它的综合优势，在国内外迅速发展，下面是一个联合运输公司的资料，供参考。

作为最早进入中国航运市场的为数不多的几家外国船公司之一，株式会社韩进海运自1993年先后在中国的上海、天津、大连、青岛、北京等城市设立了其代理机构，大力开展在中国的业务活动。随着中国对外开放政策的不断深入以及中国进出口商品贸易量的大幅度增加，赋予了国际航运业前所未有的机遇与挑战，株式会社韩进海运以高瞻远瞩的眼光与魄力确立了中国市场在其经营体系中的地位。

韩进海运通过在中国设立韩进海运（中国）有限公司、合营企业、建设独立的堆场及相关基础设施等一系列战略性投资，将韩进海运全球服务网覆盖中国地区，使来自中国的广大客户同样享受韩进海运优质、便捷、高效的服务。今天，韩进海运中国区总部在天津与大连都设立了分公司，并连同下属的各地方分支机构竭诚为广大客户提供及时、便捷、高效的服务。

为了拓展现代物流业务以及提供增值服务，韩进海运利用其完善的物流网络及广泛的多式联运体系，通过整合其遍布全球的专用码头、铁路、驳船和卡车等优势资源，为客户提供了便捷的“门到门”服务。

韩进海运通过其分布于长滩、西雅图、奥克兰的专用码头与其他主要港口和城市连接，使其多式联运服务遍布北美。

韩进海运设在芝加哥的多式联运服务中心对货物进行全程追踪和监控，它们将确保每一票货物都能及时准确地抵达目的地。

韩进海运通过和美国、加拿大等国主要铁路公司合作，利用最先进的技术向客户提供全程不间断的运输服务。韩进海运的电子单证传送系统以及与铁路系统相连的同步货物跟踪系统在多式联运中起着重要作用。

韩进海运一直致力于其全球专用集装箱码头的建设。2001年，韩进海运在奥克兰建造的占地120英亩的专用码头开始投入运营，它拥有世界上最先进的设施，将为客户提供更为优质高效的服务。

另外，2002年7月，位于长滩的375英亩的新码头代替了原长滩专用码头，以便提供更为高效的货运装卸服务，新码头长5000英尺，前沿水深50英尺，配备12台超巴拿马桥吊，可以同时为4艘超巴拿马型货柜船提供装卸服务。而40英亩的港内铁路堆场可以容纳7列火车停靠同时作业。

韩进海运借助其丰富的专业知识和不间断的多式联运服务，于2001年中旬成立了美国韩进物流公司，并同美国、加拿大的铁路公司合作，提供美国国内运输服务。这项服务的快捷、高效及智能化将成为韩进海运问鼎世界顶级物流公司的又一大王牌。

如今，韩进海运以其遍布全球的 10 个集装箱专用码头和高效可靠的多式联运服务，实现着对客户的承诺。

资料来源：中国航贸网 http：//www. snet. com. cn/.

【课后习题】

1. 运输有哪几种基本方式？

2. 铁路运输与公路运输有哪些特点？它们的主要作业领域有哪些？

3. 水路运输和航空运输的特点及主要作业领域分别有哪些？

4. 管道运输的特点有哪些？

5. 什么是联合运输？联合运输的功能和类型有哪些？

6. 在运输问题中，如果供应总量与需求总量不相等怎么办？

7. 在运输问题中，因某种原因，禁止起点 A 的货物运往终点 B，应如何处理？

8. 在配送路线规划问题中，结点 A 到结点 B 的距离（或时间、成本）是否一定等于结点 B 到结点 A 的距离（或时间、成本）？如果从 A 点到 B 点没有直接路线相连，而经过其他结点的路线又有多条，如何计算 A 到 B 的距离？

9. 解图 4－12 表示的配送路线规划问题。A 是配送中心，周游 B、C、D、E、F、G、H 点后，再回到 A 点，试求最短路径（各结点的位置和现有路径、距离如图 4－12 所示，带箭头的路径表示单行线。提示：如果没有计算软件，可只列出各结点间的距离表）。

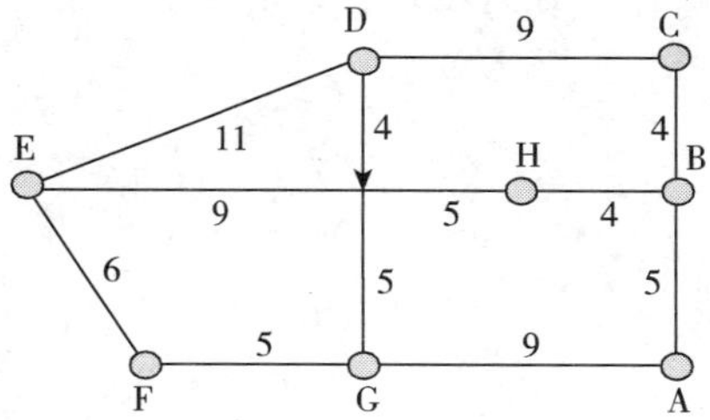

图 4－12

10. 海上 8 个油井之间的距离如表 4－4 所示，试求他们之间连接的最佳方案。

表 4－4　　**各油井之间的距离**

	2	3	4	5	6	7	8
1	14	20	9	7	18	20	15
2		9	18	12	26	23	11
3			26	17	25	19	10

续表

	2	3	4	5	6	7	8
4				17	16	15	19
5					19	11	18
6						16	10
7							15

11. 解表4－5所表述的运输问题（注意：总供应量与总需求量不相等）。

表4－5　运输表

终点 / 成本 / 起点	1	2	3	4	供应量
1	7	9	12	5	100
2	6	8	15	5	150
3	12	6	9	7	120
需求量	100	100	100	100	

（提示：如果没有计算软件，可只把运输表补充完整）

第五章　仓储作业管理

【学习要点】

仓储是物流的主要环节之一，仓储不但需要必要的设施和设备，还需要科学合理的作业程序和方法。本章首先介绍仓储的基本概念和功能，然后介绍仓储作业流程、入库、出库和储位管理的有关内容。重点掌握仓储作业的三个阶段和七个主要环节，以及储位管理的有关知识。至于入库、出库的详细操作规程，可根据教学目标的要求进行讲解，或有选择地介绍，或作详细介绍。

第一节　仓储管理概述

一、仓储的作用和功能

仓储是指利用仓库及相关设施设备进行物品的入库、存储、出库的活动。在物流的诸功能中，储存为主要功能之一，它能实现物品在时间和空间上的转移，产生“时间性”效益。

（一）仓储系统的构成

仓储系统的主要构成要素包括储存空间、物品、人员及设备设施等要素。

1. 储存空间

储存空间是指仓库内的保管空间。

2. 物品

物品是仓储的对象。

3. 人员

仓库的工作人员，包括保管人员、搬运人员、理货人员、拣选和补货人员等。

4. 设备设施

包括仓储基础设施、储存设备、搬运和输送设备等。

（二）仓储在物流中的作用

由于仓储在时间上协调原材料、产成品的供需，起着缓冲和平衡的作用。故企业可以为客户在需要的时间和地点提供指定的产品，从而提高物品的时间效用。

仓储在企业物流系统中的主要作用表现在以下方面：

1. 调节供需之间的时间差异，保证社会再生产过程顺利进行

如上所述，仓储是物流过程中的重要环节，它可以在时间上协调供需关系，发挥

"蓄水池"的作用。生产或消费所需的物品（原材料、半成品或成品）是有时间性的，即需要一定的时间才能实现它的使用价值，仓储在其中起到缓冲和平衡的作用。

2. 优化商品流通，降低运输成本

在物品流通过程中，通过仓储规划、统筹安排、合理组织运输，可以达到降低成本的目的。

在供应物流中，生产企业要从多个供应商处购买原材料或零部件，进行集中或储存，将其拼成整车，然后运往工厂。由于整车运输成本低于零担货物运输成本，这就使总的成本降低，运输效率提高。

在销售物流中，销售企业要把多个工厂生产的商品集中到市场仓库，然后根据客户的要求，合理安排运输工具和配送路线，把产品小批量地运到商场或客户。在原材料运输和产品分销过程中，各种运输工具的运量有一定差异，通过仓库便可以调节这种运力差异。

3. 保证物品流通过程中的质量

在仓储管理中，对于物品的进库、出库，有一整套验收和管理制度，有比较完善的保管措施，可以防止不合格产品入库以及防止在库产品变质。因此可以保证物品在流通过程中的质量。

4. 支持企业的销售服务

仓库合理地靠近客户，使产品适时地送到客户手中，将提高客户的满意度并扩大企业销售，这一点对企业产成品仓库来说尤为重要。

（三）仓储的增值功能

仓储具有储存、组合、分类、转运和其他增值功能。

1. 储存功能

对物品的保护、管理、储藏功能。

2. 组合功能

根据物品的流量、流向及运输工具的运载质量和容积，组织安排物品装载。

3. 分类和转运功能

分类是指按照物品的种类、流向、客户类别等对物品进行分组，并集中码放到指定场所或容器内的作业；转运是指货物的中转运输或配送。

4. 其他增值功能

贴标签、再包装、称重、组装、组配、简单加工等。

二、仓储管理的主要内容

仓储管理是指对仓储作业和仓储设施所进行的计划、组织、协调与控制。传统的仓储管理主要包括仓库的作业过程管理、维护保养、仓库安全和设备管理等内容，现代仓储管理的内容还包括订货、进货、库内保管、装卸作业、场所管理和备货作业等。

（一）仓储作业过程管理

仓储作业过程管理可分为：

1. 货物入库作业过程管理，包括收货点验、分唛搬运、签交凭证等；

2. 货物保管作业管理，包括堆码、盘点、货卡、登记等；
3. 货物出库作业管理，包括核对出库凭证、配货出库、登账等。

（二）货物维护保养

1. 严格验收入库货物；
2. 适当安排货位；
3. 苫垫堆垛等。

（三）仓库安全管理

1. 仓库安全管理包括治安保卫；
2. 消防安全；
3. 劳动安全；
4. 调节库内温、湿度；
5. 建立良好的卫生环境；
6. 坚持货物在库检查等。

（四）综合成本控制

仓储是物流的一个环节，仓储管理不但要考虑仓储环节的成本，而且应使总的成本最低。

三、仓储管理的任务

仓储管理的任务可以归纳为以下几项：

- 利用市场经济手段获得最大的仓储资源配置；
- 以高效率为原则组织管理机构；
- 以不断满足社会需要为原则开展商务活动；
- 以高效率、低成本为原则组织仓储业务；
- 以优质服务、讲信用来建立企业形象；
- 通过制度化、科学化的先进手段来不断提高管理水平；
- 从技术到精神领域提高员工素质。

第二节 仓储业务流程

仓储业务流程是指以满足企业内部生产和外部客户需求为目的，从仓库接收货物入库开始，到按需要把物品全部完好地发送出去并配送到指定地点的全部作业过程。本节将对仓储业务流程作扼要介绍，具体的作业内容将在下面各节介绍。

一、仓储业务流程概述

仓储业务流程可分为入库、保管保养、出库三个阶段。仓储作业主要由卸车、检验、整理入库、保管保养、拣货与集货、出库和发运、装车七个环节构成。如图 5 - 1 所示。

（一）入库阶段

货物入库阶段是指仓储管理人员根据入库凭证或供货合同的规定，接收承运单位或供货商运到仓库的货物，并对货物进行验收、记账及建立货物档案。入库阶段的工作是仓储管理全过程的基础。

（二）保管保养阶段

货物保管保养阶段是指仓储管理人员对验收合格的货物进行科学储存规划、堆码苫垫、清仓盘点、维护保养等作业的过程。关键作业是制定货物分类储存规划和对不同性质货物采取有效的保管保养措施。本阶段工作的目的是实现货物合理储存，提高仓库利用率和作业效率，确保货物数量准确、质量完好。

（三）出库阶段

出库阶段是指仓储人员根据货主或业务部门的出库指令，对货物进行备料、复核、包装和发货等作业过程。搞好出库配送，为客户提供增值服务，这对于提升物流企业形象、满足客户需求起着重要的作用。

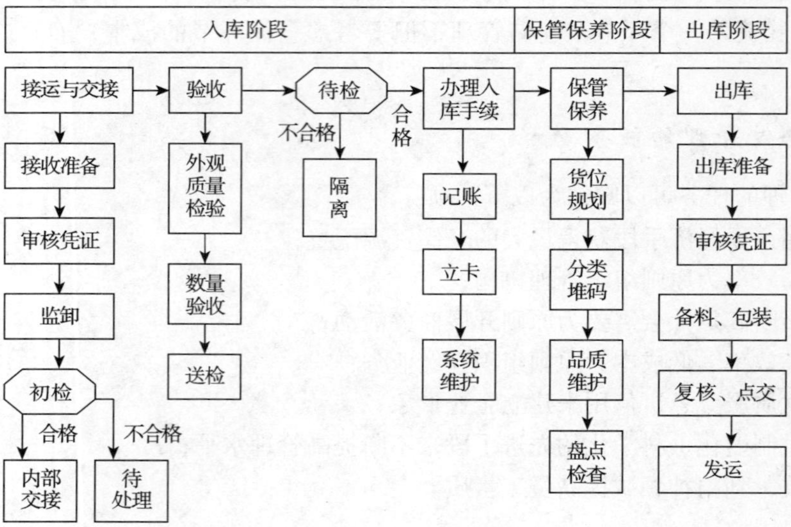

图5－1　仓储作业流程图

二、仓储作业过程的合理组织

仓储作业过程的合理组织是指根据仓储的客观要求和管理上的需要，把与仓储业务有直接关系的人、物和环境尽可能合理地组织搭配起来。

（一）仓储作业过程合理组织的目标

1. 实现仓储作业过程的连续性

货物到库后，从卸车、验收、库内搬运、堆码，到出库时的备料、复核、装车等，都是环环相扣的。若保持其过程的连续性，则可以缩短货物在各个环节的停留时间，避免货物在停放时可能引起的损失，有利于提高仓储质量和劳动作业效率，加快货物周转。

2. 实现仓储作业过程的协调性

仓储作业过程的各阶段和工序之间的作业能力，应保持适当的比例关系，并根据仓储作业要求配备各作业环节的作业人数、机器设备的数量，相互协调，互相适应，防止上下工序或作业环节之间发生脱节中断或比例失调现象；应保持作业过程的协调性，充分利用人力和设备，避免和减少货物在各作业阶段和工序的停顿或待料，从而保证作业过程的连续性。

仓库平面布置的合理性，特别是各作业环节之间、各种设备作业能力的比例，对仓储作业过程的协调性起到很大的影响，所以要科学规划，使之相互协调。

（二）仓储作业过程合理组织的内容

1. 空间组织

仓储作业过程的空间组织，就是如何划分作业过程，并确定其在一定平面上的布局。基本要求是保证储存货物在空间上有最短运输路径。

在划分作业过程时，应根据仓储的特点，使储存货物在作业过程中按顺序前进，避免往返运转。为此，一方面要合理地划分作业班组；另一方面要保证仓储设施的合理布局。作业班组的设置主要应根据仓库的吞吐规模、储存货物类别和作业流程的特点等因素而建立，一般按照专业化形式设置班组。例如，装卸搬运队专门负责货物的装卸、搬运、堆码；验收组专门负责货物的验收等。

2. 时间组织

仓储作业过程的时间组织是指整个仓储作业过程中各阶段在时间上的合理安排，从而保证作业连续进行，消除或减少停工时间，提高工效。仓储中的时间，主要取决于供货合同的规定。而仓储作业各环节组织是否合理，同样也影响着时间，特别是急需物品。各道工序的结合方式直接影响着作业时间。有的仓库实行一次性作业，即卸车、验收、堆码等连续进行，一次进入货位堆码。当然，工序在时间上的结合方式与机械化程度、设备能力、工人技术水平有关。为此，仓储作业的时间组织应综合考虑各方面的条件和可能，科学规划，以取得理想的效果。

第三节　入库管理

物品的入库是指根据供货合同的规定，完成物品的接货、验收和办理入库手续等业务活动的全过程，它是仓储管理的关键环节。入库必须具有存货单位正式开出的物品入库单，并与相应的供货合同相一致的条件下方可入库。入库单是仓库据以接收物品的唯一凭证。

物品入库单应包含物品来源、收货单位、物品名称、品种、规格、数量、单价、实收数、制单时间、收单时间、验收完毕时间、存货单位签章等内容。

一、接　货

（一）接货准备

接货是指向交通运输部门或供货单位接收或提取物品的作业过程。它是物品入库和保管的前提。为给物品验收创造有利条件，接货时应做到准备充分、手续清楚、责任分明、单据和凭证齐备。不允许将入库前的差错带入库内。

1. 场地、卸货设备和人力的安排

接到到货通知后，应了解货物的类别、特性、数量、件重等具体情况，由接运员会同保管员、调度员，安排和准备卸货场地及货位，准备卸货、搬运设备及劳动力。并通知检验员做好准备。接运员还应熟悉交通部门及有关供货单位的要求和制度。做好衔接工作。

2. 去承运单位或供货单位提货，除上述准备外，还要做好吊装、运输设备和人员的安排。

（二）检验凭证

检验凭证的依据是供货合同。它包括的主要内容有物品规格、型号、数量、供货单位、供货方式、供货批次、供货时间和地点、包装标准、提运或接运方式、责任区分及争论解决方式、双方主管人签章。

在供货合同规定的前提下核对物品入库单、交运单、货票、物品质量证明等单据和凭证是否齐备、清楚、准确。

非专用线装车，应检验承运单位出具的货运记录、物品质量证明和托运单等。

（三）货物的检查

1. 整车到货的检查

当接运员将火车引位停入预定位置后，应检查：

（1）车皮封闭是否完好，车卡、车窗、铅封、苫盖等有无异状；

（2）根据运单和相关凭证核对已到物品名、规格、型号、标志、数量、发货单位、收货单位等是否正确；

（3）货物包装、捆扎及外观质量是否良好；

（4）有无受潮、进水、破损、变形、污染等现象；

（5）查看货物件数是否件件正确、总数是否相符；

（6）查看需返回的各种工具、物料，点清件数，检查其完好性，集中存放，及时返回。

2. 供货单位送货上门的检验

接运员和保管员应根据送货单、入库单、供货合同当面点验货物的品种、规格、型号、数量，并检查货物外观质量。不具备当面完成全部检验的条件时，要在送货单回执联上注明具体待验内容。

3. 承运单位送货上门的检验

其接货检验要求与供货单位送来货物的检验基本相同。

4. 到供货单位提货的检验

（1）提货与现场检验相结合。提货时提运员与检验员均应到场，并事先熟悉所提货物的入库验收事宜。在现场清点件数，检验品种、规格及外观质量。还要进行重量检测，在检测时，应查验对方提供的计量器具是否符合规定的计量标准，验看器具的校验日期，均符合计量标准的规定后，由对方计量员操作，共同检测；对供货单位的产品质量合格证、材料码单、产品生产日期等凭证也要查验。

（2）回库复检，并办理签收手续。货物运回后，应由提运员和保管员逐件交割。复核员复审实物和凭证，发现数量和质量问题，随车装卸工及开车司机要签字作证，最后由保管员在送货单上签字。提运员现场提运发货时，要每车均开送货三联单，随车司机要每车凭此三联单送货，收货保管员要每车凭送货三联单收货，严格执行无此三联单不发货、不送货、不收货的制度，防止出错。

（四）问题的处理

1. 专用线接货中发现短缺、破损、污染或货标不符等问题时，应要求运输部门速派员复查，并提出检查记录由对方签字，以作为处理依据，待正式验收后方可办理交接手续；

2. 在承运单位接货发现货物短缺、破损等质量问题或货票不符时，应立即请承运单位当场确认并出具签字证明，以便作为问题处理依据；

3. 承运单位送货上门时，发现短缺、破损等问题后，除要求送货人出具证明并签字确认外，还要及时向供货单位和承运单位发出函电查询，提出索赔。也要将情况通报货主，请其协助催促，落实索赔事宜。此种送货方式，总是由货主或供货单位委托承运单位承担送货的，故应通报货主；

4. 由供货单位送货上门时，发现质量和运输中出现的问题时，要会同送货人核实，并由送货人当面出具证明和签字。仓库管理人员应立即书面提出索赔要求，限期解决。同时，立即通报货主；

5. 属于数量、重量等一时难以查清或损失情况难以当场查明的大批量货物，应同运送部门人员协商一致，先做现场记录，再约定作进一步检查。

二、货物搬运

这里主要是指库内装卸搬运作业。

（一）装卸搬运的作业原则

在物流过程中，装卸活动和搬运活动是不断出现、反复进行的，它的出现频率明显高于其他各项物流活动，耗时、耗力，且装卸搬运费用在物流成本中占有很大的比重。为此，装卸搬运作业必须遵循以下原则：

第一，减少环节，简化流程，加强物品计量现代化检测手段的配置，尽量消除重复装卸搬运；

第二，集中作业、流水作业、成组装卸。装载与卸载要尽量集中，加强机械化、自动化作业手段和作业员工素质，规范作业流程，使作业工序与工序间环环紧扣，衔接顺畅，不停顿、不间断、不倒退、不迂回、不交叉；尽量利用物品的动能和位能。

物品应尽可能用托盘、集装箱、集装网、袋等组成集装单元，以提高装卸效率；

第三，安全作业，文明装卸，实现作业科学化；

第四，提高活性，巧装满载。

活性指数的提高，便于货物的装卸搬运作业，要努力做到步步活化，使作业更加方便、合理。

为了对活性有所区别，使每一步装卸搬运都能按一定活性要求进行作业，对不同放置状态的货物都作了不同的活性规定，“活性指数”就是反映货物放置状态活性的一种方法，如表 5－1 所示。

表 5－1　　装卸搬运活性指数

放置状态	需要进行的作业				活性指数
	整理	架箱	提起	拖运	
散乱放置	需要	需要	需要	需要	0
置于一般容器	0	需要	需要	需要	1
集装化	0	0	需要	需要	2
无动力车	0	0	0	需要	3
传送带或动力车	0	0	0	0	4

装卸搬运时要根据货物轻重、大小、形状、理化性质、去向、存放期、车型、运输方式等因素，采用恰当的装载和堆码方法，巧妙配装。

（二）装卸车作业流程

1. 装车基本流程

核对装车凭证→核对货物→检查准备装车设备和人员→ 准备车辆→车辆、设备、人员就位→作业→捆绑加固→检查验收→整理返勤→登录报表。

2. 卸车基本流程

核对卸车凭证→检查卸车货物→检查准备卸车设备和人员→人员、设备就位→作业→堆码苫盖→检查验收→ 整理返勤→登录表报→ 填写货位牌。

3. 装卸作业工艺

以最常用的叉车、吊车作业为例：

（1）叉车作业。查看物品标志及托盘→检查物品摆放的牢固性→叉车和作业人员就位→启动车辆至预定部位→升叉托盘→运行→按指定位置落位→退叉→回控。

作业应集中精力，观察运行路线周围，安全运作，作业时严格遵守叉车操作规程。

（2）吊车作业。查看货物标志及包装、捆绑的牢固性→作业设备和人员到位→固定绳索→加挂索钩→按司索工指挥信号起吊→按指挥信号运行→至指定部位按信号指挥降落轻放→落钩→摘索→回控。

作业应服从指挥，集中精力，严格按 GB 6067《起重机械安全规程》的规定运作。

无论是叉车还是吊车，作业完后均应清理场地，设备复位，归放至原位停车地点并进行维护，龙门吊车作业完成停放就位后应实施防风制动。

（三）装卸搬运作业基本方法

装卸搬运作业的基本方法，可按作业对象的形态、作业手段、作业节奏、作业方式的差异来分类。

1. 按作业对象的形态分类

装卸搬运作业基本方法可分为单件作业法、集装作业法、散装作业法。如图5－2所示。

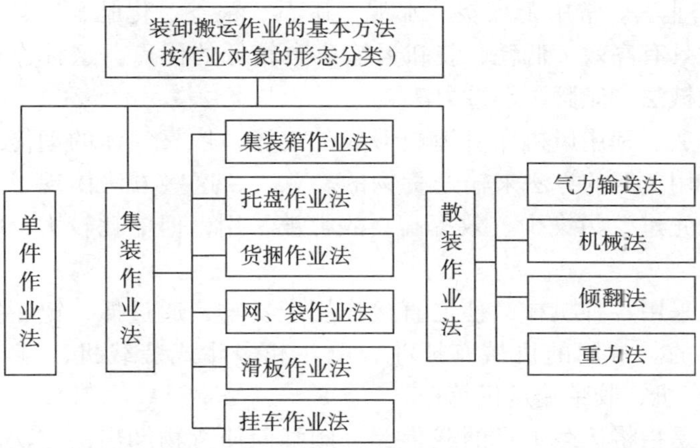

图5－2 装卸搬运作业方法

（1）单件作业法。单件、逐件地装卸搬运。这种传统作业方法对长大笨重物品、集装后会增加危险性的危险品目前仍用此法。

（2）集装作业法。先将物品集零为整，集装后再行装卸搬运。集装方式可分为托盘集装、箱式集装、货捆式集装、网袋式集装等，相应地形成各种不同的作业方法。如：

①集装箱作业法。又可分为垂直装卸法和水平装卸法两大类。垂直装卸法以使用轨行式龙门起重机、行车进行装卸作业为主，以轮胎式门式起重机、动臂起重机、侧面装卸机为辅进行作业。而水平装卸作业则主要靠叉车或平移装卸机来进行。

②托盘作业法。主要依靠叉车进行作业，用以卸装汽车、火车上的货物。托盘搬运车用来水平搬运托盘；而升降机、载货电梯、板式提升机则用来垂直搬运托盘；堆垛机是用于库内堆码和搬运托盘的综合作业方式，在立体库中应用较多，它适合于少数大型综合作业点的作业。

③货捆作业法。是用捆装工具将散货组成一个货物单元，保持其在物流中的完整性，便于装卸搬运作业实现综合机械化的常用方法，如对角钢线材等作业时多用此法，木材、建材、钢材等也多采用此法作业。

货捆可用一般起重机或叉车作业，因此投资少，效率高。

④网、袋作业法。用普通纤维制网袋集装粉状或粒状物品；用钢丝绳网络集装废钢铁或废有色金属等杂品。先集装化，再实施装卸搬运的这种方式具有集装工具

体积小、重量较轻、回送方便等优点，而且集装网、袋多数可重复使用，很有发展前途。

⑤滑板作业法。滑板是用塑料板、铁板、纤维板、纸板或金属制成的带翼板的平板来充当，用以承放货物组成的搬运单元。滑板作业比较适用于包装规格一致的箱装食品、箱装纺织品等整车物品。它一般与带推拉器的叉车等装卸搬运设备配套作业。

⑥挂车作业法。先将货物集装到挂车内，然后由拖车将挂车牵引到铁路平车上，或用大型门式起重机把挂车吊到平车上的装卸搬运作业方法。

（3）散装作业法。常用于煤炭、水泥、矿石、粮谷、化肥、原盐、食糖、化工等粉粒状物品，它具有高效、低耗、装卸运输成本较低的优点。这种作业方法又可分为气力输送法、机械法、倾翻法、重力方法。

①气力输送法。利用风机在管道内形成的气流，依靠气体的动能或压差来输送货物的方法。也有用负压的方法来输送货物的。总之，这些方法体现了劳动条件好、货物损耗少、手段先进、污染少、效率高，故常被采用，但能耗较大，噪音高，有待进一步改进。

②机械法。采用各种机械，使之直接作用于货物，通过抓、铲、推等作业方式达到装卸货物的目的。常用的机械有抓斗、单斗和多斗式装载机、链斗卸煤机（卸车机）、链斗式装车机、胶带输送机等。

③倾翻法。是指将运载工具的载货部分倾翻而使货物卸出的方法，如汽车上的货箱倾翻卸货方法。

④重力法。利用货物的位能来进行装卸作业的方法称为重力法，如筒仓、溜槽等卸车作业。这种方法较为简便，且效率较高。

2. 按作业手段分类

装卸搬运作业基本方法可分为人工作业法、机械化作业法及机电一体化、智能化综合作业法。

（1）人工作业法。指依靠人拉、扛、背、抬为主的作业方法，或以无动力的工具辅助（如板车、木杠、绳索等）人工作业。这是一种长期使用的传统作业方法。尤其在作业量小、重量轻或难以集装的货物中经常使用。在搬运危险品或性能和形状特殊而不允许用机械作业的情况下也常应用。由于我国劳动力充裕，人力成本不高，至今在仓储业作业中仍普遍存在。

（2）机械化作业法。它是以各式起重机、叉车和载货汽车等为代表的各种装卸搬运机械设备为主而形成的作业方法。它使装卸搬运作业劳动强度大为降低，效率和效益显著提高。但相应的设备投入费用较大，对作业和管理人员的素质与技能要求也相应较高。这体现了科技进步对流通领域的促进和发展。

（3）机电一体化、智能化的综合作业法。这是信息技术的深入应用对物流现代化的重大贡献，它彻底改变了物流作业的低效和落后性。它把装卸搬运过程中的关键作业工艺与组织、运营、管理环节通过信息技术手段充分协调并科学结合起来；作业中应用的堆垛机、传送设备等都能在信息系统的指挥控制下高效而又协调地动作起来；使设备与作业场所、辅助设备、计量设备等恰当地、有机地结合起来；对作业和管理人员作业素质和现代科技意识的提高起着很大的推动作用；使装卸搬运作业的效率和效益更为显著地提高。这种作业法目前正朝着智能化程度更高的方向发展，如已经开始在物流作业中使用的 AGV 小车和机器人，在仓储搬运智能化方面就是一个良好的开端。

3. 按作业节奏分类

装卸搬运作业基本方法可分为间歇作业法和连续作业法。

（1）间歇作业法。指作业过程是间歇或不连续的。因为许多货物承放状态和空间位置的变更是间歇、断续、重复、循环进行的。如用起重机和汽车来装卸搬运笨重物品和包装完整物品时的作业方式就是这样。

（2）连续作业法。散货作业时货物的承放状态和空间位置的变更就是连续、持续、流水式的作业。如散装水泥、粮谷类粒状物品的气送、传送带输送等。

4. 按作业方式分类

装卸搬运作业基本方法可分为水平作业法和垂直作业法。

（1）水平作业法。以改变货物水平方向的位置为主要特征来完成货物承放状态和空间位置的作业方法。货物及其集装单元靠自身重力、拖拽、推拉、浮移、滚动等完成装卸和搬运作业的均属此类。在作业过程中货物重心高度变化缓慢或无变化。

（2）垂直作业法。货物承放状态和空间位置的变化靠货物垂直方向的位置变更为主的作业方法。吊车的吊装吊卸货物就属此类作业。

（四）装卸搬运作业注意事项

1. 集装货物装箱要做到重不压轻、大不压小、长不压短、重物放箱底、装箱不得超重；

2. 卸车时应做到平稳轻放，要分清车号、货物品名、规格型号，不可混乱堆放，更不可大压小、重压轻、长压短、杂乱无章，对于化工物品、食品等，卸货时均应按规定堆放至指定区位。搬运作业时也要分清车号、批号、货物品名、规格；

3. 对腐蚀性、易燃、放射性、易爆物品等的装卸搬运应严格遵守安全规则；

4. 对精密仪器仪表、电子产品和附件、贵重物品以及怕潮、怕高温、怕低温的物品等均不可在露天卸货。因条件所限且天气良好，只好在露天卸货时，卸完后应尽快搬入仓库，不得在露天或货棚存放。

三、货物验收

货物验收是指货物在正式入库前，按照供货合同和入库单等相应规定，对货物的数量和质量进行的规范性检查验证的工作过程。通过验收为货物的保管和使用提供可靠依据，是正式接收货物的前提，验收记录也是仓库向外提出退货、换货、索赔的重要依据。

（一）验收准备

1. 收集、整理并熟悉供货合同、入库单等相关凭证、资料；

2. 准备合同规定的计量设备，安排计量人员；按照双方在合同中明确的计量方法准备协同检测的相关设施和人员；

3. 对进口货物的验收，应及时通知商检部门，由它们负责进行，仓储单位做好配合协助工作；

4. 针对被检货物的性质、特点及数量，安排吊运设备、劳力；确定存放库区、货位、垛形；

5. 核对入库单、供货合同、货物质量证明文件、产品合格证、装箱单、磅码单、发货明细表、运单、到货记录等资料。若发现资料不全或有重大出入之处，不能验收入库，应作“待验货物”处理，临时单独存放，并及时与有关单位联系，解决后，方可验收。

（二）验收实物

包括质量验收和数量验收，要本着“先进口，后国内”的原则，以利于发现问题尽早提出索赔，避免耽误国际间贸易协定的到货之日起计算的三个月索赔期限。

1. 质量检验

作为第三方物流性质的仓储企业，质量验收只负责外观质量检验。货物内在质量检验由货主单位负责约请专业检验单位进行。若需在仓储单位取样作内在质量复验，应由货主提请仓储单位协助，请当地专业部门进行复验。

（1）外观质量检验。由仓库检验人员通过感观对货物外形包装以及色、香、味、形、手感、音色等进行直观、直觉的评价，还可利用刮刀、刷子、锉刀等清理表面，以判断缺陷程度，借助一般量具检验包装变形及货物受损程度，借助拍照等手段记录潮湿、霉腐、虫蚀、撞击的受损现状，检验时要做记录，以作为验收凭证和依据。

（2）内在质量检验。指专业检验人员借助各种科学仪器、器械、设备、试剂等在一定的实验环境条件下，检验物品性能的方法，以评定其质量。通常分为物理检验法、化学检验法和生物检验法，检验后由检验单位出示记录，以作为验收依据。

2. 质量验收中的检验形式有三种

（1）全数检验。适用于贵重物品、无损毁性检验或批量小、质量易波动的物品的检验。

（2）抽样检验。按合同确定的抽样方案，在被检物品中随意抽拣少量样品，再对样品逐一检验。结果与标准或合同规定对比后，推定被检物品整体质量。此法用于批量大、质量稳定、价格低廉、易破损的物品。被检物品应为同一来源、同一质量标准的物品；一个合同的物品作为一个被检批次，如订货量大，或连续供货的物品，可以分为若干被检批次。在无明确抽样规定数量时，可用下列公式来取整计算抽样数量：

$$A \approx \sqrt{W/2}$$

其中：A 为抽样数量（件），W 为一个被检批次物品的总数（件）。

抽样可采用随机抽样或规律抽样法。

（3）免于检验。对有严格质量检验制度而质量保证体系完善，成品质量长期稳定且优良的货物，生产企业自检有合格证明且供货稳定，可以免于检验；或拆包后易损或不易恢复原包装的货物只要包装完好，均可接收，但若在运输中有污染或破损的则仍要检验。

3. 数量检验

根据合同、入库单、运单、发货明细表的规定和记载，对到库货物除进行清点外，还应审核对方提供的磅码单，并进行数量检测。根据不同类型货物，其检验方式主要有：

（1）检斤。采用符合国际商用三级秤标准的电子秤或其他称量系统，在装卸作业的同时检测货物重量，如钢材、有色金属材料等。随着物流现代化的发展，这种电子称重系统的应用已普遍展开，可分为电子轨道衡、汽车衡、电子地磅、电子吊车秤和电子叉车秤等，并将检测数据直观性地显示以供客户查看，还可与仓库计算机管理系统网络连接，随时将称重数据输入计算机进行登录、核算。

对液体货物的检测，已采用电子流量测试系统，通过在线流量数据采集，送入计算机系统进行比重补偿修正处理后，按照设定之数学模型自动计算出货物重量，目前已在酸类物品收、发、盘存中成功使用，在油类物品的仓储业务中也有应用。

（2）检尺。应用长度测量工具，检测货物的长、宽或直径等，将数据进行计算，得出其面积、体积。如木材可算出其立方数，板材可测量其面积再乘以张数以得出其到货数量。

（3）用条形码或人工清点货物数量，如箱体包装货物、汽车、机床等。

（4）复合检验。可用两种或两种以上的验收手段进行检验。

数量检验也可视货物数量大小，确定采用抽验或全验。抽验数量一般占货物总数的20% ~30%，若发现超过规定误差数，应扩大抽查数（一般为原抽查数的两倍）再行复验，仍不合格，则以不予接收论处。问题严重的货物应全检。

（三）验收问题处理

1. 发现包装不合要求、破损或货物有质量问题，应将不合格货物单独存放并妥善保管，及时与供货单位联系解决，必要时应提出索赔或退货。

2. 数量不符，差额在规定范围之内或记件商品缺件的，出具验收凭证，除交供货单位及时补齐外，可先按实收量填发入库单入库，并记录在案，补齐后再予以注销。

3. 数量差额较大，已超过规定范围的，应立即向供货单位提出交涉。在处理前，货物应单独封存，不得动用或丢失，以备复验，并做详细记录。复验时请供货单位或承运单位到场，确有较大差错，应请对方出具证明并签字，作为索赔或退货的依据。

4. 已发生残损、变形、污染、渗漏或腐烂等问题的物品，应出具专项记录及时提交供货方、承运方和货主，提出索赔或退货，经对方复验认可并出具证明，由责任方签字后，方可处理。处理前不得入库，应单独存放，妥善保管，不签发入库单，不同意验收。

5. 进口货物的检验中，发生质量和数量问题，由商检局处理，必要时可予以协助。处理前不办理入库手续，不签发入库单，货物另行放置，妥善保管。

6. 纯属运输造成的问题，一旦确定，应及时填报索赔单，向承运部门索赔，并将索赔单和货运单复印件书面通知货主。

7. 验收完毕，若无大的问题或有关问题已妥善处理，保管员应及时填写和签收入库单，表示货物已正式接收入库。同时应填写验收单，连同入库单联单或复印件一并返给货主、供货单位及管理部门。验收单主要应列出验收中发现的问题及处理情况，责任部门认可签字的证明复印件作为副件附入，对产生问题的原因分析及意见、验收结论、验收单则由检验员、保管员共同签字，与入库单各留一份存档。

四、入　库

货物验收完毕，应立即入库，入库时应进行以下工作：

（一）复　核

由复核员与保管员负责进行，主要复核：

1. 货物验收记录及入库单和各项资料凭证是否移交清楚和完整；

2. 复核入库货物与上架、上垛货物是否相符，编号是否正确，件数是否准确，计量测试记录与实物批号是否符合，残损货物是否已另行堆放，并办理完手续，有无混杂在一起进入库内；

3. 错货或需退货的物品是否在搬运中又混在入库货物中进库；

4. 上垛、上架货物应挂上的货牌是否准确无误地到位，输入电脑的建账数据是否已准确录入，账、牌、物三者是否相符；

5. 查验需要提出和说明的问题是否在入库单和验收单上均已明确列出，责任方需要出具并签字的证明是否均已收齐并准确无误，责任是否已完全明确。

（二）登　账

登录货物保管明细账，无论用计算机或手工生成，都应详细反映仓库货物进、出、存结的准确情况。主要内容有：物品编号、存放位置、入库日期、车（船）号、品名规格、数量、单价、收入、支出、结存明细凭证的序号等。

登录或消除保管账必须以正式收发凭证为依据。账目不得任意涂改，有必要修正时应加盖订正章。

账目应做到：

1. 如实记录入、出、结存数，账物相符；

2. 笔笔有结算，日清月结，不做假账；

3. 手续健全，账页清楚，数据准确；

4. 坚持会计记账规则，严格遵守；

5. 出现问题，经处理后，账面要明确反映，并如实说明。

（三）建　档

应建立库存货物档案，以备处理问题时查证，也便于总结提高仓储管理水平。

1. 将每份入库单所列的到货原始资料和凭证、验收资料、相关问题处理的资料和凭证、出入库及存储期的相关记录和资料等分别装订成册建立档案，由各库区保管员统一保管；

2. 档案要统一编号，并注明货位号，账册上应加注档案号；

3. 保管期为十年，到期应经仓储主要负责人书面批准后统一销毁；

4. 电子计算机仓储管理系统，要设立档案管理子系统以辅助档案管理工作。

第四节 出库管理

货物出库应遵循“先进先出、推陈储新”的原则，尤其是已接近保质有效期或规定存储期的货物，要设法先发出，以免变质。

一、出库依据

出库必须凭货主单位开具的出库单作为凭证，否则不能付货。

出库单内容包括收货单位（或提货单位）、日期、有效期、货物入库时的批号、品名、规格型号、数量（应分为预定数和实发数两栏，实发数在付货完毕由保管员填写），货主单位负责人签字盖章，数量大或价格昂贵的货物除凭出库单外，还应电话与货主复核后方可付货。

二、出库程序及作业方法

（一）核 单

对出库单，业务会计要逐项核对，尤其是核对货主单位预先留下的出库单样张和预留印鉴，以及提货人的背书是否准确；还应核对数量、规格品种与库存是否有出入。凡遇有涂改痕迹或与提货仓库名不符均不可付货，如单据有涂改，应由货主单位办理更正手续，并在更正处加盖公章后方可付货，否则应追究提货人的责任；对出库单上的有效期也应审核，过期则必须去货主单位重办手续后方可付货。

（二）编号登记

经核对出库单无误后，仓库业务会计要逐单统一编号、登记，再送交保管员付货。

（三）付 货

1. 要求

（1）必须是已经持有编号的正式出库单，且提货单位和人员与出库单上所列相符，必要时可再次验证；

（2）确保规格、数量一致，货物批号吻合，质量完好，包装牢固，标志清楚，付货货位根据出库原则由保管员确定，提货人员不得任意挑选；

（3）货物应认真清点，经复核员复核无误后方可付出；

（4）付货完应点清货架或货垛余数，并在货牌上加以批注，经复核员复核后，方可交给理货人员办理交接，分清责任。

2. 程序

（1）销牌（卡）：付货时应先销货牌，即在货牌上记录本次付货数量、日期、出库单号、结存数，然后再付货；

（2）理单：根据出库单上应付货物，由保管员确定的货位，合理排列，以便按顺序导位分拣，逐项付货，提高工效；

（3）核对：在指定货位找到应付货物时，要“以单对牌，以牌对货”，要求“单、牌、货”相符；

(4) 点数：要坚持“人不离货、件件过目”，执行“牌、物”对照，付出相符，结存一致；

(5) 批注地区代号：为方便理货作业，保管员在货物外包装上应批注地区代号；

(6) 填实发数、签单：有的货物需称重计量的，会出现实发数与预提数不一致的现象，保管员应详细记录、汇总后，在出库单上填实发数，付货完结时应将出库单逐单填上实发数（与预定数相符的在实发数栏也应填清楚），逐单检查，并在单上批注结存数后，逐单签字，交业务会计登记时核对。

（四）理　货

付货完毕由装卸工将货物转至备货区，并将出库单转交给理货员，理货员与保管员要办理交接手续。

理货员接手后，应按货物地区代号进行分别堆放，然后进行核对、置唛、待运装车。

1. 核对

理货员应根据货物场地大小，车辆到库班次或提货车辆顺序，对货物进行合理安排，按照车辆科学配装。尤其是对地区到站编配分堆，做到批次分明，排列有序，便于装车运送。完成分堆后货物要进行单、货核对，尤其要逐车逐批核对，确保数量、品唛、去向完全相符。

2. 置唛

实行送货制的出库货物，理货员必须在应发货的外包装上刷置“收货单位”简称及到站名，简称应符合规定，置唛必须准确，位置应选在货物外包装两头，字迹清楚，复用旧包装应去除原有标志，置唛完应同复核员共同复查。

3. 待运装车

理货员必须现场指导，人不离场。要按地区和到站逐批装车，防止错、漏，对实际装车件数，必须与随车人员共同点交清楚，再把送货通知单和随货同行单证交随车人员一起送达港、站。

（五）复　核

为提高发货工作质量，应实行专职复核、交叉复核和环节复核相结合的复核方式。

1. 复核内容与要求

(1) 品唛数量。对照出库单检查所列品唛、细数，应与付货外包装标志相符，否则不许出库，总数也应准确。

(2) 货物质量。对应付货物外观质量进行复查，发现异状，应向保管员查询原因，必要时与货主单位联系，货主允许出库而提货单位又同意接收者，做完记录，方可出库。

(3) 包装完好性。包装应牢固、干燥，若有捆扎松散，应重新要求捆扎，凡包装破损货物，未经修复加固一律不准出库，无论是否仓库原因导致的破损，均应修复，防止破来破去。地唛标志应清楚，在修复包装时，更要注意地唛标志保持完好，受损的要重新置唛。

2. 经复核确认无误，即可允许放行出库。

（六）放 行

复核员与理货员完成复核程序后，应由理货员将出库单返回业务会计部门。经其最后审核后，开发出门证，交提货或发运人员作为出门交门卫放行的依据。

门卫必须接到业务会计签发的出门证，方可放行。对提货单位提走的货物，门卫除查看货物放行实数外，对出门证上填写的车号、单位要进行核对，无误后，接收出门证，放行。

送货制货物出库，在复核员对托运单或送货单与实物当面清点复核完后，理货员与运输部门办理正式交接签收手续，并将签收交接的凭证交业务会计部门，办理随车同行证，门卫凭此证中的出门证联放行。对分批出库的货物，应凭证上注明的先后实发批数及每批数量做检查，由门卫凭此监督检查。

（七）登 账

仓库发货时，可先用计算机网络系统登账后再付货，也可先付货后登账。

1. 先登账后付货

可把单据审核与登账作业相连一并进行。由业务会计完成，并配合保管员核对付货后应余数量；对移动货位货物，须随即更正货位，方便作业。保管员记录的账、牌应在付货后作相应登录。

2. 先付货后登账

为提高服务质量，缩短零星客户提货的等待时间，保管员付货后，经复核、放行环节，再登账。作业时要求业务会计必须做好出库单、出门证的全面控制和回笼销号工作。日账日清，在登账时应逐单核对保管员批注的结存数，若账面与结存数不符，应立即通知保管员，查找原因。

下面简述自提货物和送货出库的单据流程和账务处理程序：

（1）自提货物。提货人凭出库单（即提货单）提货。先将此单交仓库业务会计审核对照样章与印鉴，再逐单编号、登记，交保管员付货，再转交理货员理货，经复核员复核后，由理货员将出库单返业务会计开出货物出门证，然后提货人从业务会计室领取出门证，凭此证向发货员领取所提货物。业务会计凭出门证存根联控制提货回笼，门卫凭出门证放行。出门证上应注明每张出库单编号。当日出库完毕，门卫应汇总当日出门证返交给业务会计，凭此与已回笼的出库单号逐一核对。无误时，作为做账凭据。

（2）送货出库。送货出库方式的出库单是随同送货通知单一并由货主单位到达仓库的。先由业务会计理单，编写地区代号，再送保管员付货，往下连货带出库单转给理货员理货，复核员复核，再将出库单返给业务会计，开出随车同行证。凭此证，发运员接手领取货物并与运输部门办理完交接。再将随车同行证中的出门证一联交门卫，凭证放行，如货物分批出库，门卫应在出门证联后面记录出货批次、编号、车号、数量及时间和日期。出库完毕，门卫应将出门证汇总返给业务会计，凭此证建账。

（八）问题处理

1. 提货数与实存数不符

（1）属于入库时错账，要用报出报进方法进行调整；

（2）属于仓库保管串发或错发，要由仓库负责解决库存数与提单数间的差错，并承担损失；

（3）属于漏记账而多开出库数，应由货主单位负责调整账面，按实数处理。

2. 串发或错发货

（1）串发大多是串发规格。保管员要根据库存实情，如实向仓库领导和货主讲明串发货的名称、规格、数量及提货单位。仓库会同货主协商解决，若无经济损失，由货主单位重新按实际发货冲单（票）。有损失时，仓库应作相应的赔偿，按损失的单据冲转调整保管账。

（2）错发。若货物尚未离库，应立即更正，重新组织发货；已出库，应立即通知提货单位追回货物，同时通知货主，造成损失应由仓库负责赔偿，并相应调整账目。

第五节　储位管理

储位管理的主要目的在于搞好科学储存，充分利用场地，利于作业和存货的维护保养，保证存货质量，提高仓库容积的利用率，减少仓库管理费用，确保消防和安全。

一、物品储存方式

物品的一般储存方式有定位储存、随机储存、分类储存、分类随机储存和共同储存等，如图 5－3 所示。

（一）定位储存或分区储存

在人工管理库存的情况下，为了便于查找和避免差错，通常采用分区储存或固定货位储存的原则，即每一种物品都有固定不变的一个或一组储存位置。

1. 定位储存的优点

（1）每一种物品都有固定的储存位置，拣货人员容易熟悉物品货位，从而方便物品的存取；

（2）物品的货位可按周转率大小或出货频率来安排，以缩短出入库的搬运距离；

（3）可针对各种物品的特性来安排货位，将不同物品特性间的相互影响减少到最小。

2. 定位储存适用场合

（1）库房空间较大时，可采用定位储存方式；

（2）不适用于随机储存的物品，可采用定位储存方式；

（3）根据物品特性，由管理或其他方式规定的某些物品必须分开储存，如饼干与肥皂、化学原料与药品等，可采用定位储存方式；

（4）储存条件要求较高，如有些品项必须控制温度，可采用定位储存方式；

（5）易燃物品必须储存在一定高度上，以符合保险标准及防火法规，可采用定位储存方式；

（6）重要物品需要特别保护时，选用定位储存；

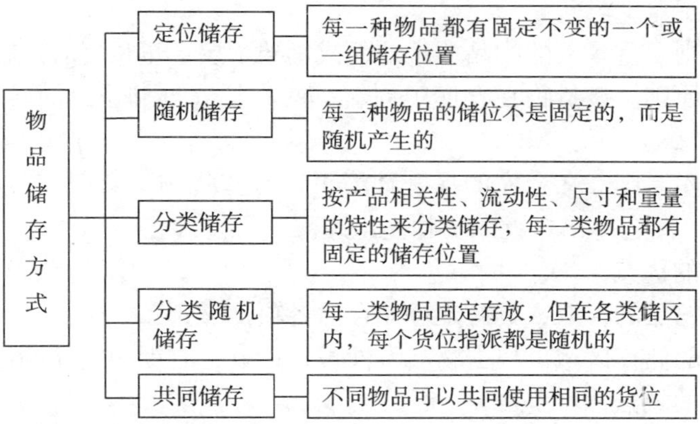

图5－3　储存方式

（7）适用于多品种数量少的货票储存。

总之，定位储存简单，容易管理，所需的总搬运时间较少，但却需要较多的储存空间。

（二）随机储存

在计算机管理库存的情况下，可以采取随机储存的原则。所谓随机存储，即是每一种物品的储位不是固定的，而是随机产生的，这种方法的优点在于共同使用储位，最大限度地提高了储位的利用率。但随机储存的缺点主要有：

1. 物品的出入库管理及盘点工作的难度较大；

2. 周转率高的物品可能被储存在离出入口较远的位置，可能增加出入库搬运的距离；

3. 具有相互影响特性的物品可能被相邻储存，造成物品的损害或发生危险。

随机储存方式能使储存空间得到最有效的利用，减少所需的货位数目。根据模拟试验结果，随机储存与定位储存相比，可节省35%的移动时间及增加30%的可利用储存空间，但较不利于物品的拣选作业。

随机储存方式适用于库房空间有限，并需要尽量利用储存空间的场合；适用于种类少或体积较大的物品。

如果运用计算机辅助管理随机储存，由计算机记录仓库中每项货票的储存位置，则不仅可以在进出货时查询货位，也可以借助计算机来调配进货储存的位置空间，依计算机所显示的货位剩余空间来决定物品的储存位置，必要时也能调整物品的储存位置。

（三）分类储存

分类储存通常是按产品相关性、流动性、尺寸和重量的特性来分类储存。每一类物品都有固定的储存位置。

1. 分类储存原则

在确定储位时，根据货物的特性和管理方面的要求，应遵循一定原则：

（1）先进先出原则。这是通常采用的原则，它最适用于寿命期短的物品，如食品、药品等。

（2）重量原则。重量大的物品放于地面或货架下层。重量轻者放在货架上层。

（3）周转率原则。按货物在仓库中周转率的高低安排储位，周转率高的应储存在入出库快的储位。

（4）就近出库原则。在仓库的保管环境下，有些货物不会因存放期长而变质，为了加快出库作业，离仓库出口近的货物先出库。

2. 分类储存的优点

（1）便于畅销品的存取，具有定位储存的各项优点；

（2）各分类的储存区域可根据物品特性再作设计，有助于物品的储存管理。

3. 分类储存的缺点

（1）货位必须按各项物品最大在库量来设计，因此储区空间的平均利用率较低；

（2）分类储存较定位储存具有弹性，但也有与定位储存同样的缺点。

4. 分类储存的适用场合

（1）产品相关性大，经常被同时订购；

（2）周转率差别大；

（3）产品尺寸相差大等情况。

（四）分类随机储存

分类随机储存是指每一类物品都有固定存放位置，但在各类储区内，每个货位的指派都是随机的。

分类随机储存具有分类储存的部分优点，节省货位数量，提高储区利用率，缺点主要是物品出入库管理及盘点工作的难度较大。分类随机储存具有分类储存和随机储存的特色，需要的储存空间介于两者之间。

（五）共同储存

当确切地知道各物品进出库时间时，不同物品可以共同使用相同的货位。这在管理上会带来一定的困难，但有助于减少货位空间，缩短搬运时间，有一定的经济性。

二、货位的排列方式

应根据墙距、预留通道、垛距、仓库高度、柱距、存货性质和类别，来选取科学的货位排列方式。要本着充分利用库容、方便作业、利于维护、确保安全的原则来选取。

通常可按存货类别和性质来合理选用。

第一，横列式货位排列方式：指货垛或货架与库房横向平行排列。

第二，纵列式货位排列方式：指货垛或货架与库房横向垂直排列。

第三，混合式货位排列方式：指货垛或货架与库房的横向平行和垂直均有的排列。

第四，垂直平行式货位排列方式：指货垛或货架与主通道或库房墙壁垂直，而货垛或货架之间又是相互平行的排列方式。这种方式利于通风，方便货物进出，便于自然采光。但支道多，特别是在叉车作业时，要直角转弯，作业通道占用面积较宽，库容利用率相对较小。

第五，斜向式货位排列方式：指货位与主要通道成一定角度（如30°、60°或45°）且减小或取消垛距的货位排列。这种方式扩大了仓库有效面积的应用，但作业通道变窄了，对某些货物进出不利。

三、货位编号

（一）货位编号

将库房、货场、货棚（料棚）、货垛、货架按照一定顺序统一编列号码，并做出明显标志，以便识别，更方便于计算机管理信息系统的监管和控制。按照仓库不同的条件和要求，可运用平面、垂直或立体的纵横各项序列，采用简明的符号和数码编制。

（二）四号定位法

四号定位法是一种常用的编码方法，它用四个序号标明货物储存位置，在备有多层多格的货架库房里，“四号”是指库房号、货架号、货架层次号、货位号；在不设有层格架的库房或货场里，可在三位号前加一标识符号以便与前面区分。后面紧接三位编号，它分别表示库房或场区号、货架或垛排号、架层或垛位号。四号定位的优点是方便直观，记入账册和料卡，可见账知物，便于查找和作业。

（三）料卡（也称料牌）

料卡是用来标明各货位物品基本情况的标签，一般挂在物品垛位上，也可直接写在物品上。

卡片记录项目有品名、规格、数量、入库日期、入库号、出库时间、出库数量等基本数据。有的还注明单位长度、个体重量、体积等。

在发货后应随时变更其数量，保证账、卡、物相符。备注栏应随时记录保养情况或受损、受潮等情况。

【参考案例】

上海惠尔转型以仓储为核心

上海惠尔物流有限公司借助信息化，成功地由一家传统的运输公司转型为第三方物流公司，这是一个物流企业转型的成功案例。

一、需求：以仓储管理为核心

2003年4月，惠尔决定转型。此前，惠尔是一家传统的运输公司，他们的目标是转型为第三方物流公司，开展以储、运一体化为主要内容的物流服务。

与此同时，惠尔制定了“通过物流分发网络的快速扩张、大幅缩短客户响应时间，以及电子商务来拓展市场”的战略。

要实现这些美好的“蓝图”，惠尔的领导寄希望于物流信息管理系统。因为物流公司不是拼有多少车，而是拼服务，也就是看物流公司能否提供准确的报表反馈，以保证单据处理得及时和准确。

但是，惠尔的信息化需求究竟是什么？惠尔究竟要建一套什么样的物流信息管理系统？公司领导莫衷一是。正在此时，已近而立之年的孙大亮加盟惠尔，任惠尔信息技术部经理。孙大亮大学毕业后进了一家新加坡的物流公司，一干就是4年，对物流的各环节了如指掌。他提出："对于物流管理，仓库是核心，尽管利润点可能不在仓库。拿到仓库，运输就基本拿到了；拿到运输，但拿不到仓库的话，估计客户也很快会丢掉。所以，物流管理的核心是仓储管理，然后可上升到供应链管理。"

基于这种认识，惠尔的整体物流系统建设把仓储管理系统摆到了首位，同时兼顾运输管理系统、客户关系管理系统、电子商务系统等。

针对系统的设计目标，孙大亮指出："要创建一个基于网络的集成的物流管理信息系统，实现企业、客户及相关环节信息资源的数据共享和数据交换。系统应该具有良好的稳定性和可扩展性，能够同外部系统集成，并且安全可靠。"

二、选型：适合才是最好的

谈及惠尔物流信息管理系统的投资情况，孙大亮向记者透露："整个系统的投资总计100多万元，其中软件占60%。"据了解，与同行业相比，惠尔建这样一套物流信息管理系统，投资额度还达不到中等水平。针对这种情况，孙大亮表示："没有最贵的，只有最合适的。"

基于这种考虑，惠尔最终选择了招商迪辰软件系统有限公司来开发这套系统。针对与迪辰的合作，孙大亮补充道："其实，迪辰开发的物流信息管理系统并不比其他的物流系统便宜。之所以选择迪辰，是因为迪辰的物流信息管理系统拥有较好的DAP平台。DAP平台是采用纯Java开发的BS三层架构，能满足惠尔目前的需求及在线客户随时查询的需求。"

据悉，DAP是招商迪辰开发的应用于物流及供应链管理领域的标准化的信息技术平台。DAP平台具有行业针对性，可进行图形化操作及管理。

基于DAP平台，迪辰为惠尔要做的就是个性化的开发工作。就惠尔物流信息管理系统的定位，孙大亮提出："我们没有太复杂的工作，就是进出、库内管理、增值服务，所以系统不会选太复杂的功能化软件，而是需要流程化软件。"

就在建设物流信息管理系统之际，惠尔已开始在全国设立分发中心。目前，惠尔在全国14个城市设立了分发中心，仓库总面积达8万平方米，其中设在上海的中央分发中心仓库面积达4万平米。

根据第三方物流服务网点化和核心仓储管理的特点，迪辰首先使系统做到集中化，即集中中央数据库、集中统一接单、集中统一动态管理，这些集中式管理不是记账式管理，而是由系统控制的主动管理。同时，在仓库管理系统和运输管理系统之间，增加了一个订单处理模块，将两大系统协同起来，避免了重复劳动。此外，迪辰还使整个系统实现了流程化，按照严格的流程图，一步一步按图操作，完全贯彻了集中化、协同化、流程化的思路。

目前，惠尔各地的分发中心借助互联网，随时可与客户系统进行连接和数据交换。

三、实施：关注细微处

在项目实施过程中，尤其是个性化设计方面，迪辰项目组没少遇到一些细枝末节的问题，比如有关报表的处理。

由于第三方物流服务具有跨行业、跨客户、跨地区的特点，客户的个性化要求很多，他们对报表的需求也各种各样。最初，系统对报表的处理相对封闭，但业务要求系统报表一定要做成开放式的、可维护性的。双方经过研究，决定在系统中增加一个报表设计器，设计好业务报表后，用户可以随时维护，以不变应万变，这样就可以满足不同客户的需求。

"大的框架确定后，系统的实施就是一些细节的问题。"孙大亮道出了惠尔物流信息管理系统实施的关键。

有一次，孙大亮发现系统打出的单据上没有标明具体时间。于是，他急忙找到迪辰项目组的负责人，提出："对于第三方物流服务，客户最关心的就是时间。"随后，系统中单据的处理程序便增加了时间要素。

就整个系统而言，比较让孙大亮满意的地方，还是在BS架构下有关查询速度、操作简便等一些细微处的处理方面。孙大亮告诉记者："CS架构较之BS架构，最大优势就在于其查询速度快、操作简便，但我们基于BS架构的系统经过技术处理，目前在这些方面也达到了CS架构的水平。"由于这些方面的成功处理，最终达到了孙大亮"用最少的钱做最多的事"的初衷。

至于系统中需要改进的地方，孙大亮表示："目前，系统还存在一些细节性的地方需要改进，比如拣货、补货机制等。当然，我们在使用过程中将不断优化系统。"

资料来源：中国计算机报；作者：叶林海、张怡。

【课后习题】

1. 什么叫仓储？仓储的作用和功能是什么？
2. 什么叫仓储管理？仓储管理的范围和任务有哪些？
3. 什么是仓储业务流程？它包含哪几个阶段与环节？
4. 仓储作业过程合理组织的目标和内容有哪些？
5. 仓库内装卸搬运的作业原则是什么？
6. 物品出入库的程序有哪些？
7. 什么是验收？货物验收包含哪些内容？
8. 储位管理的目标是什么？物品的一般储存方式有哪些？各种储存方式适用于哪些场合？

第六章　保管保养技术

【学习要点】

物品储存保管是仓库根据物品本身的自然属性和特点，安排适当的储存场所，采用一定的科学储存保管方式和养护措施，确保货物品质完好和数量准确。学习本章，要掌握物品的堆码、盘点和养护技术。

第一节　保管技术

广义地讲，前一章中的许多内容也属于保管业务，本章重点介绍物品的堆码和盘点作业。

一、物品的堆码与苫垫

（一）堆码原则

1. 保证货物不变形，且能确保人员、货物及设备的作业安全；
2. 方便管理人员收发、盘点和维护，便于装卸搬运作业；
3. 便于信息系统管理，充分提高作业效率和仓储利用率。

（二）码垛要求

1. 轻起轻放，大不压小，重不压轻。标志直观清晰，标签朝外，箭头向上；
2. 四角落实，整齐稳当；
3. 通道宽度适当，方便作业；
4. 对不同品种、规格型号、批次及不同生产企业的货物要分开堆码；
5. 码垛距建筑物距离，在库内离墙距50cm以上，离库顶、平顶为50cm以上，人字顶以不超过横梁为准。照明要选用防爆灯，灯头与货物平行距离不少于50cm，货物离柱的距离为15cm左右，垛间距离为10cm，对易燃品要留出适当的防火距离。库外要距建筑物2m，排水沟应相距2m外方可码垛；
6. 保证“先进先出”的方便，为此，要按进货先后的顺序堆码；
7. 袋装货物定型码垛，重心应倾向垛内；纸箱包装的货物箱口应向上；大体积箱装货物分层堆码时，上层要对准下层货物的立柱后方可压放；桶装货物要封口向上；破包货物要另行堆放；
8. 堆码的货物必须是验收完毕并允许入库者，应包装完好，标志清楚。

（三）堆码方法

堆码作业依靠堆垛机、叉车等设备与人工相结合，按照信息管理系统的指导进行运作。堆码方法按照货物种类、包装形式、码放场所不同，以及方便现代物流信息系统的规范化管理与监控来适当选用。

1. 方便计量的“五五化”堆码法

“五五化”堆码法，其优点是便于过目成数，整齐，方便盘点和出库。但易多建货位，费劳动力，对机械化、自动化作业有时并不方便。在现代化储位中，要因地制宜地确定使用。“五五化”堆码法又可细分为：

（1）平行五堆码法，这是五件物品平面摆放的码放方法；

（2）直立五堆码法，是将五件物品重叠码放的方法；

（3）三二五堆码法，以二件压三件堆码；

（4）一四五堆码法，以一件压四件堆码；

（5）梅花五堆码法，五件环形排列堆码；

（6）平方五堆码法，垛形长宽均是五的同倍数；

（7）立方五堆码法，垛形长、宽、高均是五的同倍数；

（8）行列五堆码法，是行和列均是五的倍数的行列式堆码；

（9）分层重叠五堆码法，层数和每层的小组数均是五的倍数；

（10）分层纵横五堆码法，是层数和每层的小组数均是五的倍数的纵横交错式堆码；

（11）分层压缝五堆码法，是层数和每层的小组数均是五的倍数的压缝式堆垛；

（12）定量分层五五码垛法，是对计量的货物，按过秤方便的数字（如50kg一秤）定量分层上码。码法需视不同货物而定，一秤不一定是一层，可以标志分隔，其层数可用磅码标明。

2. 直升式堆码法

排列整齐，由下往上按规定的垛宽和高度、相互紧靠的堆码方法，宜用于袋装货物如石英砂、大米等。

3. 卧式骑缝堆码法

排列成塔形，下底宽，逐步向上减少堆货宽度的堆码方法，宜用于柱形货物。

4. 井字堆码法

底层横卧，上层纵卧，再上层又横卧，如此交替纵横，往复堆码，宜用于长或方形货物堆码。

5. 阶梯式堆码法

货物竖放，底大，逐步向上减少堆码层的堆货量。宜用于各种变径柱形货物。

6. 鱼鳞式堆码法

将环形货物半卧，其一小半压在另一件货物上，依次排列。第一件和最后一件直立并堆成柱形；码第二层时方法与第一层相同，但排列方向相反。此法对轮胎、钢圈、电缆、盘条等非常适用。

7. 行列式堆码法

采用平放，排列成行，组成行列式垛形，宜用于体积大而重，外形特殊或需经常四周查看的货物。如汽车、大型工程机械、大功率变压器等。

8. 衬垫式堆码法

在每层都垫入与货物相适应的衬垫物，然后再向上堆码。宜用于四面不规则的电动机、减速器等货物。

9. 货架式堆码法

常用高层货架、固定式和活动式货架堆存货物。宜用于规格品种繁多的小件物品和零部件，如轴承、车辆配件、电子产品及其器件等。应专库存放，严禁随意入内，存放时要分清品种、规格、型号、等级、单价等。宜用货箱。在现代物流中自动化立体库多选用此种堆码法。

10. 串联式堆码法

利用货物中间的孔隙，用绳索将一定数量的货物串联起来逐层向上堆码。

11. 托盘式堆码法

根据包装情况，货物超出托盘的边缘的悬伸量，宽方向小于35～40mm，长方向小于25～50mm，其高度按拟装车型而定，但不易超过1370mm。凡适于上述要求的货物均可选用托盘式堆码。常用码盘方式有：

（1）重叠式码放。各层物品排列相同，无交叉搭配，宜用于包装规格相同的，较重的同类货物；

（2）正反交叉式码放。在盘上码成“丁”字形，横放一排，竖放一排。各层间搭接压缝，宜用于长方形包件物品；

（3）纵横向交叉式码放。相邻两层按交叉方向堆码，同层货物排列一致，对包装形状两端不同的物品可以采用旋转交错、左右交叉、上下交叉等堆码方式；

（4）梯形码放。宜用于圆柱形物品。

（四）垫　垛

垫垛的目的在于隔潮，要根据货物性能，气候条件来确定。

1. 垫垛尺寸及材料

（1）库房内下垫厚度为20～30cm；露天货场下垫厚度为30～50cm，台式货场不用下垫；

（2）下垫主要材料为：枕木、方木、石块、水泥墩、油毡、苇席、垫板等。

2. 垫垛要求

（1）地面要夯实、铺平，应能承受货物堆放重量，下垫材料更应适应负重要求，严防倒塌、倾斜。木料作垫料时要经过防潮、防虫处理；

（2）货场存放货物的货区四周应有排水沟，并保证排水流畅，不被阻塞，暴雨不泡垛。

（五）苫　盖

所谓“下垫上盖”，均为配套性防潮措施。

苫盖能防止货物受潮，苫盖后的货垛应稳固、严密、不渗漏雨雪。

1. 苫盖材料

常选用雨布、铁皮、油毡、帆布、芦苇等。

2. 苫盖要求

（1）对外形和包装都规则的货物应采用一类苫盖，即实施五面苫盖，应牢固、严密；

（2）对外形不规则的货物宜采用二类苫盖，即实施四面苫盖，不整齐的一端的下垫要低，以免积水；

（3）对存放于活动料棚和固定料棚的货物，四周必须有围壁或遮盖，否则也应适当地苫盖。

3. 苫盖方法

（1）简易苫盖法。就货物堆码外形，把苫盖物直接敷盖在货物上面，宜用于大件包装货物和屋脊形货垛的苫盖。

（2）鱼鳞式苫盖法。用苫盖物沿货垛底逐层向上苫盖。

（3）棚架式苫盖法。根据堆码的垛形，用苫盖骨架与苫盖物合装成房屋状，用以苫盖货垛。

二、盘点检查

盘点是指对仓库保管的物品进行数量和质量的检查，以清点库存物资的实际数量，做到账、物、卡三者相符；查明超过保管期限、长期积压的物资的实际品种、规格和数量，以便处理；检查库存物资盈亏数量及原因，以改进仓库管理。

要求通过盘点做到：库存物资数量清、规格清、质量清、账卡清，盈亏有原因，事故损坏有报告，调整有根据，确保库存物资的准确。

（一）盘点检查的内容

1. 检查物资实存量与账、卡的数字是否相符，查明物资盈亏的原因；

2. 查明库存物资的质量状况，有无锈蚀、霉变、潮解、虫蛀等情况，必要时进行理化试验或技术检验；

3. 查明有无超过保管期限及长期未使用的积压物资，并查明积压原因；

4. 检查堆垛是否稳固，苫垫是否严密、失效；场地有无积水和杂草；库房有无漏雨，门窗通风孔是否良好，库房温湿度是否符合保管要求，清洁卫生是否符合要求等；

5. 检查计量工具是否准确，使用与维护是否合理；

6. 检查各种安全措施和消防设备是否齐全，是否符合安全要求。

（二）盘点检查的方法

1. 永续盘点法

永续盘点法是指仓库管理人员在日常物资发生动态变化时，进行检查清点的一种盘点方法。永续盘点法的具体做法有三种：

（1）分区轮盘法。即将仓库划分为若干个区域后再细分类，然后逐区、逐类、逐日地轮流盘点。采用这种方法盘点时，一般可事先制订计划，每月盘点数占总数的30%左右，这样一个季度就可以盘点完全部，完成一次盘点，以后再周而复始，循环进行。

（2）分批分堆盘点法。即针对仓库收到的每一批物料，事先制订收发料记录笺，置放于一透明塑料袋内，拴附在每批收料的包装件上，当该批物料一有发料时，立即在记录笺上记录下来，并将领料单副本一并放入透明塑料袋内，这样，在盘点时，可通过它查对该批物料发放数、领料单及实存数是否相符，如有出入，通过查对领料单，便可很快弄清。对于尚未动用过的物料，可认为存量无误。如无特殊情况，就无需查对。

分批分堆盘点法虽然手续较为烦琐，但是实际上在每次发料后，即已起到自动盘点的效果。因此，仍有较多企业采用。

(3) 保险存量或订购点盘点法。即当库存物资达到订购点或保险存量时，由仓库管理人员自行清点存量，并开列对账单，以检查差误。这一种盘点方法对于收发较为频繁的物料比较合适。

永续盘点法不仅是保证账、卡、物三者相符的关键，而且是仓库及时反馈库存情况、密切配合采购与生产、防止供应脱节的重要方法。同时，永续盘点不必关闭仓库，仓库业务不受影响，因此较受企业欢迎。

2. 定期盘点法

定期盘点法，是指事先确定盘点日期（如利用半年或年终财务决算前）进行全面盘点的方法。这种盘点方法需要关闭仓库，全面清理，可以减少盘点中的混串和疏漏，使盘点结果能获得准确的数字。但是，定期盘点不能使仓库关闭的时间太长，盘点期间，时间短促，这就要求在定期盘点工作开始之前，做好充分的准备，以确保盘点的顺利进行。

定期盘点前的准备工作主要有：

(1) 人员的编组与集训。定期盘点需要建立临时性的具有一定形式的联合组织。一般由仓库主管、财务部门、技术部门等几个部门组织，盘点前要统一认识，统一方法，以避免人为的差错。

(2) 清理仓库。盘点之前，要对仓库物资进行一次清理，要求做到：

①对尚未办理入库手续的物资应予以标明，不在盘点之列；

②对已办理出库手续的物资要尽快发出或做好标记，亦不在盘点之列；

③对物资的码垛、货架及其间的物资进行整理，以便于统计计算；

④检查计量器具，并进行调整，使其在规定的误差范围之内。

(3) 研究制定盘点的工作程序。

(4) 对物资名称、品种、规格要统一口径，计量要统一单位，统一方法，尽量避免因技术概念不确切，计量方法不统一而导致盘点结果发生差错。

(5) 制定盘点用表。一般物资盘点用表见表6-1。

表6-1　　物资盘点单

仓库号　　货位号　　　　年　月　日

序号	名称	规格型号	单位	单价	账面数	实存数	盘盈数		盘亏数		盈亏原因
							数量	金额	数量	金额	

3. 重点盘点法

重点盘点法是指对储存保管的A类或A类与B类物资进行定期清查的一种盘点方法。这一方法主要用以掌握库存重点物资的变动情况，防止并及时发现差错。通常由仓库负责人组织有关业务人员，如料账员、保管员、财务人员和质量检验人员共同进行。

第二节 物品养护技术

物品在仓库的保养维护需要根据货物品质变化影响因素，采取科学的养护方法来完成，其目的是保全物品原有的使用价值。自然因素是在库物品发生品质或数量变化的外因，它包括储存环境的温度、湿度、日光以及生物、微生物等的影响。下面我们介绍一些常见的养护方法。

一、仓库温湿度控制法

影响储存物品质量发生变化的环境因素很多，其中最主要的是空气的温度和湿度。可以说，物品储存中几乎所有的质量变化都与温湿度有关，因此，必须加强库内温湿度管理，采取各种措施，创造适宜的温湿度条件，从而确保储存物品的安全。

（一）温湿度及其变化规律

1. 温湿度变化规律

空气温度是指大气冷热程度，简称气温。气温是指近地面层大气的温度。气温的变化分周期性变化和非周期性变化。周期性变化又分为日变化和年变化。

第一，温度的年变化规律。一年中最高气温在7月（内陆）至8月（沿海），最低气温在1月（内陆）至2月（沿海），年平均气温出现在4月底和10月底。一年中月平均气温的最高值与最低值之差称为气温的年较差。

第二，气温的日变化。一昼夜中最低气温在凌晨日出前，最高气温在下午2~3点，次日又开始循环。一昼夜中最高与最低气温的差值，称为气温的日变幅。

第三，相对湿度的年、日变化随气温的升高而减小，随气温的降低而增大，所以相对湿度的年变化趋势与气温年变化相反。最高值一般出现在冬季，最低值出现在夏季，但是，各地相对湿度的年变化也不完全一样。

第四，库房温度变化的一般规律：从季节看，一般在1~4月和10~12月气温低于库温；6~8月气温则高于库温；4~5月和9~10月则气温和库温大致相当。

2. 湿度的表示方法及变化规律

湿度是指空气中水汽含量的多少或空气的潮湿程度。空气中的水汽含水量越多，其湿度越大。可用绝对湿度、饱和湿度、相对湿度、露点等来表示。

（1）绝对湿度：指单位体积空气中所含水蒸气量的多少，用（g/m^3）表示，也可用毫巴（mb）或水银柱（mmHg）来表示。温度愈高，水蒸气蒸发愈多，绝对湿度愈大。

（2）饱和湿度：指在一定气温气压下单位体积空气中所能容纳的蒸汽的最大限度，

用（g/m^3）表示。一般随温度升高而增大，随温度的降低而减小。如果空气中的水汽含量越过此限量，多余的水汽就会凝成液态水从空气中析出。

（3）相对湿度：指在某一特定气温和气压下空气绝对湿度与饱和湿度的百分比，即：

$$相对湿度=绝对湿度/饱和湿度\times 100\%$$

它表示了空气中实际水汽量达到饱和状态的程度。相对湿度越大，空气越潮湿，水分就不易蒸发。仓库中的湿度管理，也主要是指相对湿度的控制与调节，是根据相对湿度来了解和调节库内空气的干湿程度。

（4）露点：露点是露点温度的简称，指空气中所含水汽因气温下降达到饱和状态而开始液化成水（结露）时的温度。即是指含有水汽的空气，其相对湿度会因温度的降低而增大，当温度降到某一数值时，空气中的水汽达到饱和状态（即相对湿度达到100%），随之就会液化，附在物品或库房建筑物等与空气接触的表面上，这种现象叫"结露"，俗称出汗。这时的温度叫"露点温度"，简称"露点"。因此，露点是以温度来表示湿度的概念。在物品储存的环境中，如果温度低于露点时，空气中超饱和的水分会在温度低的物品或其他物体表面凝结成水珠，称为水淞，通常也称为出汗。这对于怕潮物品有较大的危害性。

（二）控制方法

1. 通风

通风是指根据大气自然流动的规律，有目的地组织库内外空气的对流与交换，以调节库内温湿度，净化库内空气。

（1）通风方式

按通风动力的不同，仓库通风可分为自然通风和强迫通风两种方式。

①自然通风。是利用库内外空气的压力差，实现库内外空气交流置换的一种通风方式。它不需要任何通风设备，不消耗任何能源，且通风换气量较大，是一种最简便、最经济的通风方式，仓库应尽可能加以运用。

自然通风有两种情况：

第一种是仓库外无风。通风时的气压差主要取决于库内外气温差。温差越大，压差也越大，空气对流的速度就越快，从而降湿的速度也越快。保管人员可根据所保管物资的要求，确定通风时间长短和通风时开启门窗的数目。

第二种是仓库外有风。通风时的气压差主要取决于库内外空气流速差。若风向平行于库房开设的窗户，对通风孔前后墙壁窗户的开启没有什么特殊要求，与无风时相同；若风向垂直于库房开设的窗户，通风时应关闭通风孔及墙壁迎风面上部的窗户，开启背风面上部的窗户，并打开库门，以促进库内空气的完全循环。如果全部开启门窗，可能会导致热空气重新吹回库房下部，降低通风降湿的效果。

②强迫通风。强迫通风又称机械通风或人工通风。它是利用通风机械工作时所产生的正压力或负压力，使库内外空气形成压力差，从而强迫库内空气发生循环、释换，达到通风目的。强迫通风又可分为三种方式，即排出式、吸入式和混合式。

排出式通风是在库墙的上部或库顶安装排风机械，利用其工作时产生的推压力，将库内空气经库房上方的通风孔道压迫到库外，从而使库内气压降低，形成库内外空气的对流循环。

吸入式通风是在库墙的下部安装抽风机械，利用其工作时产生的负压区，将库外空气吸入库内，压迫库内空气上升，经由库房上部的排气口排出，形成库内外空气的对流交换。

混合式通风是将上述两种方式结合起来，同时安装排风和抽风两种机械，同时吸入库外空气并排出库内空气。这样可使通风的速度更快，效果更好。

（2）通风时机

①对怕热类物资，主要是利用通风来降温。在炎热季节，适用于那些怕热但对空气湿度条件要求不严的物资，一般可在夜间或凌晨 6 点左右通风。

②对怕冻类物资，主要是利用通风来提温。在寒冷季节，要在阳光充足、库外温度最高时通风，一般是在下午 2 ~ 3 点进行。

③对怕潮类物资，主要是利用通风降潮。通风时必须对比当时库内外的绝对湿度，因为相对湿度虽然能表示空气的干湿程度，但不能表示空气中实际所含的水蒸气量。所以，决定通风降湿的必要条件是绝对湿度，充分条件是相对湿度。即通风降湿的判断条件为：

相对湿度作为是否需要通风的条件，一般是当库内相对湿度大于 80% 时，需要通风。

绝对湿度作为是否可以通风的条件，当库内绝对湿度大于库外绝对湿度时，可以通风。

根据通风降湿条件，可用表 6－2 中数据来判断库内是否能够进行自然通风。

另外，自然通风有局限性，它受气象条件和季节影响较大。因此，在采用自然通风时，必须抓紧通风时机，及时进行通风。我国淮河以北大部分地区，在 10 月中旬到次年 4 月底，多刮西北风，很少刮东南风，空气比较干燥，可以进行大通风，为下一步的密封工作创造良好条件。5 ~ 9 月气温较高，绝对湿度大，自然通风的机会不多。总之，通风时要选择库外绝对湿度小的条件，这种条件在秋冬季最多，其次是春季，夏季则机会很少。

表 6－2　　库内自然通风条件

	干球（℃）	湿球（℃）	绝对湿度（Pa^2）	露点（℃）	相对湿度（%）	备　注
库外	10	7	7.6	3	62	不需要通风
库内	8	7	9.2	6	68	
库外	8	6	7.8	6	72	需要通风，但不可以通风
库内	5	4	7.3	4	84	
库外	15	12	11.6	9	68	可以通风
库内	12	11	12.3	9.3	88	
库外	20	15	13.1	11	56	可以通风
库内	15	13.5	14.3	12	84	
库外	25	18	15.1	13	78	可以通风
庢内	18	17	18.6	16	90	

（3）仓库通风应注意的问题

①通风应尽可能在晴天进行，雨、雪、雾、霜等气候条件下，库外空气湿度很大，不应通风。

②利用自然通风，一些灰尘杂物容易随着气流进入库内，对库存物资造成不良影响，所以当风力超过 5 级时不宜进行通风。

③通风时还必须考虑物资本身的温湿度与空气温湿度的关系。如有些金属制品，其表面光洁，导热性较好，通风时若本身温度低于或等于库外露点温度，热空气进入库内与冷物接近，物资周围的空气急剧降温，接近饱和状态时就会造成物资表面结露。所以在通风降湿过程中，还应对露点温度严加控制，以防止库内出现结露现象。当库外温度等于或低于库内露点温度时，或库内温度等于或低于库外露点温度时，都不能进行通风。

④库房外存在有害气体，如库区周围有钢厂、农药厂、化工厂等放出的有害气体吹来时不能通风。

⑤强迫通风多采用排出式，但对于储存产生易燃、易爆气体或腐蚀性气体物资的仓库，则应采用吸入式通风方式。因为易燃、易爆气体经排风口向外排放时，如排风扇电机产生火花，就有引起燃烧爆炸的危险；而腐蚀性气体经排风扇向外排放时，易腐蚀排风机械，降低机械寿命。若采用吸入式通风方式，可避免上述问题发生。

⑥通风必须与仓库密封相结合。通风进行一段时间，达到通风目的时，应及时关闭门窗和通风孔，使仓库处于相对密封状态，以保持通风的效果。通风时须注意通风效果，若发现通风时仓库温湿度的变化与预期目标相悖，或库外由于天气的骤然变化，温湿度大幅度变化时，应立即中断通风。

2. 密封

密封是指使用密封材料，尽可能将储存物资封闭起来，使之与周围大气隔绝，防止或减弱外界自然因素对物资的不良影响。密封除了具有防潮作用外，还能收到防霉、防锈蚀、防干化、防虫害等多种功效。

（1）不同介质的密封

按照密封体内的不同介质，可分为如下几种情况：

①大气密封。就是直接用大气封存物料，物料间隙充满大气，其湿度在密封前后基本相同。

②干燥密封。就是在密封空间内充入干燥空气或放置吸湿剂，防止物料受潮。干燥空气的相对湿度一般在 40% ~50%。

③充氮密封。就是在密封空间内充入干燥的氮气，使物料间隙间缺氧，减少氧的危害。

④去氧密封。这种方法是在密封空间内放入还原剂，如亚硫酸钠，以吸收空气中的氧气，造成缺氧的环境。

（2）不同范围的密封

按照密封的范围不同，密封可分为如下形式：

①整库密封。对某些储存批量大、保管周期长、整进整出或物资出入不太频繁的库房，可以整库密封。整库密封主要是采用密封材料来封堵库房门窗和通风孔道，使库房内部与外部空气隔绝。密封时，既要考虑到封闭的严密性，又要考虑日后开启方

便。留作检查出入的库门，最好装设两道隔断门，开小门，有条件者还可采用密封门。

②库内小室密封。是在库内选择适当位置，用材料围筑成临时性小室，将需要封闭保管的物资存入，然后将小室密封起来。这种方式适用于那些储存数量不大，保管周期较长，要求特殊保管条件的物资密封。

③货垛密封。就是用密封材料将整个货垛密封起来，使其上下四周均无裸露，达到防止和减少外界因素影响的目的。货垛密封适用于那些品种单一、形状规则、需长期储存或露天码垛堆放的怕潮、怕锈蚀的物资。其所用的密封材料，除应有良好的防潮、保温性能外，还应有足够的韧性与强度。

④货架密封。将货架用密封材料封闭起来，防止透气和落入灰尘。货架密封主要适用于出入频繁、数量不大，但怕潮、易锈蚀、易霉变的小件物资或少量短期内需密封干燥的物资。

⑤货箱（容器）密封。就是用货箱（容器）将物品密封起来。对于数量较少，不经常收发，需要特殊保管条件的物品（如精密仪器仪表、化工原料等），可按原包装或容器存入货箱后进行密封。

⑥单件密封。对于数量少、无包装或包装损坏、形状复杂、保管条件要求严格的物品，可按单件密封。最简便最经济的方法是用塑料袋套封，也可用蜡纸、防潮纸或硬纸盒封装。

（3）密封储存的注意事项

①选择好密封时机。我国物资仓库多数是以大气为介质的密封。因此，密封时必须首先选择好密封时机。最有利的时机是在春末夏初，潮湿季节到来之前。对整库密封来说，不但要选择好适宜的密封时间，而且要选择好有利的启封时间。过早地密封，会失去自然通风机会，过晚密封则可能使库内湿度较高。一般选择在库外绝对湿度大于库内绝对湿度且库内相对湿度较低时进行密封。启封时间应选择在库外温湿度下降，绝对湿度低于库内的时候。

②做好物资密封前的检查。物资封存前，应进行全面检查，看其是否有锈蚀、发霉、生虫、变质、发热、潮湿等异常情况；检查其包装是否良好，容器有无渗漏等。如发现上述情况，应及时采取救治措施，待一切正常后，方可密封。

③合理选用密封材料。由于密封方式不同，所需要的密封材料也不同。按其作用可分为两大类：一是主体材料，包括油毛毡、防潮纸、牛皮纸、塑料薄膜等；二是涂敷黏结材料，如沥青、血料、清漆、胶黏剂等。在选用上述材料时，应考虑性能良好、料源充足、使用方便、价格低廉等方面。

④密封必须同通风和吸湿相结合。密封储存不能孤立地进行，为了达到防潮的目的，必须与通风和吸湿结合起来运用。在一般情况下，应尽可能利用通风降潮。当不适合通风时，才进行密封，利用吸湿剂吸湿；而库外出现有利于通风的条件下，须立即进行通风。密封能保持通风和吸湿的效果，吸湿可为密封创造适宜的环境。

⑤做好物资密封后的观察。一切密封都是相对的，密封只能减少湿空气的入侵，绝对密封是难以做到的。外界因素对封存物资还会产生一定的影响，仍有发生变异的可能。因此，物资密封后应加强管理，定期检查，并观察和记录密封空间的温湿度情

况。当发现温湿度有较大的变化或物资出现某种异状时，应及时查找原因，并采取相应措施进行适当处理。

3. 环境封存

环境封存是指采用金属或非金属容器将物资盛装后注入气体或干燥剂加以密封的封存方法。通常有充氮封存和干燥空气封存两类封存方法。

（1）充氮封存。充氮封存是将包装容器内的空气抽出，充入氮气加以密封，以避免潮湿空气对物资的影响。

在密封容器内充入干燥氮气，一般要求氮气纯度为99%，露点在－40℃以下。由于物资得到防护，充氮封存可长达5～10年，不仅能防止金属锈蚀，而且能减缓非金属老化和防止生霉变质等。

目前较多采用厚度为0.25～0.32mm的镀锡铁皮和厚度为0.5～0.6mm的白铁皮制成容器，另外，铝、铝塑薄膜也是具有发展前途的材料。

充氮封存的工艺是：放置物资于容器中，容器封口，抽气及充氮气，焊接抽气孔，对容器进行气密性检查，涂保护层和作标记等。

（2）干燥空气封存。干燥空气封存是使物资密封于有干燥剂吸湿的包装容器中，由于空气干燥，故而可防止金属生锈和非金属的霉变。干燥空气封存又分为茧式包装、封套包装和刚性容器包装等。

①茧式包装。在物资周围构成一层塑料外壳形成密封包装，内置干燥剂，使包装内保持低相对湿度，从而使物资得到保护。

茧式包装防潮性能好，宜于长期储存，当膜层厚度达5mm时，防锈期可达5～10年，甚至更长时间，包装启封也较快，撕去膜层即可。

但茧式包装施工过于繁杂，造价和维护费用较高，运输中塑料膜的抗震和耐磨性较差、易破裂、塑料膜壳中含有的有机溶剂易影响物资油漆层等，所以茧式包装的应用受到限制。茧式包装施工工序见表6－3。

表6－3　茧式包装施工工序

序号	项　　目	施工工序
1	设置底盘	采用涂料保护钢制底盘，翻边高30～50cm
2	产品处理	固定产品在底盘上的产品洞眼用材料填塞，突出或锋利的棱角用缓冲材料填充，膜带固定
3	设置骨架	用纺织纤维带或纸带缠绕在产品上，作为10～30cm格孔骨架，或用网眼布作网架
4	喷结层网	先喷长丝（0.5～1m），后喷短丝，形成结网层
5	喷成膜层	分多次喷成膜材料，厚度0.6～1.5mm，喷涂时留2个通风口，排出溶剂蒸汽，留一个洞口
6	干燥剂和湿度指示计	在洞口放入干燥剂和湿度指示计，最后用成膜层材料密封洞口
7	喷覆盖层	厚度为3mm左右
8	喷反射层	厚度为0.025mm

②封套包装。封套是一种具有密封性能的软体容器，由套体、封口、观察窗、气嘴、湿度指示装置、干燥剂（或降湿机）等部分组成。在坑道内或潮湿环境下存放的物资、在使用中的设备和仪器，用封套封存或作临时防护，都可充分体现封套的优点：成本低、随时开启和密封、可多次回收使用、可维修性强。

a. 套体：套体材料透湿度应符合包装等级的要求，如表 6－4 所示。

表 6－4　　套体材料透湿度包装等级

防潮包装等级	薄膜（$g/m^2 \cdot 24h$）	容器（$g/m^2 \cdot 30d$）
Ⅰ	<2	<5
Ⅱ	<5	<120
Ⅲ	<15	<450

注：容器温度为 40℃ ±1℃，相对湿度为 88% ~95% 的条件下测量。

套体材料应根据所包装物资的要求、材料强度、耐老化、造价、透湿度、联结性能等综合性能来选择。

包装材料的透湿度见表 6－5。

表 6－5　　包装材料透湿度

	名称	厚度（mm）	透湿度（$g/m^2 \cdot 24h$）（0.025mm，38℃，90% RH）
1	聚乙烯（低密度）	0.012 以上	18
2	聚乙烯（中密度）	0.012 以上	8 ~ 15
3	聚乙烯（高密度）	0.012 以上	5 ~ 10
4	未拉伸聚丙烯	0.018 以上	8 ~ 10
5	聚偏二氯乙烯	0.012 ~ 0.05	1.5 ~ 5
6	聚氯乙烯	0.012 以上	50 以上
7	尼龙	0.012 以上	非常高
8	聚酯	0.012 以上	15
9	布基铝塑薄膜	0.34 ~ 0.36	0.25
10	纱布基铝塑薄膜	0.32	0.256
11	氯丁—丁基胶布	0.53 ~ 0.62	6.61 ~ 7.0
12	尼龙/聚乙烯薄膜	0.08	4.25
13	聚乙烯/铝箔/纤维油布	0.33 ~ 0.35	≈0
14	聚乙烯/铝箔/人字玻璃布	0.35 ~ 0.37	≈0
15	聚乙烯/铝箔/涤纶	0.30 ~ 0.32	≈0
16	聚乙烯/铝箔/亚麻布	0.30 ~ 0.32	≈0

套体由封套材料热焊或黏结而成。套体尺寸据物资大小和数量而定，一般分为小型封套 $10m^3$ 以下；中型封套 $10 \sim 100m^3$；大型封套 $100m^3$ 以上，形状为长方形，各直角宜做成圆弧，也可根据存放物外形需要而设计。套体应注意材料联结和气密性的检查，防止硬物戳破和摩擦损坏等。

b. 封口装置：封口装置多使用密封拉链，它是一种具有密封性能的可多次启闭的封口装置。这样便于物资进出，更换干燥剂和对物资的检查。密封拉链的性能见表 6－6。

表 6－6　密封拉链性能

	拉链名称	透湿量（g/m·0.014）（m·24h）	耐水性（HPa）	平拉强力（N/2.5cm）
1	80 型塑料米牙密封拉链	＜0.50	0.05～0.1	＞150
2	81 型塑料米牙密封拉链	＜0.38	＞0.05	＞100
3	塑料条形密封拉链	＜0.11	＞0.2	＞100
4	金属米牙密封拉链		0.5 气压（507HPa）保持一分钟不漏气	＞200

c. 观察窗：是在套体上开的方形或圆形的孔，多用透明聚酯薄膜或其他透明柔性材料与套体黏结在一起，这样便于随时检查内存物的情况及干燥剂的变化。

d. 气嘴：在套体上设置的进气或出气装置，便于充气或抽气，充气一般充氮气，抽气一般用于真空或近似真空封存，套内放一些吸湿剂、防霉剂等。

e. 湿度指示装置：湿度指示装置显示包装内相对湿度。一般要求安装在套体检查窗内侧易见部位。要离开干燥剂，反映封套内真实的相对湿度。湿度指示产品和特性见表 6－7。

表 6－7　湿度指示产品和特性

产品名称	特　　性	说　　明
硅胶指示剂	1. 细孔硅胶浸一定浓度氯化钴水溶液，烘干制得 2. 变色范围：须与湿度指示图对照 3. 对金属有腐蚀性，不能与金属接触 4. 烘干温度为 120℃ ±3℃（也是再生湿度）	用封套和充氮封存
湿度指示剂	1. 定性滤纸浸于不同含量氯化钴蒸馏水或酒精水溶液干燥制得 2. 视氯化钴含量不同，在相对湿度为 20%、30%、40%、50%、60% 时变成粉红色 3. 对金属有腐蚀性 4. 比硅胶指示剂便宜	用于干燥空气控制封存

续表

产品名称	特性	说明
MSR、H846系列相对湿度显示器	1. 可显示40%、50%、60%、70%、80%五档相对湿度。低于40%时，五档均呈蓝色。高于80%时，五档均呈粉红色。介于40%~80%时，根据蓝色、粉红色交接处的色变，可判断相对湿度 2. 对金属有腐蚀性	该产品于1985年通过技术鉴定

f. 吸湿：吸湿分静态和动态两种吸湿方式。静态吸湿适合表面积100m^{2}以下的封套；动态吸湿适合于大型或群体封套。

静态吸湿选择干燥剂时应考虑到吸湿能力强、具有物理稳定性、无味、无毒、具有化学稳定性、吸湿后不产生化学变化、在常温下温度对吸湿能力无显著影响并能通过加热再生等因素，应优先选用细孔硅胶，其性能见表6－8。

表6－8　细孔硅胶性能

	粒度（mm）	外观	机械强度（MPa）	对水蒸气吸附量（%）			
				RH20%	RH40%	RH60%	RH100%
细孔块状硅胶	2.8~7	硬玻璃状透明或半透明，无光泽不规则颗粒	98	12	23	33	40
细孔球形硅胶	2~5	硬玻璃状透明或半透明，无光泽球形颗粒	95	11	22	36	45

注：细孔硅胶烘干后，应在冷却至60℃~70℃时，立即储存于密封容器中。

动态吸湿是用降温机对封套内潮湿空气进行循环降湿的封存方法。先将封套内潮湿空气抽出，干燥后再送入封套内。与封套配套使用的降湿主要有三种：一是制冷式降湿机；二是氯化锂降湿机；三是氯化钙吸湿车。

③刚性容器包装

刚性容器按材质分为金属刚性容器和非金属刚性容器。

a. 金属刚性容器：镀锡铁皮，用铁皮热浸镀锡（也称马口铁）制得；镀锌铁皮，用铁皮热浸或连接电镀锌而制得；还有钢板、铝及其合金材料制成的容器。

封口方法：有卷边压封；焊封；尘兰盘封口；密封胶带封口；橡胶垫圈等。

b. 非金属刚性容器。玻璃钢所用如酚醛树脂、环氧树脂、聚酯树脂等，在容器中加入铝箔以提高防潮性能。

4. 除湿

空气除湿是利用物理或化学方法，将空气中的水分除去，以降低空气湿度的一种方法。在物资仓库中主要采用机械除湿和使用固体吸湿剂除湿。

（1）机械除湿。机械除湿就是采用除湿机除湿。除湿机是一种冷却除湿装置，利用制冷原理，将潮湿空气冷却到露点温度以下，使水汽凝结成水滴而分离排出，使空气干燥。

机械除湿比较适合于大中型仓库在湿度较大的情况下采用。

（2）固体吸湿剂吸潮除湿。将固体吸湿剂静止放置在要求吸湿的空间内，使其与空气自然接触，吸收空气中的水分，从而达到降低空气湿度的目的。

常用的吸湿剂有以下几种：

①氧化钙，即生石灰。吸湿性很强，吸湿速度快，但吸湿过程中放出一定的热量和水分，生成有腐蚀性的碱性物质，对库存物资有不良影响，必须在其吸湿后由块状变成粉末状之前及时更换。此外，生石灰属碱性，有一定的腐蚀性，所以使用时要注意防止其直接接触物资，一般用容器盛装在库内走道或沿墙四周。注意不可装满，以免吸湿后膨胀溢出。

②氯化钙。吸湿性较强，价格较贵，一般用于机电库房和贵重怕潮物资的小型密封室。使用氯化钙吸湿，应将其单层铺放在竹筛上，在竹筛下面放置容器，以收集吸湿饱和后成为液态的氯化钙。液态氯化钙经加热处理并冷却后仍可还原为晶体，供继续使用。氯化钙能腐蚀金属，且易溶于水且放出大量的热，在使用时应予注意。

③氯化锂。氯化锂吸湿能力比氯化钙更强，但价格也更贵，一般不大采用。其使用方法也与氯化钙相同。

④硅胶。又称矽胶、硅酸凝胶。硅胶理化性质稳定，吸湿后仍为固体，不变形、不溶化、不污染物资，无腐蚀性。吸湿后的硅胶在130℃～150℃的温度下烘干脱水后仍可继续使用。使用硅胶吸湿，一般将其置于细长的纱布口袋内，悬挂于库房空间内，或用纱布将其分包成小包，直接放在物资包装内或密封货架、密封箱内。硅胶价格较高，一般只用于贵重金属、仪器仪表和电器类物资仓库的除湿。

⑤木炭。吸湿能力不如上述几种吸湿剂，一般只适用于保管条件要求不高或库内温湿度变化对物资影响不大的仓库。

⑥木灰、炉灰、草灰。吸湿率较低，一般放在垛底或货架下，取出晒干后可再使用，使用时要注意防止灰尘沾污物资。

二、仓储物品的霉腐防治法

（一）控制自然条件防霉腐

1. 温控法

即把温度控制在某些微生物适宜生长的最高温度之上或最低温度之下，从而达到基本抑制其生长的目的。

常用的提高温度防霉腐方法是利用日光曝晒，夏季日光直晒温度可达50℃以上，同时日光中还含有大量能直接杀灭霉菌的紫外线，故大多数霉菌均可被杀灭。此外还可以使用烘烤法，最高温度不超过45℃，即可将霉菌杀灭，热源可用电、直接火或间接火。

2. 湿控法

即通过控制空气的湿度直接影响微生物体内的水分含量，使其不断失去体内水分，从而达到抑制其生长的目的。

因此，对一些易发生霉腐的物资可以通过通风、摊晾、日晒或烘烤等方法使水分蒸发，从而达到防霉腐的目的。

3. 除氧剂除氧法

即把易霉腐物资放在严格密封的包装内，再放入化学除氧剂将氧吸收，使包装内的氧浓度达到0.1%以下，从而防止物资发生霉腐。

化学除氧剂种类很多，以铁粉为主要成分的效果最好。该法三要适用于各种食品、中药材、电子元件、光学零件、精密仪器等的防霉腐。使用时应考虑密封包装材料必须有良好的阻氧性、一定的机械强度、良好的热塑性及热合性。

4. 气调储存

气调储存是通过控制环境中空气成分的各种组成含量并结合适度的低温，让储存物品处于半休眠状态，以达到保鲜防腐的目的。如增加环境中的二氧化碳（CO_2）或氮气（N_2），使储藏环境中的氧含量由21%降至3%，而二氧化碳由0.03%增加到2%以上，减低储存物品的呼吸作用，减少其中营养物质的消耗，阻止储存物品生成乙烯，对抗乙烯的生理作用，以延缓其衰老和变质的过程。

多数霉菌在缺氧条件下或在高浓度氮及二氧化碳中均不能生长繁殖，因此可以将易霉货物包装或整货垛用聚氯乙烯或聚乙烯薄膜全部密封，然后将密封包装或货垛内的空气抽出，充入氮或二氧化碳，也可用燃烧法将空气中的氧变成二氧化碳，连同剩余的氮气一并充入密封件内，既能防止货物生霉，同时也可防虫害。

该法适用于粮食、农副土特产品、中药材、副食品、果品、蔬菜、竹木制品、皮革制品以及棉、毛、丝、麻织品等。对粮食、果品、蔬菜、种子等有呼吸性的物品实施气调储存时，需定时将密封包装或货垛内的氧浓度保持在3%左右，将二氧化碳浓度保持在5%以内，因为氧浓度超过3%就不能抑制霉菌的生长，但过高的二氧化碳浓度又可能引起果品、蔬菜的病害。

使用密封充氮或二氧化碳，宜在库内温差变化较小的密封库内进行，以防温差大，货物或薄膜表面出现水淞现象，特别是含水量大的果品、蔬菜等。

5. 酸碱度控制法

各种微生物的生长繁殖与其周围环境中的酸碱度有密切关系，不同的微生物适应不同的酸碱度范围。如大多数霉菌和酵母菌适宜在酸性环境中生长（pH 值为 4 ~6），大多数细菌适宜生长的酸碱度 pH 值为 6 ~8 的环境中。因此，可以在货物或包装内放置一些对货物质量无影响的酸性或碱性物质以防霉腐，这主要适用于食品类物资。

（二）化学方法防霉腐

这是把抑制微生物生长的化学药物放在货物或包装内防霉腐的方法。该法效果好，费用低，但主要适于在生产过程中使用，进行一次处理，就可在生产、储存、运输、经营、消费等各个环节中起到防霉腐的作用。

此类化学药物主要包括以下几种：

1. 多菌灵

学名苯骈咪唑氨基甲酸甲酯，简称 BCM。

以 0.1% ~0.3% 乳液涂刷在皮革、布胶鞋、纱线、纸张上防霉，也可浸蛋类防腐，还可喷洒在库内作防霉消毒。

2. 水杨酰苯胺

俗称制剂 339。可以 0.2% ~0.6% 溶液喷涂或涂刷在皮革制品、布胶鞋、纺织品及电讯器材上防霉。

3. 二氯乙烯水杨酰胺

又称 A－26 防霉剂，市场上配制成水合胶悬剂，对各种霉菌都有抑制生长的作用，0.3% ~0.4% 胶悬液对皮革防霉有显效。

4. 百菌清

化学名称四氯间苯二甲腈。对多种细菌、霉菌有抑制作用，毒性极低，0.2% ~0.3% 溶液常用作皮革制品防霉。

5. 托布津

化学名称 1，2－双（乙氧基碳基硫脲基）苯，抑制霉菌生长能力很强，毒性极低，50% 可湿性粉剂，可用水稀释 1000 倍后，浸渍水果、消毒、防腐。

6. 气相防霉

气相防霉指利用具有杀菌作用的挥发性物质散发的气体进行杀菌或抑菌，以防止仓储物资生霉的方法。

（1）多聚甲醛。在常温下可升华解聚成有甲醛刺激味的气体，能使菌体蛋白质凝固，以杀死或抑制霉腐微生物。使用时将其包成小包或压成片剂，放入密封垛内，让其自然升华扩散。每立方米用量不得低于 5g。对单胶工作服、针棉织品、竹木制品、纸制品、皮革制品及鞋帽等防霉腐效果良好。由于甲醛在空气中与水作用后易形成甲酸，对金属有腐蚀作用，因此有金属件的物资仓库不宜使用。另外，甲醛对人眼有刺激性，因此操作人员要做好人身防护工作，并对货垛进行密封。

（2）环氧乙烷。渗透力强，能与菌体蛋白质和菌体生物酶结合，使其因代谢功能障碍而死亡，因而具有良好的杀菌防霉效果。但环氧乙烷能使蛋白质液化，并能破坏粮食中的主要成分——维生素和氨基酸，因而不宜用于粮食的储存防霉。同时操作人员须做好防护，以防中毒。

（三）物理方法防霉腐

1. 紫外线防霉法

即利用紫外线杀灭霉菌。一是直接利用日光曝晒。日光中含有大量紫外线，可以对一些不怕日晒的粮食、农副产品、中药材、棉麻制品等进行曝晒，既能杀灭其表面上的霉菌，又可通过日光辐射热将其所含的过多水分蒸发以抑制霉菌生长。二是在库房内安装紫外线灯定期照射，进行环境消毒防霉，如纸烟库、中药材库、农副产品库等。

2. 微波防霉法

即利用微波引起货物分子的震动和旋转，由于分子间的摩擦而产生热，使霉腐微生物体内温度上升而被杀灭。微波可通过专用微波发生器来产生。该法适于粮食、食品、皮革制品、竹木制品、棉织品等的储存防霉。

3. 辐照防霉法

即利用放射同位素如钴60释放的各种放射线照射易霉腐物品，从而直接破坏微生物体内的脱氧核糖酸和其他物质而将微生物杀死。该法已用于医疗器材、用品消毒、食品防腐、皮革制品、纸烟、烟叶、中药材的防霉，效果十分显著。

4. 低温防霉腐

即利用低温来降低霉腐微生物体内酶的活性，从而抑制其繁殖生长。该法一般效果良好，但应注意不同仓储物资对低温的要求不同。如鲜蛋最好在－1℃的条件下保管；果蔬的温度要求在0℃～10℃之间；鱼、肉等须在－28℃～－16℃时可以较长期储存。

（四）仓储物资霉腐后的救治

1. 晾晒

对于不怕太阳光曝晒的发霉物资，可直接放在太阳光下曝晒，使物资中的水分蒸发，让霉菌在高温、干燥的环境下死亡。对于不宜曝晒的物资，可拆垛摊晾并通风，使水分慢慢蒸发，也可致霉菌死亡。经过晾晒的物资，应将霉菌残体刷除干净，待其温度降至室温后包装归垛。

2. 高温烘烤

通过高温烘烤使物资干燥，霉菌就会因缺水而死亡。烘烤一般在烘箱或烘房内进行，应以温火进行，接近烘烤物的温度不宜超过40℃～50℃，并应将烘烤物经常翻动。

3. 药剂熏蒸

即利用熏蒸药剂在密封条件下对仓储物资进行熏蒸，破坏霉菌的新陈代谢过程，从而灭杀霉菌。常用的熏蒸剂有溴甲烷、环氧乙烷等。霉菌孢子刚萌发的菌丝抗药力最弱，此时是熏蒸的好时机。

4. 紫外线照射

即利用紫外线直接照射发霉物资，霉菌吸收紫外线后，其蛋白质和核酸发生变异而死亡。具体方法是在库内、货架或货垛周围安装紫外灯，定期照射，每次照射时间依霉腐程度而定，一般为20～50min。

三、仓库虫、鼠、蚁的防治法

（一）仓库害虫的防治法

1. 使用驱虫剂驱虫法

将具有一定毒性和刺激性的易挥发固体药剂放入物资包装或货架、货垛，使药剂挥发出的刺激性气体在物资周围保持一定浓度，以驱赶仓库害虫。常用驱虫剂有萘、樟脑、对二氯苯等。该法适用于毛、麻、丝、棉织品、皮毛、皮革制品及竹木制品等，但不适用于橡胶、人造革、聚苯乙烯、聚氯乙烯塑料制品、氯纶锦纶织品及食品等。萘及樟脑用量为200～300g/m^3，对二氯苯为60～100g/m^3。

2. 灯光诱杀除虫法

利用多数害虫具有正的趋光性，即向着光亮的地方运动集中的特性，诱害虫集中光源处予以灭杀。

3. 高温或低温除虫法

利用较高或较低的温度抑制害虫的生长与繁殖，达到除虫的目的。当环境温度上升到40℃～50℃时，一般害虫的活动会受到抑制，45℃～48℃时，多数害虫将处于昏迷状态，48℃以上时，害虫即会死亡。而且高温还会影响虫卵的孵化与发育。高温杀虫的具体方法有：日光曝晒、加温烘烤、利用高温蒸汽等。

同样，低温也会使害虫肌体的生理活动变得缓慢，新陈代谢减退，体内酶的活动受到抑制，当温度降低到一定程度时，害虫机体的原生质被破坏，害虫即被冻死。低温杀虫的一般方法是利用天然低温，也可建立冷库储存。

4. 熏蒸除虫法

利用杀虫药剂的毒性蒸汽，通过害虫的呼吸器官进入害虫体内而使其中毒死亡的方法。熏蒸除虫时应采取措施提高库温或在气温较高时进行，以加快害虫中毒死亡的速度。

常用的熏蒸药剂有：

（1）磷化铝。适用于竹木制品和皮毛制品等的除虫。

（2）氯化苦，即硝基三氯甲烷。适用于竹木制品、毛皮制品和一般纸制品，但不适用于带金属附件的制品和贵重物品的杀虫。

（3）硫黄。不适用于带金属附件的物品和纤维制品。

（4）溴甲烷。使用范围广泛，对金属、棉毛、丝织品、竹木制品等均无不良影响，但不能用于化纤制品和橡胶制品的熏蒸除虫。

（5）环氧乙烷。是一种适于在低温下使用的熏蒸剂，与二氧化碳混合使用则杀灭力更强。对金属、纤维制品、油漆等均无影响。

（6）硫酸氟。对金属、橡胶、化纤、毛皮、纸张、塑料等均无不良影响，杀虫效果良好。

熏蒸除虫是在密封的条件下进行的，一般采用小室密封熏蒸或使用熏蒸箱熏蒸，有时也使用整库熏蒸，但应尽量避免，以免对某些物资产生不良影响。熏蒸剂都是剧毒品，在施药放毒操作时应配戴防护用具，操作完毕后必须洗净手脸才能饮食。施药后2～3日即可启封放毒，放毒时间应选择在下班后或假日前进行。

5. 触杀和胃毒除虫法

药剂通过虫体表皮进入其体内，使害虫中毒称为触杀；药剂通过进食器官进入虫体，使害虫中毒称为胃毒。

触杀和胃毒主要是利用剧毒化学药剂除虫，因此操作时要特别注意预防人身中毒。

6. 密闭法

在储藏环境内（例如仓库）隔绝空气的流入，通过粮堆（或其他农副产品）生态系统的昆虫、螨类、微生物以及谷物本身的代谢活动而消耗氧气，把气体浓度降低到一定程度而使仓储害虫死亡。

密闭储藏是一种节能的储藏方法，并能保持谷物的新鲜度，保持储藏大米的食用品质和营养成分。其缺点是：由于要保持仓库的密闭程度和耐潮性能，故基础设施的投资太大；同时，当谷物的含水量高于15%时，可能会产生厌氧发酵而影响储藏粮食的品质。

密闭杀虫成败的关键是密封材料的选择。国内使用的密封材料是塑料薄膜（密封方式有一面、五面和六面数种）。对十多种国产塑料薄膜的性能进行测定，结果是聚酯/聚乙烯复合薄膜为较好的密封材料。其优点是：气密性较好；重量较轻，成本较低；加工工艺简便，可用高频、热合和黏胶法焊合；无污染，符合食品卫生的要求。其缺点是质地稍硬、撕裂强度较差。国外使用的密封材料大都为塑料制品，如 Envolon 为聚乙烯制品；Flexacryl 为丙烯酸制品。密封材料 Envolon 可用于黏结在钢板上（主要是钢板接缝处），覆盖厚度为 800 ~ 1800μm。密封材料 Flexacryl 可用于仓库内、外混凝土墙壁，覆盖厚度约 500μm。

此外，上文所介绍的仓储物资防霉腐方法中的气调充氮或二氧化碳（应定期检测氧浓度宜在1%以下）法，以及各种物理方法亦可用于防治仓储物资害虫。

（二）仓库鼠害的防治法

1. 器械捕鼠

捕鼠器械种类很多，如鼠笼、鼠夹、吊砖、碗扣等，应根据鼠害情况选用或交替使用。使用时宜先布饵，三五天后再启用器械。投饵时间以傍晚为宜，每日定时检查，发现已捕到老鼠时，要及时把捉到的老鼠取走，并将器械彻底清洗或用沸水烫或火烤，消除气味后再使用。

2. 毒饵诱杀

将各种灭鼠药剂和食物配制成毒饵放置库中，引诱老鼠偷食，从而将其毒杀。

灭鼠药剂品种很多，适宜在仓库使用的有：

（1）磷化锌。一般可用 10 ~ 20g 磷化锌放入 1kg 饵料中，再加 50g 动物或植物油拌匀，有效期为 5 ~ 6d。

（2）敌鼠钠盐。用 5g 敌鼠钠盐溶入 0.5kg 热水中，全部溶解后再加水 1.5kg 稀释，用来浸泡 10kg 大米，再加适量动植物油脂搅拌均匀，晾干后即成毒饵。

（3）安妥。以 1% ~ 5% 安妥与磨细的粮食拌成毒饵，也可与滑石粉以 2∶8 比例混合拌匀，喷撒在鼠洞口或鼠道上，老鼠经过时黏附在皮毛或鼠足上，舐食后即可引起中毒。

3. 粘鼠胶

是一种以胡麻油为主要原料熬炼成的胶状物，无味无毒。在气温较低时使用应先稍加温软化后，再均匀地涂刷在厚纸板或木板一面，在板中心放诱饵，老鼠取食，踏上胶板即被粘住。被粘的老鼠宜尽快除去，每半月换一次新板。粘鼠胶在气温较低时会变硬并失去胶黏作用，因此不宜在较低的温度下使用。

（三）仓库白蚁的防治法

1. 预防方法

对库房的木质梁柱屋架、门窗及库内使用的木质苫垫物料等涂刷一层灭蚁药剂，库内地坪、墙壁有缝隙处可先灌注灭蚁药剂，再用水泥或沥青封严。在白蚁分群繁殖期要严闭门窗，在晚间可用灯光诱集后再喷洒灭蚁药剂来杀灭。

2. 检查方法

在白蚁活动繁殖期间，应加强检查库房木结构、木质苫垫物料如包装、易被白蚁危害的储存货物以及库外周围环境中的树木等是否有白蚁活动或被白蚁危害的迹象，如白蚁生活中所必有的蚁路、吸水线、透气孔、排泄物堆、分群孔等。对木质物品可用小木槌轻轻敲打可疑部位，如发出空声，可用“一”字形螺钉旋具挖开木质表层，检查有无白蚁活动迹象。找到蚁巢后，将蚁巢挖出，或在蚁巢喷洒灭蚁药剂或用沸水烫、用火烧等方法杀灭白蚁。

找蚁巢还可以用放射性同位素碘131或金198拌和松花粉或新鲜松树枝碎片为诱饵放在引诱箱内，设置在白蚁活动处，白蚁取食后即返巢内喂食其他白蚁，使巢内放射线剂量增大，就可以用辐射仪探测追踪来确定巢位，然后挖巢灭蚁。

3. 诱杀法

在白蚁活动处附近挖掘直径0.5～1m、深0.3～0.4m的土坑，坑内放置松树枝、蔗渣、松花粉等饵料，然后将坑口用石棉瓦或油毡盖好，等诱来白蚁较多时，即喷洒灭蚁药剂，或用沸水、火烧等方法来杀灭。也可用诱杀箱放在白蚁活动处，箱内放松木条或松树枝等，保持箱内潮湿，诱来大量白蚁后，即可喷洒灭蚁药或用其他方法杀灭。也可使用一些胃毒剂，如亚砷酸、井汞等，将饵料拌和成毒饵，诱来白蚁取食后，回到巢内喂食其他白蚁而相继中毒死亡。白蚁还有分食死蚁的特性，从而通过连锁反应杀灭全部或大部分白蚁。

四、金属物资的防锈除锈方法

（一）防锈方法

1. 涂油防锈

即在金属物资表面喷涂一层具有缓蚀作用的防锈油脂，阻止水分和氧气等腐蚀介质到达金属物资表面，对其起到保护作用。

涂油是金属防锈较为普遍使用的方法，一般用液体石蜡、锭子油、变压器油、石蜡、凡士林等。但这些油蜡的防锈能力比较差，还应添加一些油溶性缓蚀剂和某些改性添加剂，以增强防锈能力。

油溶性缓蚀剂大都是一些高分子有机化合物形成的表面活性剂，有羧基缓蚀剂（应用较普遍的有环烷锌、硬脂酸铝等）、天然脂类（如羊毛脂、蜂脂等）、磺酸类（如石油磺酸钡、二壬基萘磺酸钡等）等。

改性添加剂包括稳定剂、稠化剂、防霉剂、助溶剂等。

防锈油脂分为软膜和硬膜两类。在上述一般矿物油中加入油溶性缓蚀剂和某些改性添加剂便组成软膜防锈油脂。它又有溶剂型和热浸型之分。前者是将防锈油的各组成分溶于有机溶剂中，在常温下涂敷于金属物资表面，待溶剂挥发后留下防锈油膜。后者使用时必须预先加热，待其熔化后浸涂，冷却后形成油膜。

硬膜防锈油由熔点较高的树脂、干性油、缓蚀剂等有机溶剂组成，喷涂后溶剂挥发，形成一层比较坚硬的薄膜。

涂油防锈应注意以下几点：

（1）明确涂油防锈的范围。大部分金属材料及制品都可以涂油防锈，但也有一些金属材料不允许涂油，否则会影响其使用效果。如弹簧钢、建筑用钢筋均不宜涂油。

（2）选用适宜的防锈油脂。即应根据不同的情况，选用适合于涂油对象和环境的防锈油脂。

（3）采用合理的喷涂方法。要根据防锈油脂的种类和被涂敷金属材料及制品的形状、大小、数量、精密度等确定相应的涂油方法，可刷涂、喷涂、浸涂等。

（4）涂油前须彻底除锈。

（5）注意防锈涂油的经济效益。

2. 涂漆防锈

对一些瓦木工具、农具、炊具等不便进行涂油防锈的，可用酯胶清漆或酚醛清漆加等量稀释剂，然后用来浸沾或涂刷，使金属表面附着一薄层漆膜，干燥后即可防锈。但因漆膜较薄，还可以透过氧及水汽，因此只能短期防锈。

3. 气相防锈

气相防锈是利用挥发性的固体物资——气相缓蚀剂，在金属制品周围挥发出缓蚀气体，并扩散和对流，缓蚀性气体溶解于凝结在金属表面的薄层水膜中，并吸附在金属表面上，阻滞电化学腐蚀过程的进行，从而达到防锈的目的。

气相防锈使用简便，不影响金属制品的外观和使用，又不污染包装，且防锈效果好、时间长，尤其适合体积小、要求高、形状结构复杂的金属制件、仪器仪表等的防锈。

气相防锈药剂种类很多，主要是无机酸或有机酸的胺盐、酯类、硝基化合物及其胺盐、混合型气相缓蚀剂等。适用于钢铁制品的有亚硝酸二环己胺、六次甲基四胺、苯甲酸钠、苯甲酸铵、尿素等；适用于铜制品的有苯骈三氮唑、磷酸环已胺、乙二酸二丁醋等；对铜、铝、钢铁制品都有缓蚀作用的还有有机酚及其衍生物如邻硝基酚二乙烯三胺等，使用时与苯骈三氮唑合用，效果更佳。

使用气相防锈有以下方法：

（1）粉末法。将气相缓蚀剂粉末均匀撒布在金属物资表面，或装入具有透气性的布袋或纸袋后放在被保护金属的周围，也可将粉末压成片剂，置于包装袋或箱内。缓蚀剂距离金属制品不能超过其作用有效半径（一般为30cm），用量一般为每立方米包装容积需缓蚀剂0.5～1g。此法适用于各种精密金属制件、汽车配件、仪器仪表工具等。

（2）载体法。将气相防锈剂溶解于水或有机溶剂中，然后浸涂在纸或布等载体上。使用最多的是气相防锈纸，用其包装金属制品或仪器仪表，外层再用密封材料密封包装，具有较好的防锈蚀性能。

（3）溶液法。将气相缓蚀剂溶于水或有机溶剂中，组成一定浓度的溶液，直接喷洒在被保护金属物资的表面，然后用蜡纸或塑料袋将其密封包装。也可将缓蚀剂溶液喷洒在包装箱内壁或缓冲材料上，然后将整个包装箱密封。

（4）气相薄膜法。将含有气相缓蚀剂的黏合剂涂布于用聚丙烯等合成树脂制成的薄膜上，成为气相薄膜，以这种气相薄膜封贴金属材料，可以长期防锈，必要时可随时剥除，不影响材料性能。

4. 可剥性塑料防锈

可剥性塑料防锈是以塑料为基体材料或成膜物质加入矿物油、增塑剂、稳定剂、缓蚀剂、防霉剂等加热或溶解而成的。可用浸、涂、刷、喷等方法将其散布在金属上，待冷却或溶剂挥发后，即形成一层塑料薄膜，从而使金属免受腐蚀和划伤。因为在启封时可方便地将此塑料薄膜剥掉，故称为可剥性塑料薄膜。

可剥性塑料薄膜可分为热溶型和溶剂型两大类。其不同点在于成膜物质不同以及使用方法不同。热溶性可剥性塑料的成膜物质是乙基纤维素或醋酸丁酸纤维素。使用时加热溶化，浸涂被防护制品，待冷却后即在金属表面形成一层透明薄膜。溶剂型可剥性塑料的成膜物质是聚氯乙烯、过氯乙烯、聚乙烯、聚苯乙烯等，使用时将其和其他添加剂一起溶解于有机溶剂中，形成有机溶液，在常温下即可浸涂于被保护物上，溶剂挥发后，被保护物表面便形成一层防护膜，起到隔离防锈的作用。

可剥性塑料应用范围广，对各种金属制品都有良好的防锈效果，不但适用于小件制品的封存，对大型设备的保护更为适用，防锈期长；由于塑料薄膜有一定的机械强度，能抵御一般轻度的摩擦、碰击，使产品不易受机械损伤。其缺点是成本较高，工艺要求较复杂。

（二）除锈方法

1. 物理方法

物理方法除锈是利用机械摩擦除去锈层的方法，又分为人工除锈法和机械除锈法。

（1）人工除锈法。人工除锈法是靠人工使用钢丝刷、铜丝刷、砂纸、砂布等打磨锈蚀物表面，从而除掉锈层的方法。对于比较粗糙的钢铁制品，可使用钢丝刷或粗砂布、粗砂纸来打磨；一般精度的金属制品及零件，可使用软铜或细砂布（纸）来打磨；表面有镀层或经过抛光的金属制品，可用砂布蘸抛光膏、去污粉等来打磨。

人工除锈的劳动强度大、劳动条件差、除锈效率低，因此只在数量少或无法使用机械除锈的情况下使用。

（2）机械除锈法。即利用专用的机械设备除锈。有摩擦轮除锈法、滚筒除锈法和喷砂除锈法等。

摩擦轮除锈法是利用电动机带动摩擦轮旋转，使锈蚀物件与轮缘接触，靠摩擦力将锈蚀物除掉。摩擦轮根据其材质不同，有砂轮、钢丝轮、铜丝轮、棕轮或布轮等，应根据不同情况选用。对于严重锈蚀的非加工表面，可使用砂轮除锈；一般大中型钢材可采用钢丝轮或铜丝轮除锈；对锈蚀不太严重的中小型钢材或管材，可使用棕轮或布轮除锈。对表面有镀层或经抛光的金属条材或管材，可利用布轮加抛光膏除锈。这种方法适用于形状简单的各种条板材和管材的除锈。

滚筒除锈法是将一个木制或钢制的多棱带轴滚筒安装在木架或钢架上，由电动机驱动滚筒旋转，把需要除锈的物件放入筒中，并加入一定数量的干锯末或碳酸钙细粉，靠锈蚀物件之间的相互撞击、摩擦而除掉锈层。这种除锈方法设备简单、操作方便、效率高，适用于体积小、形状简单、表面精度要求不高的金属制品，如钉栓、螺母等。

喷砂除锈是利用压缩空气将石英砂或钢砂喷射到预先经过干燥的金属材料表面，靠一定砂度的沙粒对锈蚀物件表面的锈层进行冲击摩擦而去掉锈层。这种除锈方法适用于大批量、形状比较复杂的大型钢材和大型配件的除锈，如螺纹钢、工字钢、车钩等。其优点是效率高、成本低；缺点是产生大量的沙尘、劳动条件差。

国外还利用氧化皮与金属材料热胀系数的不同，加热后骤冷，使氧化皮脱离金属表面的方法，对大型钢板等进行除锈。

2. 化学方法

化学方法除锈是利用酸溶液与金属表面锈蚀产物发生化学反应，使不溶性的锈蚀产物变成可溶性物质，脱离金属表面而溶入溶液中，达到除锈的目的。

酸洗除锈液，主要由无机酸和缓蚀剂（或钝化剂）配制而成。常用的无机酸有硫酸、盐酸、硝酸、磷酸、氢氟酸等。盐酸溶解锈蚀物的能力最强；硫酸生成的氢气的机械作用大，适用于一般黑色金属的除锈；磷酸与盐酸和硫酸相比，除锈能力较差，但腐蚀性弱，能在金属表面生成磷酸铁盐的不溶性薄膜，有一定的防锈作用；硝酸和氢氟酸多用于铝制品等有色金属的除锈。

（1）盐酸的除锈能力较强，10%的盐酸溶液溶解铁的氧化物的速度相当于同浓度硫酸的10倍。酸洗时的盐酸溶液浓度一般为5%～15%，酸洗温度不宜超过40℃。其化学反应方程式为：

$$Fe(OH)_3 + 3HCl \longrightarrow FeCl_3 + 3H_2O$$

盐酸对金属有较强的腐蚀性，同时会引起氢脆，对精度要求高的锈蚀物品除锈时，应加入缓蚀剂。

（2）硫酸的除锈能力不如盐酸，但硫酸价格比较便宜，多用于黑色金属除锈。酸液浓度一般为5%～11%。在一定浓度范围内，浓度加大，可缩短酸洗除锈时间，但此时对金属的腐蚀作用也会加剧。酸洗温度一般应控制在30℃～40℃，温度过高同样会加剧对金属的腐蚀。硫酸对钢铁表面具有较强的腐蚀作用，因此使用时必须加入缓蚀剂。

（3）磷酸酸洗后在金属表面会生成具有一定防护作用的钝化薄膜，而且，磷酸性质较为缓和，对金属的腐蚀较弱，因此也是一种较为有效的化学除锈方法。但因成本较高，故实际中使用较少。

此外，有色金属的化学除锈常用硝酸和草酸。

酸洗除锈应注意如下事项：

（1）酸类物质对金属都有一定的腐蚀作用，因此，应特别注意防止其对金属的腐蚀，使用强酸酸洗必须加入缓蚀剂。此外，还应控制酸洗时的温度，从严掌握酸液浓度。

（2）经酸洗后的材料，应用水冲洗，并以碱液中和，然后再用水冲洗，其工艺过程为：

酸洗→冷水冲洗→热水冲洗→碱液中和→冷水冲洗→干燥→防锈处理。

（3）原来涂有防锈油脂的金属，酸洗前必须进行脱脂（去油）处理，否则，在油脂的保护下，酸液浸沾不到金属，达不到除锈的目的。

【参考案例】

危险化学品储存的安全措施

据统计资料分析发现，在石油化学危险品火灾中，发生火灾的时间段，以气温较高的夏季居多。例如，1997年6月27日，北京东方化工厂乙烯储罐因阀门破裂，可燃气体泄漏遇静电火花而发生爆炸火灾，烧毁17个大型储罐及罐区部分设施，造成8人死亡，40人受伤，燃烧区域达6万平方米，直接经济损失1.17亿元；1997年6月4日，大庆243号油轮在南京栖霞锚地突然爆炸起火，5人死亡，4人失踪，5人受伤，直接经济损失574万元；7月18日，湖北省武汉市蔡甸区石油库爆炸起火；7月18日，江西省九江市抚州安达航运公司油轮在湖北省新州县起火爆炸，2人死亡，1人受伤。

为什么化学危险品的火灾多数发生在高温季节呢？从物质燃烧理论来讲，一般把可燃液体分为三个类别：甲类液体指闪点小于或等于28℃的液体，如汽油、酒精、丙酮、甲苯等；乙类液体指闪点大于28℃且小于或等于60℃的液体，如煤油、松节油、丁醇、冰醋酸等；丙类液体指闪点大于60℃的液体，如柴油、润滑油、苯胺、乙二酸等。有些沸点较低的易燃液体，在高温下也会发生危险。例如，乙醚的沸点是34.5℃，倘若出现高于34.5℃的温度时，容器就容易因乙醚的沸腾而胀裂，使乙醚泄漏出来，从而引起爆炸火灾。

从以上分析可知，危险化学品危险等级的划分是以危险化学品的闪点为依据的。危险化学品的闪点越低，则火灾危险性越大。夏季，危险化学品之所以容易发生火灾爆炸事故，是因为夏季有很长一段时间的天气温度超过了一些危险化学品的闪点和沸点，这样，一些危险化学品挥发加快，散发可燃蒸气的量大大增加，盛放危险化学品的容器、储罐内部压力增高，容易发生泄漏或物理性爆炸。这是夏季危险化学品容易出险的重要原因。

预防夏季危险化学品出险的主要措施有：

1. 要有合格的危险化学品仓库。危险化学品仓库应用不导热的耐火材料作屋顶和墙壁的隔热层；屋檐要适当加长，以阻挡阳光射入仓库；库墙要适当加厚；不开窗，采用间接通风洞；设双层门、双层屋顶；窗玻璃漆成蓝色或选用磨砂的玻璃。

2. 危险化学品要分类存放。危险化学品一般分为爆炸性物品、遇水燃烧物品、自燃性物品、易燃固体、易燃和助燃气体、腐蚀性物品、氧化剂等。对这些物品要分类、分库、分间、分架存放。严禁把各种性质互相抵触、灭火方法不同、容易引起自燃的物品混存在一处。储存中，堆垛不可过高、过大、过密，垛与垛之间以及垛与墙、柱、屋梁、电灯之间应保持一定距离，并留有消防通道。不得超量储存。

3. 要严格控制温度。在仓库屋面上设置冷却水管，气温在30℃以上时喷水降温。库内温度保持在28℃以下为宜（这样闪点小于或等于28℃的危险化学品就会相对比较安全）。根据物品性质和包装情况，还可以在仓库地面上浇水、放冰块，有条件还可安装空调进行降温。有的仓库可在早晚和夜间开窗通风，放进冷空气，中午关闭门窗，防止热空气进入。

4. 对露天堆场和储罐采取降温措施。堆场应采用不燃材料搭建遮阳棚，有时要用皮管定时喷水降温。桶装的易燃液体，一般只盛装容积的90% ~95%，留有5% ~10%的容积。这样，能防止桶内危险化学品受热膨胀而发生爆炸事故。储罐顶部应设置降温装置。在气温达30℃以上时，开启冷却水泵进行喷淋降温。储罐也不能装得太满，需空出10%以上的容积。

5. 应有防雷设施。危险化学品仓库，一般都设在本单位或城市的边远地区，与周围的其他建筑物保持一定的距离。这样，仓库周围就形成了一个空旷地带，容易遭受雷击。因此，仓库要安装避雷装置，以防止雷击而引起火灾事故。

6. 以人为本，加强管理。管理危险化学品库的人员必须经过消防安全培训合格，持证上岗。定时对仓库进行巡查，发现问题及时解决，以确保安全。

资料来源：中安在线 www. anhuinews. com，作者：汤广官，沈国良。

【课后习题】

1. 物品的堆码原则和要求有哪些？
2. 什么是盘点？简述仓库物品盘点检查的内容和方法。
3. 简述仓库的温湿度变化规律和控制方法。
4. 仓储物品的霉腐防治方法有哪些？
5. 如何防治仓库虫、鼠、蚁？
6. 金属物资的防锈、除锈方法有哪些？

第七章　库存管理

【学习要点】

库存是指按预定的目的供今后使用而目前处于闲置或非生产状态的物品。广义的库存还包括处于制造加工状态和运输状态的物品。学习本章要掌握 ABC 库存管理技术、常用的库存补给策略和主要的库存控制方法。

第一节　库存分类管理与补给策略

一、库存费用

（一）存储费

存储费是对库存物品进行保管而引起的费用，它包括：货物占用资金的利息；为了库存物品安全而向保险机构缴纳的保险金；部分库存物品损坏、变质、短缺而造成的损失；库存物品占用仓库面积而引起的一系列费用，如货物的搬运费，仓库本身的固定资产折旧费用，仓库维修费用，仓库及其设备的租金，仓库的取暖、冷藏、照明等费用，仓库管理人员的工资、福利费用，仓库的业务核算费用等。

（二）订货费

它包括两项：一项是订货费用（固定费用），如采购人员的工资、差旅费、订购合同、邮电费用等，它与订购次数有关，与订购数量无关。另一项是货物的成本费用，它与订购数量有关（可变费用），如货物本身的价格、运输费用等。

（三）生产费（设备调整费）

对库存物品的自制产品，在批量生产情况下每批产品产前的工艺准备费用、工具和卡具费用、设备调整费用等。

（四）缺货损失费

当某种物品存储量不足、不能满足需求时所造成的损失，如工厂停工待料、失去销售机会以及不能履行合同而缴纳的罚款等。

二、ABC 库存管理技术

仓库储存的物资，种类繁多，规格不一，有的仓库储存物资多达数千种，而其重要程度、消耗数量、价值大小、资金占用等却各不相同。在很多情况下，少数几类物资的资金占了总资金额的绝大部分，而占库存物资绝大多数的品种的资金额却只占一小部分。因此，没有必要对所有库存物资都进行一视同仁的管理，在实际工作中，人们往往采用 ABC 分类法对库存物资进行有重点、有区别地合理管理。

（一）ABC 分类的标准与方法

ABC 分类法又称巴雷特（Pareto）分类法或重点管理法，其核心是按照一定的标准将整个库存物资分成 A、B、C 三类，按类别实行管理，即将资金占用量多，重要性大的几种库存物资列为 A 类物资，实行重点管理；对资金占用量小、比较次要的大多数品种划分为 C 类物资，采用较为简便的方法加以控制管理；而把处于中间状态的品种划为 B 类物资，进行一般控制管理。

在仓库库存中，A、B、C 三类物资在数值比率上大致有如下的关系，见表 7－1。

表 7－1　A、B、C 三类物资的数值比率关系

分类	品种数所占比例	资金额所占比例
A 类	10% 左右	70% 左右
B 类	20% 左右	20% 左右
C 类	70% 左右	10% 左右

具体运用 ABC 分类法时，最基础的、最麻烦的工作就是做好全部物资的 ABC 分类。仓库库存物资的 ABC 分类可以按以下步骤进行：

（1）确定一个统计期。该统计期应能比较客观地反映当前和今后一段时间的库存状况，一般取比较靠近当前的、消耗比较正常的一段时期作统计期。

（2）统计出统计期中每种物资的消耗数量、单价和资金额，并对每种物资制作一张 ABC 分析卡（见表 7－2），然后填写好分析卡（物料编号暂时不填，待下面排队后再填）。

表 7－2　ABC 分析卡

<table>
<tr><td>物料编号</td><td colspan="2"></td><td colspan="2">物料名称</td><td></td></tr>
<tr><td>单价</td><td colspan="3">数量</td><td colspan="2">金额</td></tr>
<tr><td></td><td colspan="3"></td><td colspan="2"></td></tr>
</table>

（3）将每种物资的 ABC 分析卡按金额从大到小的顺序排队，并按此顺序将各种物资编上号，填在各自的分析卡上。

（4）按照排队顺序把各种物资的有关数据填入 ABC 分析表（见表 7－3），并进行计算统计，填完表上各项目。

（5）根据表 7－3 所示的 ABC 分析表可以归纳出 ABC 分类表（见表 7－4），并画出 ABC 分类图（如图 7－1 所示），到此分类工作结束。

表 7－3　　ABC 分析表

物料编号	品种（%）	累计品种（%）	单价（元）	数量（t）	金额（元）	金额累计（元）	金额累计（%）	分类
1	2.22	2.2	480	3820	1833600	1833600		A
2	2.22	4.4	470	1680	789600	2623200		
3	2.22	6.7	200	1060	212000	2835200		
4	2.22	8.9	8	23750	190000	3025200	6680	
5	2.22	11.1	29	6000	174000	3199200		B
6	2.22	13.3	45	3820	171900	3371100		
13	2.22	28.9	1.5	40000	60000	4012365	88.60	
14	2.22	31.1	10.2	4880	49776	4062141		C
15	2.22	33.3	11.25	37	41675	4103816		
44	2.22	97.8	1.2	1838	1606	4527607		
45	2.22	100.0	1.0	1060	1606	4529213	100.0	

表 7－4　　ABC 分类表

类别	金额（元）	项目	项目百分比	累计百分比	资金总额（元）	金额（%）	金额累计（%）
A	190000 以上	4	8.9	8.9	3025200	66.80	66.80
B	60000～190000	9	20.0	28.9	987165	21.80	88.60
C	60000 以下	32	71.1	100.0	250783	11.40	100.0

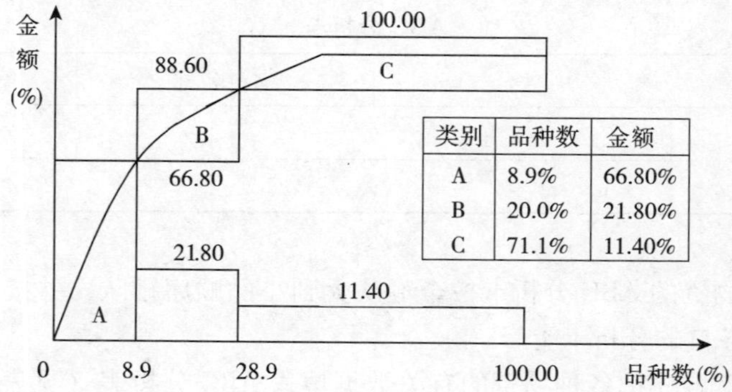

图 7－1　ABC 分类图

分类后，就可以对 A、B、C 三类物资分别提出管理方法和细则实行分类管理了。

（二）ABC 分类管理原则

1. A 类物资在品种数量上仅占库存物资的 10% 左右，但其资金额却占到了 70% 左右，因此应设法降低其库存额，提高其周转率，这对减少资金占用，提高企业经济效益具有重要的现实意义。具体措施如下：

（1）根据需求变化特点组织进货。A 类物资中，有些是日常需要，有些则是集中消耗的，如基建项目、船舶建造、船舶大修等的用料量是集中发生的，批量很大，而且用料时间是可以预知的，应掌握其需求时间，需要时再进货，以免过早进货造成积压。

（2）恰当选择订购点，尽可能降低安全库存量。这就要求对库存量的变化要严密监视，事先了解供货厂家的生产情况、运输条件、本系统其他仓库物品的库存情况等。一旦库存降至订购点，便可忙而不乱，保证供应。

（3）降低进货批量。对 A 类物资，原则上应尽可能降低进货的批量，这样便可减少库存。由于 A 类物资消耗量较大，每次进货的批量并不会小。

C 类物资品种数虽然很多，但所占用的库存金额却很少。对这类物资，像 A 类物资那样投入大量人力是不合算的。所以应尽可能提高批量、多存储，这对库存资金的占用影响不大。但这里应把积压物资与 C 类物资区别开来。所谓积压是指多年不发生消耗的物资，它不属于 C 类物资，应清仓处理，避免积压。

B 类物资的库存金额占用和品种比重都介于 A、C 两类物资之间，用常规管理方法来管理即可。

2. 物资的库存金额是物资的年消耗量与价格的乘积，那么，影响库存金额的因素就有两个：消耗量和价格，即 A 类物资库存额很大的原因可能是该物资的消耗量特大或该物资的价格特高。假定有两种物资，其库存额相同，其中一个消耗量大，但价格低；另一个价格高，但消耗量小。对这两种情况的管理原则应略有区别。一般认为，价格很高的物资在管理上应比价格较低的物资严格。因为价格高，库存量略有增加，库存金额便急剧上升。所以对这类物资应特别注意按需求组织进货，以控制库存量。

3. ABC 分类法只是从资金占用的角度为库存管理提供了一种参照标准，这并不能全面代表物资的重要程度，所以不能将 ABC 分类与物资的重要性混同。它们具有不同的含义：

（1）所谓物资的重要性，至少包括三个方面的内容，即生产中的关键材料，缺货后会严重影响生产正常进行；缺货会危及安全，如船舶、车辆关键部件缺货，带故障营运；市场短线物资缺货后不易补充。A 类物资固然是最重要的，但其重要性，在于它的年消耗额高，但可能并不具有上述三个方面的重要性。而某些 B 类、C 类物资，虽然年消耗额不高，但却是生产中的关键材料，缺货则会危及安全，并且不易补充，因此 B 类、C 类物资中的某些材料也可能是重要物资，也要加强管理、严密监视库存动态和消耗情况，以防缺货。

（2）对 A 类物资和重要物资的库存控制策略也略有不同。对 A 类物资，我们重点是设法降低安全库存量、压缩库存，通过加强管理，采取其他措施来减少由此可能造成的风险。对于重要物资，则要通过增加安全库存量，提高不缺货的把握程度。

三、库存补给策略

在库存理论中，人们一般根据物品需求的重复程度分为单周期库存和多周期库存。单周期需求也叫一次性订货，这种需求的特征是偶发性和物品生命周期短，因而很少重复订货，如报纸，没有人会订过期的报纸来看，人们也不会在农历八月十六订购中秋月饼，这些都是单周期需求。多周期需求表现为长时间内需求反复发生，库存需要不断补充。在实际生活中，这种需求现象较为多见。

多周期需求又分为独立需求库存与相关需求库存两种属性。

所谓独立需求是指需求变化独立于人们的主观控制能力之外，因而其数量与出现的概率是随机的、不确定的、模糊的。相关需求的需求数量和需求时间与其他的变量存在一定的相互关系，可以通过一定的数学关系推算得出。对于一个相对独立的企业而言，其产品是独立的需求变量，因为其需求的数量与需求时间对于作为系统控制主体的企业管理者而言，一般是无法预先精确确定的，只能通过一定的预测方法得出。而生产过程中的在制品以及需要的原材料，则可以通过产品的结构关系和一定的生产比例关系准确地确定下来。

独立需求的库存控制与相关需求的库存控制原理是不相同的。独立需求对一定的库存控制系统来说，是一种外生变量（Exogenous Variable），相关需求则是控制系统的内生变量（Endogenous Variable）。不管是独立需求库存控制还是相关需求库存控制，都要回答这些问题：

- 如何优化库存成本？
- 怎样平衡生产与销售计划，来满足一定的交货要求？
- 怎样避免浪费，避免不必要的库存？
- 怎样避免需求损失和利润损失？

归根到底，库存控制要解决三个主要问题：

- 确定库存检查周期；
- 确定订货量；
- 确定订货点（或何时订货）。

下面针对独立需求库存和相关需求库存控制问题的特点，简要介绍各种基本库存控制方法。

因为独立需求库存控制采用的是订货点控制策略，因此我们首先介绍一下几种常见的库存补给策略。订货点法库存管理的策略很多，最基本的策略有四种：①连续性检查的固定订货量、固定订货点策略，即（Q，R）策略；②连续性检查的固定订货点、最大库存策略，即（R，S）策略；③周期性检查策略，即（T，S）策略；④综合库存策略，即（T，R，S）策略。

下面分别介绍这 4 种基本的库存策略。

（一）（Q，R）策略

该策略的基本思想是：对库存进行连续性检查，当库存降低到订货点水平 R 时，即发出一个订货，每次的订货量保持不变，都为固定值 Q。该策略适用于需求量大、缺货费用较高、需求波动性很大的情形。

（二）（R，S）策略

该策略和（Q，R）策略一样，都是连续性检查类型的策略，也就是要随时检查库存状态，当发现库存降低到订货点水平 R 时，开始订货，订货后使最大库存保持不变，即为常量 S，若发出订单时库存量为 I，则其订货量为（$S-I$）。该策略和（Q，R）策略的不同之处在于其订货量是按实际库存而定的，因而订货量是可变的。

（三）（T，S）策略

该策略是每隔一定时期检查一次库存，并发出一次订货，把现有库存补充到最大库存水平 S，如果检查时库存量为 I，则订货量为（$S-I$）。该策略不设订货点，只设固定检查周期和最大库存量。该策略适用于一些不很重要的或使用量不大的物品。

（四）（T，R，S）策略

该策略是（T，S）策略和（R，S）策略的综合。这种补给策略有一个固定的检查周期 T 、最大库存量 S、固定订货点水平 R。当经过一定的检查周期 T 后，若库存低于订货点，则发出订货，否则不订货。订货量的大小等于最大库存量减去检查时的库存量。当经过固定的检查时期到达 A 点时，此时库存已降低到订货点水平线 R 之下，因而应发出一次订货，订货量等于最大库存量 S 与当时的库存量 I_1 的差（$S-I_1$）。经过一定的订货提前期后在 B 点订货到达，库存补充到 C 点，在第二个检查期到来时，此时库存位置在 D，比订货点水平位置线高，无须订货。第三个检查期到来时，库存点在 E，等于订货点，又发出一次订货，订货量为（$S-I_3$），如此周期进行下去，实现周期性库存补给。

四、库存控制类型

通常使用的库存控制系统有三种类型：定量订货系统、定期订货系统和需求驱动精益供应系统。

（一）定量订货系统

定量订货系统是指库存量降到一定水平（订购点）时，按固定的订购数量进行订购的方法。因此，它主要靠控制订购点和订购批量两个参数来控制订购进货。

定量订购法的原理是：预先确定一个订购点，在销售过程中随时检查库存，当库存下降到这个订货点时，就发出一个订购批量，订购批量取经济订购批量。

对于均匀消费情况，订购点的计算公式可以表达为：

$$订购点=平均需求速度\times交货期+安全库存量$$

订货批量为：

$$Q_0=\sqrt{\frac{2\times年需求量\times每次订购成本}{单位商品持有成本}}$$

例如，年需求量为1000件，每次订货成本为10美元，每年单位商品持有成本为0.5美元。设安全库存为3d，交货时间为4d。

$$\begin{aligned}订购点&=平均需求速度\times交货期+安全库存量\\&=\frac{1000}{360}\times4+\frac{1000}{360}\times3=19.44\approx20\text{（单位）}\end{aligned}$$

则订货批量：

$$Q_0=\sqrt{\frac{2\times1000\times10}{0.5}}=200\ (\text{单位})$$

（二）定期订货系统

定期订购法又称定期盘点法订购，是指每隔一段时间即进行订购，订购时间固定，每次订购量不定。该方法的关键在于确定一个订购周期 T 和一个最高库存量 $Q_{\max}$，这个订购周期就是控制库存的订货时机；最高库存量就是控制库存的一个给定库存水准。此后每隔一个周期 T，就检查库存发出订购，订购量的大小，就是最高库存量与当时的实际库存量之差。

对于均匀消费情况，订货周期可表示为：

$$T=\frac{\text{平均订货量}}{\text{年需求量}}=\sqrt{\frac{2\times\text{每次订货成本}}{\text{单位商品持有成本}\times\text{年需求量}}}$$

最大库存水平为：

$$Q_{\max}=\text{平均需求速度}\times(\text{交货期}+\text{订货周期})+\text{安全库存量}$$

例如，年需求量为2000单位，每单位价格为2.5美元，每次订货成本为25美元，年持有成本率为20%，则订货周期为：

$$T=\sqrt{\frac{2\times25}{0.2\times2.5\times2000}}=0.2236\ (\text{年})$$

如果安全库存量为200单位，交货期为5d，则最大库存水平为：

$$Q_{\max}=\text{平均需求速度}\times(\text{交货期}+\text{订货周期})+\text{安全库存量}$$

$$=\frac{1000}{360}\times(5+0.2236\times360)+200=\frac{1000}{360}\times86+200=439\ (\text{单位})$$

本次订货量为：

$$Q=\text{最大库存水平}-\text{现有库存量}-\text{在途库存量}+\text{已经售出库存量}$$

（三）需求驱动精益供应系统

在现代供应链管理中，为了适应顾客对商品的多样化、个性化需求和准时化生产的要求，企业追求零库存目标，因而采用更先进的物料需求计划（MRP）。及时掌握需求信息，根据需求制订生产计划，再根据主生产计划和产品的结构，制订各零部件的生产计划和采购计划。

精益供应系统将在后面介绍。

五、安全库存量估算

安全库存量是一项以备应付缺货情况的库存量。它是一种额外的库存量，在正常情况下不必动用它，当出现缺货情况时才动用它。

（一）缺货情况与安全库存量

在定量订货方式中，如果订货后按时交货，并在交货期间无过量使用，如图7－2中的甲，并不动用安全库存量，它是多余的库存量。如果订货后不按时交货，出现延误时间，如图7－2中的丙，将要动用安全库存量，以应付延误时间内的用量。如果在订货到交货期间，出现过量使用，库存量下降速率增加，如图7－2中的乙，则也要动用安全库存量。

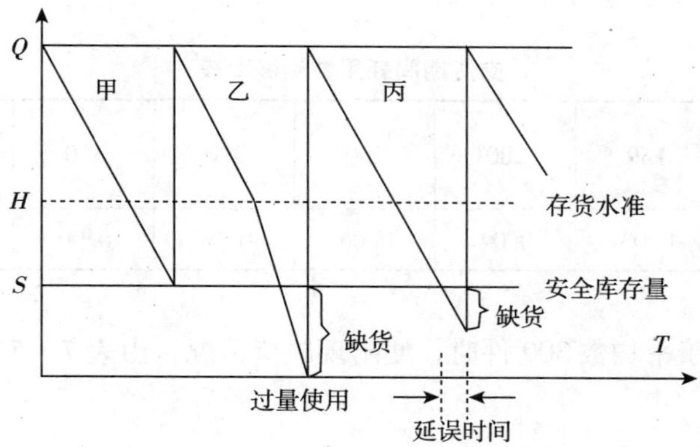

图 7－2 缺货情况和安全库存量

对于一次到货情况，平均库存量为：

$$\overline{Q}=\frac{Q}{2}+S$$

其中，Q 表示订货批量，S 表示安全库存量。

对于边进货边出库的情况，则有：

$$\overline{Q}=\frac{Q}{2}\left(1-\frac{Q_2}{Q_1}\right)+S\quad Q_1\geqslant Q_2$$

其中，Q 表示每批订货量，Q_1 表示每日送达的货物数量，Q_2 表示每日耗用的数量。

（二）安全库存量的确定

确定安全库存量，需要积累并分析历史资料。对于两种缺货情况，可以从不同角度进行分析。

过量使用情况下的安全库存量

假设每日耗用量为 Q_1，订货后正常交货时间为 Nd，则订货水准为：

$$H=NQ_1+S$$

如果等量使用，Nd 后按时到货，则到货时的库存量为 S，即不动用安全库存量。如果过量使用，每日平均耗用量为 Q_2，且 $Q_2\geqslant Q_1$，则 Nd 以后按时交货时，则库存量为：

$$Q=S-N(Q_2-Q_1)$$

因为假定 $Q_2\geqslant Q_1$，所以 $Q\leqslant S$，即库存量小于安全库存量，动用了安全库存量。

选择安全库存量的原则，应使交货时的库存量尽可能小。如何选择安全库存量，使交货时的库存量最为理想。由上面的表达式可得：

$$S=N(Q_2-Q_1)$$

下面举例说明安全库存量的估算方法。由上式可知，只要估计出过量使用的平均数量（Q_2-Q_1），就能估算出安全库存量 S。

例如，某种货品每日平均出库量 $Q_1=50$（件），订货后的交货时间 $N=6$（d），在交货期间的使用情况的历史资料见表7－5。

表7－5　交货期间耗用数量概率表

交货期间耗用件数	150	200	250	300	350	400	450
概率	0.03	0.04	0.06	0.68	0.09	0.07	0.03

当耗用件数大于平均数300件时，便出现缺货情况，由表7－5可得缺货概率，见表7－6。

表7－6　交货期间的缺货概率

缺货量（t）	50	100	150
概率	0.09	0.07	0.03

假定存储成本是每件每年10元，缺货成本为每件50元，订货5次，缺货成本按如下公式计算：

缺货成本＝单位缺货成本×缺货量×概率×订货次数

计算结果见表7－7。

表7－7　缺货成本

安全库存量（t）	缺货量（t）	概率	缺货成本（元）	年合计（元）
0	50	0.09	1125	
0	100	0.07	1750	
0	150	0.03	1125	4000
50	50	0.07	875	
50	100	0.03	750	1625
100	50	0.03	375	375
150	0	0	0	0

安全库存量的成本按如下公式计算：

安全库存量成本＝缺货成本＋存储成本

计算结果见表7－8。

表 7－8 安全库存量的成本

安全库存量（t）	缺货成本（元）	存储费（元）	总成本（元）
0	4000	0	4000
50	1625	$50 \times 10 = 500$	2125
100	375	$100 \times 10 = 1000$	1375
150	0	$150 \times 10 = 1500$	1500

计算结果表明，当安全库存量为 100 时，总成本（1375）最小。因此，安全库存量应取值 100。

（三）不按时交货情况

对于耗用量不变，均匀出库，而不按时交货的情况，可以化为过量使用的情况。例如，某仓库每日固定出库 50 件货物，订货后规定 6d 交货，但因某种原因，往往不能按时交货，交货时间的变化相当于耗用量的变化，见表 7－9（表中右 2 列与表 7－7 类似）。

表 7－9 交货时间变化及缺货情况

交货时间（d）	交货期间耗用量（t）	缺货量（t）	概率
5	250	0	0.03
6	300	0	0.91
7	350	50	0.03
8	400	100	0.02
9	450	150	0.01

可以采用类似前面的方法确定安全库存量。

第二节　库存控制模型

前面简述了库存控制的类型和补给策略，本节进一步介绍库存控制模型，供有兴趣的读者更深入地了解库存控制方法。

一、确定型存储模型

模型中的参数都是确定数值的存储模型，称为确定型存储模型。

（一）一般情况的计算模型

1. 变量设置

R—需求速度（物品单位/d）；

P—供应能力（物品单位/d）；

C_1—存储费（元/物品单位·d）；
C_2—缺货费（元/物品单位·d）；
C_3—订货费（元/批）；
T_1—供货所需时间（d）；
T_0—订货周期（d）；
Q—订货批量（物品单位/批）；
Q_m—最高存储量（物品单位）；
Q_0—存储量峰谷差（物品单位）。

2. 计算公式

利用图 7－3 中三角形的性质，可以推导出如下的一般性结果：

订货周期：

$$T_0=\sqrt{\frac{2C_3P\ (C_1+C_2)}{C_1C_2\ (P-R)\ R}}$$

订货批量：

$$Q_0=\sqrt{\frac{2RPC_3\ (C_1+C_2)}{C_1C_2\ (P-R)}}$$

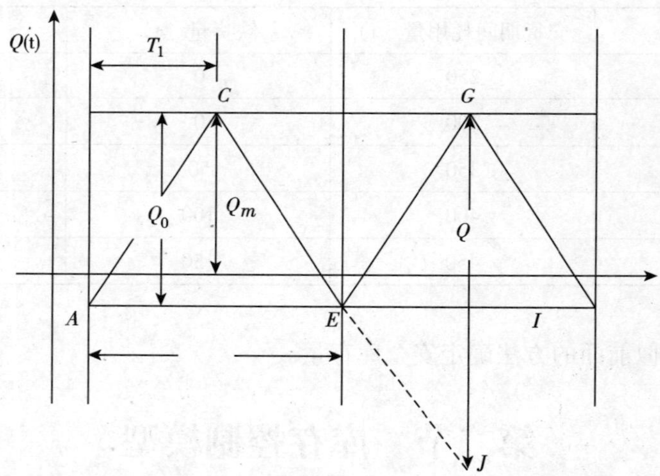

图 7－3　在横轴以上表示有库存，在横轴以下表示缺货；虚线 *EJ* 表示在 *E* 没有订货。

3. 有关参数计算公式

最高存储量：

$$Q_m=\sqrt{\frac{2C_2C_3R\ (P-R)}{PC_1\ (C_1+C_2)}}$$

最大缺货量：

$$Q_0-Q_m=\sqrt{\frac{2C_1C_3R\ (P-R)}{PC_2\ (C_1+C_2)}}$$

最小总费用：

$$C(Q)=\sqrt{\frac{2C_1C_2C_3R(P-R)}{P(C_1+C_2)}}$$

利用上面的一般公式，通过求极限的方法，可以推导出不同情况的存储模型，这里只介绍其中的两种。

（二）应用模型之一

这是在不允许缺货（缺货费用 $C_2\to+\infty$）和即时补充（供应能力 $P\to+\infty$）情况下导出的一种存储模型。在买方市场经济条件下，这种模型比较常用。

订货周期：

$$T_0=\sqrt{\frac{2C_3}{C_1R}}$$

订货批量：

$$Q_0=\sqrt{\frac{2RC_3}{C_1}}$$

最高存储量：

$$Q_m=\sqrt{\frac{2C_3R}{C_1}}$$

最大缺货量：

$$Q_0-Q_m=\sqrt{\frac{2C_1C_3R}{C_2(C_1+C_2)}}=0$$

最小总费用：

$$C(Q)=\sqrt{2C_1C_3R}$$

不难看出，这里的 T_0 和 Q_0 的计算公式，与前面在“库存控制类型”中介绍的计算公式是一致的。

（三）应用模型之二

这是在瞬时补充、允许缺货条件下的存储模型。仍然假设需求是均匀连续的，瞬时补充，允许缺货；瞬时补充，随时供应，即 $P\to+\infty$。整理得到：

订货周期计算公式为：

$$T_0=\sqrt{\frac{2C_3(C_1+C_2)}{C_1C_2R}}$$

订货批量计算公式为：

$$Q_0=\sqrt{\frac{2RC_3(C_1+C_2)}{C_1C_2}}$$

最高存储量计算公式为：

$$Q_m=\sqrt{\frac{2C_2C_3R}{C_1(C_1+C_2)}}$$

最大缺货量计算公式为：

$$Q_0-Q_m=\sqrt{\frac{2C_1C_3R}{C_2(C_1+C_2)}}$$

最小总费用计算公式为：

$$C(Q)=\sqrt{\frac{2C_1C_2C_3R}{(C_1+C_2)}}$$

例：一家电脑制造公司自行生产扬声器用于自己的产品。电脑以每月6000台的生产率在流水线上装配，扬声器则成批生产，每次成批生产时需准备费1200元，每个扬声器的成本为20元，存储费为每月0.10元。若允许缺货，缺货费为1元/只，每批应生产扬声器多少只？多长时间生产一次？

解：$R=6000$ 台/月，$C_3=1200$ 元，$C_0=20$ 元，$C_1=0.10$ 元/月，$C_2=1$ 元/只

$$T_0=\sqrt{\frac{2C_3(C_1+C_2)}{C_1C_2R}}=\sqrt{\frac{2\times1200\times1.1}{0.1\times1\times6000}}=2.1\ (\text{月})$$

$$Q_0=\sqrt{\frac{2RC_3(C_1+C_2)}{C_1C_2}}=\sqrt{\frac{2\times1200\times6000\times1.1}{0.1\times1}}=12586\ (\text{只})$$

$$Q_m=\sqrt{\frac{2C_2C_3R}{C_1(C_1+C_2)}}=\sqrt{\frac{2\times1\times1200\times6000}{0.1\times1.1}}=11442\ (\text{只})$$

最大缺货量：

$$Q_0-Q_m=\sqrt{\frac{2C_1C_3R}{C_2(C_1+C_2)}}=\sqrt{\frac{2\times0.1\times1200\times6000}{1\times1.1}}=1144\ (\text{只})$$

最小总费用：

$$C(Q)=\sqrt{\frac{2C_1C_2C_3R}{(C_1+C_2)}}=\sqrt{\frac{2\times0.1\times1\times1200\times6000}{1.1}}=1144\ (\text{元/月})$$

二、随机型存储模型

模型中的参数含有随机变量的存储模型，称为随机型存储模型。这里假定需求是随机离散的，其概率或分布为已知。

（一）报童问题

报童每日售报是个随机变量。报童每售出一份报纸赚 k 元，报纸未能售出，每份赔 h 元。每日售出报纸份数的概率为 $p(r)$，问报童每日最好准备多少份报纸？

由下面不等式得报童应准备的报纸最佳数量为：

$$\sum_{r=0}^{Q-1}p(r)<\frac{k}{k+h}\leqslant\sum_{r=0}^{Q}p(r)$$

从上面的不等式出发，确定最优批量 Q。

例：某商店拟在新年期间出售一批日历画片。每售一千张可赢利7元。如果在新年期间不能售出，必须削价处理，作为画片出售。由于削价，一定可以售完，此时每一千张赔损4元。市场需求的概率见表7－10。每年只订一次货，问应订购多少千张才能使利润的期望值最大？

表 7－10 不同订货量的获利表

需求量 r（千张）	0	1	2	3	4	5
概率 p（r）	0.05	0.10	0.25	0.35	0.15	0.10
累计概率	0.05	0.15	0.40	0.75	0.90	1.00

解：由 $k=7$，$h=4$ 可得：

$$\frac{k}{k+h}=0.637$$

由 $P(0)=0.05$，$P(1)=0.10$，$P(2)=0.25$，$P(3)=0.35$ 可得：

$$\sum_{r=0}^{2}p(r)=0.40$$

$$\sum_{r=0}^{3}p(r)=0.75$$

$$\sum_{r=0}^{2}p(r)<\frac{k}{k+h}=0.637<\sum_{r=0}^{3}p(r)$$

故该店订购 $Q=3$（千张）日历为最佳。

（二）季节性进货计划

某体育用品公司要制订今年冬天的冰鞋进货计划，已知今年冬天冰鞋的需求量概率见表 7－11，且又已知：临时存储费用 $C_1=0.40$ 元/双，批量采购费用 $C_3=500$ 元/批，缺货费用 $C_2=6$ 元/双，商品积压处理费用 $d=1.5$ 元/双，应如何制订生产计划？

对于这类问题，考虑存储费用时：设 C 表示该种商品一个单位货物从进货到销售季节的临时存储费用；a 表示每批采购费用；b 表示一个单位的缺货费用；d 表示在销售季节结束后对未销售出去商品进行处理时，平均单位商品积压处理费用。b 表示缺货费用，可以理解为应赚的毛利，则利润值和亏损值应为：

$$k=b-C,\ h=d+C$$

则这类问题的最佳订货量应满足：

$$\sum_{r=0}^{Q-1}p(r)<\frac{k}{k+h}=\frac{b-c}{b+d}\leqslant\sum_{r=0}^{Q}p(r)$$

表 7－11 需求量的概率分布

序 号	需求量（双）	概 率	累计概率
0	$Q_0=1000$ 以下	0.05	0.05
1	$Q_1=1000\sim1200$	0.10	0.15
2	$Q_2=1201\sim1300$	0.15	0.30
3	$Q_3=1301\sim1400$	0.30	0.60
4	$Q_4=1401\sim1500$	0.20	0.80
5	$Q_5=1501\sim1600$	0.10	0.90
6	$Q_6=1601\sim1700$	0.05	0.95
7	$Q_7=1700$ 以上	0.05	1.00

解：
$$\frac{C_2-C_1}{C_2+d}=\frac{5.6}{7.5}=0.7467$$
$$\sum_{r=0}^{3}p(r)=0.60$$
$$\sum_{r=0}^{4}p(r)=0.80$$
$$\sum_{r=0}^{3}p(r)<\frac{C_2-C_1}{C_2+d}=0.7467<\sum_{r=0}^{4}p(r)$$

则最优存储量为1401～1500双，用线性插值方法可进一步求出：

1300＋（1500－1300）×（0.7467－0.60）÷（0.80－0.60）＝1446（双）

第三节　供应链环境下的库存管理

供应链管理思想对企业的最直接和最深刻的影响是企业决策思维方式的转变：从传统、封闭的纵向思维方式向横向、开放的思维方式转变。库存管理的是企业管理的主要内容之一，供应链管理思想无疑会对此带来很大的影响。

【教学小贴士】

本节将扼要介绍MRP，VMI及相关的库存管理策略。可作为选修内容。

一、物料需求计划（MRP）

物料需求计划（Material Requirement Planning，MRP）是在订货点法计划基础上发展形成的一种新的库存计划与控制方法，可确定每项物料在每个时区的需求量，为正确进行生产库存管理提供信息。其主要内容包括客户需求管理、产品生产计划、原材料计划以及库存记录。

（一）基本思路

1. 从最终产品的生产计划（独立需求）导出相关物料（原材料、零部件等）的需求量和需求时间（相关需求）；

2. 根据物料的需求时间和生产（订货）周期来确定其开始生产（订货）的时间。

（二）物料需求量计算

1. 由最终产品分解出物料需求数量和时间

物料需求量要根据产品的结构进行分解，每个产品从总装、局部安装、部件到零件划分为几个等级层次，每个层次又由多少个零件组成。一般用树形结构来表示产品的结构关系。一个最终产品A是由哪些零部件组成的。再根据最终产品的时间倒推算出各物料（零部件）的需求时间。图7－4是由最终产品分解物料需求数量和时间的示意图。分解的结果如表7－12所示。

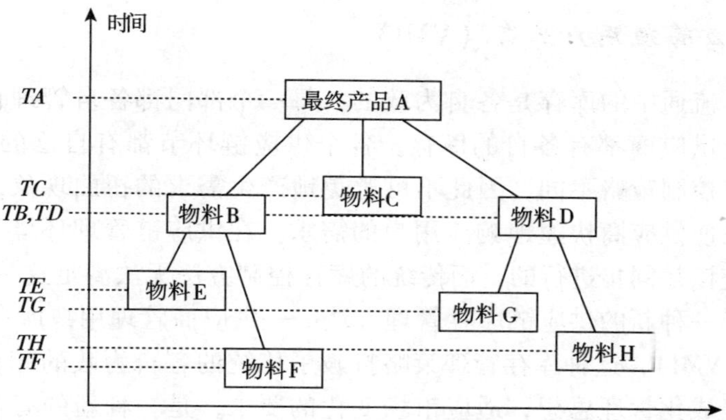

图 7－4　由最终产品分解物料需求数量和时间

表 7－12　由最终产品分解出的物料需求表

种类	物料 B	物料 C	物料 D	物料 E	物料 F	物料 G	物料 H
数量	*MB*	*MC*	*MD*	*ME*	*MF*	*MG*	*MH*
时间	*TB*	*TC*	*TD*	*TE*	*TF*	*TG*	*TH*

2. MRP 计算方法

MRP 计算方法比较简单，计算例题如表 7－13 所示。计算公式为：

可供货量＝库存量＋已订货量－需求量

表 7－13　MRP 计算举例

时间（d）	库存量（t）	已订货量（t）	需求量（t）	可供货量（t）	缺货量（t）
1	50	0	0	50	0
2	50	0	30	20	0
3	20	0	0	20	0
4	20	0	30	－10	10
5	－10	100	10	80	0
6	80	0	50	30	0
7	30	0	0	30	0
8	30	0	50	－20	20
9	－20	80	20	40	0
10	40	0	0	40	0

二、供应商管理用户库存（VMI）

长期以来，流通中的库存是各自为政的，每一个部门都各自管理自己的库存，零售商、批发商、供应商都有各自的库存，各个供应链环节都有自己的库存控制策略。由于各自的库存控制策略不同，因此不可避免地产生需求的扭曲现象，即所谓的需求放大现象，无法使供应商快速地响应用户的需求。在供应链管理环境下，供应链各个环节的活动都应该是同步进行的，而传统的库存控制方法无法满足这一要求。近年来，在国外，出现了一种新的供应链库存管理方法——供应商管理用户库存（Vendor Managed Inventory，VMI），这种库存管理策略打破了传统的各自为政的库存管理模式，体现了供应链的集成化管理思想，适应市场变化的要求，是一种新的有代表性的库存管理思想。

实施 VMI 策略，要改变订单的处理方式，建立基于标准的托付订单处理模式。首先，供应商和批发商一起确定供应商的订单业务处理过程所需要的信息和库存控制参数，其次建立一种订单的处理标准模式，如 EDI 标准报文，最后把订货、交货和票据处理各个业务功能集成在供应商一边。

库存状态透明性（对供应商）是实施供应商管理用户库存的关键。供应商能够随时跟踪和检查到销售商的库存状态，从而快速地响应市场的需求变化，对企业的生产（供应）状态作出相应的调整。为此需要建立一种能够使供应商和用户（分销商、批发商）的库存信息系统透明连接的方法。

供应商管理库存的策略可以分如下几个步骤实施：

第一，建立顾客情报信息系统。要有效地管理销售库存，供应商必须能够获得顾客的有关信息。通过建立顾客的信息库，供应商能够掌握需求变化的有关情况，把由批发商（分销商）进行的需求预测与分析功能集成到供应商的系统中来。

第二，建立销售网络管理系统。供应商要很好地管理库存，必须建立起完善的销售网络管理系统，保证自己的产品需求信息和物流畅通。

（1）保证自己产品条形码的可读性和唯一性；

（2）解决产品分类、编码的标准化问题；

（3）解决商品存储运输过程中的识别问题。

目前已有许多企业开始采用 MRP Ⅱ或 DRP 系统，这些软件系统都集成了销售管理的功能。通过对这些功能的扩展，可以建立完善的销售网络管理系统。

第三，建立供应商与分销商（批发商）的合作框架协议。供应商和销售商（批发商）一起通过协商，确定处理订单的业务流程以及控制库存的有关参数（如再订货点、最低库存水平等）、库存信息的传递方式（如 EDI 或 Internet）等。

第四，组织机构的变革。这一点也很重要，因为 VMI 策略改变了供应商的组织模式。过去一般由会计经理处理与用户有关的事情，引入 VMI 策略后，在订货部门产生了一个新的职能来负责用户库存的控制、库存补给和服务水平。

一般来说，在以下的情况下适合实施 VMI 策略：零售商或批发商缺乏 IT 系统或基础设施来有效管理他们的库存；制造商实力雄厚并且比零售商市场信息量大；有较高的直接存储交货水平，因而制造商能够有效规划运输。

VMI 的支持技术主要包括：EDI/Internet、ID 代码、条形码、条形码应用标识符、连续补给程序等。

三、联合库存管理

对现有的供应链库存管理模式进行了新的拓展和重构，即形成了联合库存管理新模式——基于协调中心的联合库存管理系统。下面介绍联合库存管理的实施策略。

（一）建立供需协调管理机制

为了发挥联合库存管理的作用，供需双方应从合作的精神出发，建立供需协调管理的机制，明确各自的目标和责任，建立合作沟通的渠道，为供应链的联合库存管理提供有效的机制。没有一个协调的管理机制，就不可能进行有效的联合库存管理。

建立供需协调管理机制，要从以下几个方面着手：

1. 建立共同合作目标

要建立联合库存管理模式，供需双方必须本着互惠互利的原则，建立共同的合作目标。为此，要理解供需双方在市场目标中的共同之处和冲突点，通过协商而形成共同的目标，如用户满意度、利润的共同增长和风险的减少等。

2. 建立联合库存的协调控制方法

联合库存管理中心担负着协调供需双方利益的角色，起着协调控制器的作用。因此需要对库存优化的方法进行明确确定。这些内容包括库存如何在多个需求商之间调节与分配，库存的最大量和最低库存水平、安全库存的确定、需求的预测，等等。

3. 建立一种信息沟通的渠道或系统

信息共享是供应链管理的特色之一。为了提高整个供应链需求信息的一致性和稳定性，减少由于多重预测导致的需求信息扭曲，应增加供应链各方对需求信息获得的及时性和透明性。为此应建立一种信息沟通的渠道或系统，以保证需求信息在供应链中的畅通和准确性。要将条形码技术、扫描技术、POS 系统和 EDI 集成起来，并且要充分利用互联网的优势，在供需双方之间建立一个畅通的信息沟通桥梁和联系纽带。

4. 建立利益的分配、激励机制

要有效运行基于协调中心的库存管理，必须建立一种公平的利益分配制度，并对参与协调库存管理中心的各个企业（供应商、制造商、分销商或批发商）进行有效的激励，防止机会主义行为，增加协作性和协调性。

（二）发挥两种资源计划系统的作用

为了发挥联合库存管理的作用，在供应链库存管理中应充分利用目前比较成熟的两种资源管理系统：MRP Ⅱ和 DRP。原材料库存协调管理中心应采用制造资源计划系统 MRP Ⅱ，而在产品联合库存协调管理中心则应采用物资资源配送计划 DRP。这样，在供应链系统中把两种资源计划系统很好地结合起来。

（三）建立快速响应系统

快速响应系统在美国等西方国家的供应链管理中被认为是一种有效的管理策略，经历了三个发展阶段。第一阶段为商品条形码化，通过对商品的标准化识别处理加快订单的传输速度；第二阶段是内部业务处理的自动化，采用自动补库与 EDI 数据交换系统提高业务自动化水平；第三阶段是采用更有效的企业间合作，消除供应链组织之间的障碍，提高供应链的整体效率，如通过供需双方合作，确定库存水平和销售策略等。

（四）发挥第三方物流系统的作用

第三方物流系统（Third Party Logistics，TPL）是供应链集成的一种技术手段。TPL 也叫做物流服务提供者（Logistics Service Provider，LSP），它为用户提供各种服务，如产品运输、订单选择、库存管理等。第三方物流系统的产生是一种由一些大的公共仓储公司通过提供更多的附加服务演变而来的，另外一种产生形式是由一些制造企业的运输和分销部门演变而来的。

面向协调中心的第三方物流系统，供应与需求双方都取消了各自独立的库存，增加了供应链的敏捷性和协调性，并且能够大大改善供应链的用户服务水平和运作效率。

第四节 库存方案的模拟

一、模拟模式

模拟技术是仿照实际情况的变化，逐步从最初的情况发展到接近事实的阶段。模拟不但需要将作业的实际状态分解为多个因子，而且要将它们连贯成为一个接近事实状态的系统，这种系统具有动态性和随机性。

（一）建立模式

设计一项模拟模式，有以下三个主要步骤：

1. 详细分析待研究对象，掌握该系统的主要因素。

2. 运用历史资料对这项模式进行测试，以观察其是否与实际状态相符。如果在测试中发现有任何缺点，应立即予以修正，务必使所建立的模式是可靠有效的。

3. 进行新的实验工作，对于不可控制的变量的各种变化情况予以测试，求出有关决策变量（或可控变量）的适当水准或数值。

（二）蒙德卡罗（Monte Carlo）技术

蒙德卡罗技术是一项模拟技术，它运用一连串随机数表达一项概率分配，模拟实体的随机变化状态。

系统的运行情况受到多种随机因素的影响，它们遵循一定的概率分布，例如，计量误差一般服从正态分布，船舶到达港口时间间隔一般服从负指数分布，但是在很多情况下，随机现象的概率分布是未知的，需要对实际情况进行观测统计才能总结出来。计算机产生的随机数称为伪随机数，它是一个随机数序列，这种随机数一般服从均值分布。可以运用不同方法获取均值分布的随机数，一般都是先建立一个均值分布的随机数表。

抽取随机数一定要采取随机的方法，不能夹杂任何人为的因素。目前常用的方法有人工随机抽取和计算机自动产生两种方法。

1. 人工随机抽取

一种最简单的方法是在10个相同的乒乓球上分别标注0到9的数字，放在不透明的箱内，搅拌均匀后随机抓取一个，以所标注的数字作为模拟的随机数。如果每次模拟需要一个两位的随机数，可以在模拟时分两次随机抓取两个乒乓球，第一个乒乓球上的数字为随机数的前一位数字，第二个乒乓球上的数字作为随机数的后一位数字。

另一种方法是把随机数表中的数字分为100个数字串（使用时可以按顺序衔接使用），排列成10行，每行10个数字串，序号从0到9。第一次模拟时，随机抓取两个乒乓球，得到两个数字，第一个数字作为随机数表的起始位置的“行号”，第二个数字作为“列号”，这样便找到了随机数表的起始位置，然后每次模拟依次取两位数字作为随机数。

2. 计算机自动产生

一般计算机软件都可以自动产生随机数，可以随时取用。也可以在模拟计算开始时取计算机时间的毫秒位和十毫秒位数字来确定随机序列在“随机数表”中的行列起始位置，然后每次模拟依次取用随机序列中的随机数。

二、库存问题模拟方法

在库存问题中，为了确定对某一特定商品的订货点（安全库存量）和订货数量（批量），必须考虑两方面的变化：需求量的变化和从订货到收货之间的时间变化。表7-14给出了一组需求量和交货时间概率分布及其对应的随机数。另外，假设每吨货物每天保管费为1元，脱销费每吨为60元，安排一次订货的费用为160元。

首先模拟这样一个库存策略：每当库存量下降到600t时，就安排订货1200t，即订货点为600t，订货批量为1200t。模拟开始时，库存量为1200t。模拟过程见表7-15。表7-15中的两位随机数是由计算机按一定方式随机获得的。

表7-14　　需求量和交货时间概率分布及对应随机数

需求量（t）	概率（%）	累计概率（%）	随机数	交货时间（d）	概率（%）	累计概率（%）	随机数
160	12	12	00~11	1	15	15	00~14
189	20	32	12~31	2	34	49	15~48
200	34	66	32~65	3	20	69	49~68
220	23	89	66~88	4	12	81	69~80
240	11	100	89~99	5	11	92	81~91
				6	8	100	92~99

这个模拟过程延续30d（实际应用时应增加模拟次数），在此经营周期内，库存合计15820t，脱销损失合计565t，订货5次。

保管费为：

$$1\text{（元）}\times 15820=15820\text{（元）}$$

脱销损失费为：

$$60\text{（元）}\times 565=33900\text{（元）}$$

5 次订货费为：

$$160\text{（元）}\times 5=800\text{（元）}$$

由模拟结果可以看出，脱销损失费太高。因此应当改变初始策略，提高订货点或增大订货批量，以便减少脱销损失。

对于若干个不同的库存策略都重复进行模拟，并对各个方案的费用进行比较，从而找出适宜的库存策略。

表 7－15　　库存问题的模拟记录

日期	收货	期初库存（t）	随机数	需求量（t）	库存结余（t）	脱销损失	随机数	交货天数（d）
1	0	1200	04	160	1040	—	—	—
2	0	1040	90	240	800	—	—	—
3	0	800	59	200	600	—	—	—
4	0	600	08	160	440	—	07	1
5	0	440	67	220	220	—	—	—
6	1200	1420	17	189	1231	—	—	—
7	0	1231	73	220	1011	—	—	—
8	0	1011	25	189	822	—	—	—
9	0	822	80	220	602	—	—	—
10	0	602	32	189	413	—	38	2
11	0	413	96	240	173	—	—	—
12	0	173	48	200	0	27	—	—
13	1200	1200	01	160	1040	—	—	—
14	0	1040	52	200	840	—	—	—
15	0	840	19	189	651	—	—	—
16	0	651	60	200	451	—	64	3
17	0	451	29	189	262	—	—	—
18	0	262	74	220	42	—	—	—
19	0	42	33	200	0	158	—	—
20	1200	1200	84	220	980	—	—	—
21	0	980	43	200	780	—	—	—

续表

日期	收货	期初库存(t)	随机数	需求量(t)	库存结余(t)	脱销损失	随机数	交货天数(d)
22	0	780	93	240	540	—	91	5
23	0	540	40	200	340	—	—	—
24	0	340	41	200	140	—	—	—
25	0	140	02	160	0	20	—	—
26	0	0	53	200	0	200	—	—
27	0	0	12	160	0	160	—	—
28	1200	1200	66	200	1000	—	—	—
29	0	1000	29	189	811	—	—	—
30	0	811	75	220	591	—	71	4
合计					15820	565		

【参考案例】

联欣仓库条形码管理方案

汽车零部件仓库条形码管理系统的目标是运用条形码自动识别技术，在仓库无线作业环境下，适时记录并跟踪从产成品入库、出库以及销售整个过程的物流信息。为产成品销售管理及客户服务提供支持，进一步提高企业整个仓库管理及销售的质量和效率。

汽车零部件仓库条形码管理系统主体是建立在联欣公司成熟的条形码系统——“联欣 Lenx WMS 3i 仓库条形码管理系统”基础上的，结合客户具体的业务流程，配合无线条形码设备整合在一起，达到系统设计的要求。

一、系统目标

汽车零部件仓库条形码管理系统顺利实施以后可以达到如下设计目标：

1. 为每一个产成品建立档案，为销售市场窜货、假冒等现象提供科学的检测手段，并提供诸如防伪等功能，完善企业管理；

2. 在 Barcode 系统中产生产品、货位、发运三种条形码标签并打印出来；

3. 单品管理，即发货给客户的每一最小单位都有唯一标示，为防伪及市场管理提供支持；

4. 记录零件接收、包装、入库上架、拣货、发货捆包的时间及进出数量；

5. 零部件进出与货位标签对应，准确记录每种规格产品对应相应货位的库存；

6. 在市场上，市场人员可根据条形码标签进行产品防伪及窜货管理。

二、入库管理

包装线成品包装完库入库时，首先由条形码采集终端记录外包箱上的条形码信息，选择对应客户信息和仓库及货位信息，然后批量把数据传输到条形码管理系统中，系统会自动增加相应库存信息，并记录相应的产品名称、描述、生产和采购日期。

如操作示意图7－5所示。

图7－5

三、零部件上架及入库

零部件上架及入库功能要求：

1. 接收零部件，上架并记录完成时间；
2. 货位要进行更改和新增，用条形码终端及时进行对应更改；
3. 根据货位查询存放零部件或者根据零部件号查询货位。

四、销售出库

销售出库管理也包括三个工作环节：拣货、发货捆包、出库发运。

在整个数据采集的作业过程中，系统均与采集终端进行自动校对和传入，实现自动化作业流程控制，如：自动生成拣货单并下载到终端；自动比对拣货数量；自动传送拣货信息到后台系统。自动化的作业流程可以极大限度地提高出库工作效率（如图7－5）。

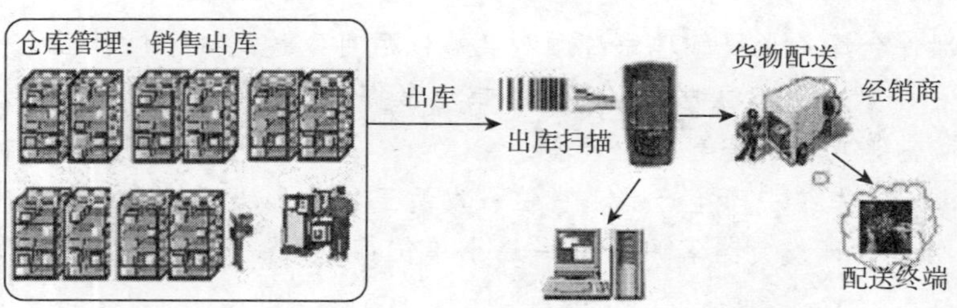

图7－6

拣货及出货发运功能要求：

第一，手持终端进行对应拣货，将信息实时传到系统，记录完成时间及操作者；

第二，捆包后自动计算运输费用。

五、仓库移库、盘点作业

作为仓库管理的一个重要工作环节，每到一定时间都要进行盘库作业，以确保库存准确无误，防止资产流失。借助于条形码管理系统，盘库作业变得非常轻松。条形码数据采集终端的一个主要功能就是进行盘点作业，所以又称“盘点机”。

在联欣S3仓库条形码管理系统中，盘点管理时系统会产生盘点单，可以根据仓库规模的大小，选择是全仓盘点还是分仓位盘点。因为本方案的编码方式，不但可以准确地计算出理论库存和实际库存的差距，还可以精确定位到出现差错产品的条形码，继而可以有效追踪到产品和相关责任单位。

六、窜货管理

产品销售到各地区，总公司派往各地的巡检人员可通过产品上的条形码进行产品追溯，确定某一个产品的具体销售信息，确定其是否销售到了该地区，如果发现有窜货行为，显示该产品最初是销售给哪个区域，并追溯到最初的经销商。

七、仓库无线网络架构

以往我们在搭建无线系统的时候，根据现有的无线局域网的理念，一般都采用无线基站（Access Point）来构建整个无线网络，用这样的设备大规模地建立一套工业标准的无限局域网系统，成本十分昂贵。美国Symbol公司在无线业界推出了一款集成无线系统方案的产品——WS5000无线交换机，该产品简化了无线局域网的管理，减少了无线局域网的投资，降低了未来升级的成本，在业内也有大量成熟的应用，如沃尔玛全球、美国本田等，所以我们考虑应用这一新技术，以取代旧有的无线网络搭建方式。

资料来源：天极网 www. chinabyte. com。

【课后习题】

1. 试述物品的ABC分类方法和管理办法。

2. 库存费用如何分类？各类费用包含哪些内容？

3. 存储系统由哪些环节构成？它的输入和输出是指什么？常见的库存补给策略有哪些？

4. 某企业全年需求量$A=10000$件，每件货品保管费$C=3$元，每次订货费$P=350$元，货品单价为2元，试用列表法分析最佳订货次数。

5. 假设某企业全年耗用某货品为5000件，每次订货成本为300元，每件货品定价为2元，每件保管费为2元，试计算最佳的订货次数和批量。

6. 某仓库每日固定出库50件，订货后规定6d交货，但因某种原因，往往不能按时交货，交货时间的变化相当于耗用量的变化，见表7－16。假定存储成本是每件每年10元，缺货成本为每件50元，订货5次，试计算安全库存量。

表 7－16　　交货时间变化及缺货情况

交货时间（d）	交货期间耗用量（t）	缺货量（t）	概率
5	250		0.03
6	300	0	0.91
7	350	50	0.03
8	400	100	0.02
9	450	150	0.01

7. 某企业对某商品全年需求量 $A=20000$ 件，持有成本 $C=10\%$，每次订货费 $P=250$ 元，试求每年最佳订货次数。

8. 表 7－17 给出了一组需求量和交货时间概率分布及其对应的随机数。另外，假设每吨货物每天保管费为 1 元，脱销费每吨为 50 元，安排一次订货的费用为 200 元。首先模拟库存方案：安全库存量为 600t，订货批量为 1200t，模拟开始时，库存量为 1200t。并对模拟结果进行分析。

表 7－17　　需求量和交货时间概率分布

需求量（t）	150	180	200	220	240	
概率（%）	12	23	34	21	10	
交货天数（d）	1	2	3	4	5	6
概率（%）	10	20	30	18	12	10

9. 布里斯托公司平均每天的需求量为 20 件。每年以 360d 计算。公司每年订货 6 次，每次批量为 1200 件。交货期限为 30d。估计存储费用为每年每件 15 美元。每件商品脱销费用为 10 美元。过去再订货周期内的需求量如表 7－18 所示。试问该公司是否应取安全库存量为 0，50，100 或多或少 50 件？

表 7－18　　再订货期间的需求量情况

需求量（件）	500	550	600	650	700	750
出现次数	15	15	35	20	10	5

10. 某医院药房每年需某种药品 1600 瓶，每次订购费为 5 元，每瓶药品每年保管费为 0.1 元，试求每次应订多少瓶？

11. 某制造公司自行生产一种电子产品。以每月 6000 台的生产率在流水线上装配，产品成批生产，每次成批生产时需准备费 2000 元，存储费为每月 2 元。若允许缺货，缺货费为 5 元/台，请问：每批应生产多少台？多长时间生产一次？

12. 某食品公司拟在中秋节期间出售一批月饼。每售千盒可赢利 5000 元。如果在中秋节期间不能售出，必须削价处理，由于削价，一定可以售完，此时每千盒赔损1000元。市场需求的概率见表7－19。只订一次货，问应订购多少利润的期望值最大？

表7－19　　不同的订货量（千盒）的获利表

需求量 r（千盒）	0	1	2	3	4	5
概率 P（r）	0.05	0.10	0.25	0.35	0.15	0.10

13. 某体育用品公司要制订今年冬天的冰鞋进货计划，已知今年冬天冰鞋的需求量概率见表7－20，且又已知：临时存储费用 $C_1=0.50$ 元/双，缺货费用 $C_2=8$ 元/双，商品积压处理费用 $d=2$ 元/双，应如何制订生产计划？

表7－20　　需求量的概率分布

需求量（双）	概　率	累计概率
$Q_0=1000$ 以下	0.05	0.05
$Q_1=1000\sim1200$	0.10	0.15
$Q_2=1201\sim1300$	0.15	0.30
$Q_3=1301\sim1400$	0.30	0.60
$Q_4=1401\sim1500$	0.20	0.80
$Q_5=1501\sim1600$	0.10	0.90
$Q_6=1601\sim1700$	0.05	0.95
$Q_7=1700$ 以上	0.05	1.00

第八章 配送作业管理

【学习要点】

本章首先介绍配送的功能、特征和方式，然后介绍配送作业的基本流程和九项具体作业的操作内容。拣选配货及送货是配送中心的主要职能，在配送中心内，拣选配货是核心工序，也是本章的重点内容，应当重点掌握。

第一节 配送管理概述

配送是指在经济合理区域范围内，根据用户要求，对物品进行拣选、加工、包装、分割、组配等作业，按时送达指定地点的物流活动。

国内外专家对配送的表述有一定差异，欧美和日本的实业界人士把配送纳入运输或送货的范畴，并以此为据来表述配送的概念。而我国的专家学者则更强调配货的作用，以配和送来描述实物的运动形态，从而体现了配送全方位服务的本质特征。

一、配送的服务特征

配送包含了物流的多项功能，它是物流活动在某一范围的缩影和体现。配送具有如下一些服务特性：

（一）综合服务特征

配送的综合服务表现在两个方面，一是服务内容的综合性，二是配送作业的综合性。客户购货，一般需要订货、选货、付款、提货、包装、装车、运输、卸货等过程，而配送为客户提供综合服务，将大大简化客户的购货过程。现代配送只需客户下达订单，配送中心便按客户要求，把规定的货物送到接收地点，由客户验收即可。当然还要按规定的方式结算付款。

配送作业比一般的送货作业更复杂一些，包括拣选、分货、分割、配装和加工等环节。在这种条件下，适宜采用先进的仓储、拣选技术和系统管理方法，以提高配送效率和管理水平。

（二）准时服务特征

物流配送服务的准时特性是现代生产和现代社会生活的需要，例如，现代生产流水装配线是连续性运转，各工位需要准时供应零部件，如果零部件不能准时配送到位，就会使装配作业陷入混乱或瘫痪；再如，接待贵宾需要鲜花和宴席，如果鲜花不能准时送到贵宾接待处，烤鸭不能准时送到宴会厅，那就可能造成极坏的影响。因此，现代配送的准时服务是一项不可或缺的条件。

（三）增值服务特征

一般来说，送货是把物品从一个地点送到另一个地点，只改变物品的空间位置，而不改变物品的特征和使用价值。但客户的需求是千差万别的，配送中心可以把生产领域中的产品进行深加工，以满足客户的多样性需求，这就是增值服务。例如，把水泥加工成混凝土，向建筑工地配送；又如，把金属板材按客户要求进行剪裁加工，配送给客户；再如，根据生产企业的需要，把钢材、木材、平板玻璃等进行集中下料，制成生产所需的毛坯件，向生产企业配送，等等。

二、配送的功能和作用

配送的基本功能包括备货、储存、理货、配装和送货等。这些功能的实现，便形成了备货、储存、理货（拣选配货）、配装和送货（运输与送达服务）等配送业务环节。

配送是专业化的经营，它的功能和作用表现为：

（一）有利于促进物流的社会化和合理化

长期以来，企业出于管理和控制目的，对与产品制造有关的活动和资源一直采取自行投资或兼并的“纵向一体化”模式，即某核心企业与为其提供原材料、半成品或零部件的企业是一种所有权关系。

“纵向一体化”的目的是加强企业对原材料、制造、分销和销售全过程的控制，使企业能很好地适应市场的发展变化，增加各个业务活动阶段的利润。在相对稳定的市场环境和规模化生产条件下，采用“纵向一体化”战略是有效的，但是，面对高科技的迅速发展、全球性竞争日益激烈、顾客需求不断变化的今天，对大多数企业来说，纵向发展战略不仅无法实现上述目的，而且会增加企业的投资负担，背上沉重的利息包袱，并且会迫使企业从事自己并不擅长的业务活动。

配送是“横向一体化”中的一种分工协作方式。实行物流配送，可以使生产企业把物流分离或外包出去，实现物流的社会化。物流的社会化可以使物流业形成规模经营，统一运筹规划，从而实现物流的合理化，降低物流成本。

（二）衔接干线运输与末端运输

第二次世界大战之后，由于大吨位、高效率运输工具的出现，使干线运输在铁路、海运或公路方面都达到了较高水平，长距离、大批量的运输实现了低成本化。但是，在干线运输之后，往往还要辅以支线转运或小搬运，这种支线运输及小搬运成为物流过程中的一个薄弱环节。这个环节与干线运输相比，有着不同的要求和特点，如要求较高的灵活性、适应性和服务性，致使运力往往不能充分利用、成本过高等问题的产生。采用配送方式，从范围来讲，使支线运输与小搬运统一起来，有效衔接干线运输与末端运输；从资源利用上来讲，专业化经营提高了设备利用率，可以降低成本。

（三）降低生产企业的库存量

实现高水平的配送之后，尤其是采取准时配送方式之后，生产企业可以完全依靠配送中心的准时配送而不需保持自己的库存，或者只需保持少量库存，这就可以实现生产企业的“零库存”。将企业从库存的包袱中解脱出来，解放大量储备资金，从而改善企业的财务状况。

生产企业的库存转移到配送中心，但不是等量转移。配送中心是集中库存，其总量远低于各生产企业的分散库存量的总和，同时加强了统一调剂能力，提高了社会经济效益。此外，采取集中库存可以利用规模经营的优势，科学规划进货时间和数量，使单位存货成本下降。

（四）提高送货效率

传统的送货是针对一个客户，即使货物较少，也要派人派车送去，造成不必要的资源浪费。配送中心的送货是针对多个客户的，不是一个一个地分散送货，而是统一安排，规划最佳路线，同时对多个客户实施送货，从而达到合理安排运力、节约资源、降低成本的目的。

（五）提高供应的保证程度

由于生产企业的主要任务是制造产品，不可能花费太大的精力去进行物资采购，故可以依靠配送中心来解决物资采购与供应问题。配送中心依靠自己联系面广的专业队伍，以及多方组织货源的优势，可以按生产企业的要求，及时供应。随着配送的发展，可以逐步提高物资供应的保证程度，使整个社会生产稳步协调发展。

三、配送的几种服务方式

由于市场环境的不同，要满足不同的生产需求和消费需求，所采用的配送服务方式也不尽相同。配送服务方式有多种分类方法。按配送时间和数量分类，可供选择的方式主要有定时配送、定量配送、定时定量配送、即时配送等。

（一）一般方式

1. 定时配送

这是一种按照商定的时间或时间间隔所进行的配送。定时配送的时间或时间间隔是由供需双方以协议的形式来确定的。每次配送的品种和数量既可以预先在协议中约定，按计划执行；也可以在送货之前以商定的联络方式（如电话、传真、E-mail 等）通知配送企业。

由于定时配送在时间上是固定的，故对用户而言，便于按照自己的经营情况，在最理想的时间进货，也易于安排接货的人员和设备。对配送企业来说，有利于安排工作计划，有利于对多个用户实行共同配送，以降低成本。当然，定时配送也有其不足之处，主要表现是在配送物品的品种、数量变化比较大的情况下，配送车辆配装、运力安排等配送作业的难度加大。

定时配送的主要表现形式有：

（1）日配式。即在接到订货要求后，在 24h 之内将货物送达的配送方式。一般情况下，日配式的要求是上午接单，下午送达；下午接单，第二天早上送达。

（2）准时配送式。即按照双方约定的时间准时将货物配送到用户手中。这种方式的特点在于时间的精确性。要求按照用户的生产节奏，正好在规定的时间将货物送达。采用这种方式，连“暂存”的微量库存也可以取消，绝对实现“零库存”。

准时配送方式既可以通过协议方式来实现，也可以通过看板方式来实现。与一般的定时配送相比，它需要技术水平很高的配送系统和各种先进的物流设备来支撑。

（3）快递式。是一种快速配送的服务方式。一般而言，这种方式覆盖范围较广，服务承诺的时限随着地域的变化而变化。所以，常常用作面向社会的广泛服务方式，而很少用作生产企业“零库存”的配送方式。

2. 定量配送

就是按照协议约定的数量实施的配送。这种方式的数量固定，在管理上可以增强备货的计划性。在计量时可以根据托盘、集装箱及车辆的运载能力进行测算和定量；也可以有效地利用这类集装方式进行整车配送，从而大大提高配送的作业效率。又由于这种方式不严格限定时间，便于配送企业合理安排运力，实施科学管理。对于用户而言，由于每次所收货物的数量相同，所以便于安排人力、装卸搬运机具和储存设施。其不足之处是有时会增大用户的库存。

3. 定时定量配送

即按照约定的时间和数量的配送。这种方式集上述定时、定量两种配送方式的优点于一身，是一种精密的服务方式。由于这种方式计划性强、作业难度大，故配送企业没有一定的实力和能力是难以胜任的。因此，这种方式仅适合于生产量大且稳定的用户，如汽车、家用电器、机电产品制造业等。

4. 定时定路线配送

这是一种在约定的运送路线上，按照运行时刻表进行的配送方式。这种方式要求用户预先提出供货的品种、数量，并在规定的时间到指定站点接货。采用这种方式，有利于配送企业科学安排车辆和司乘人员，可以依次对多个用户实行共同配送。因而比较易于管理，配送成本也较低。对用户来说，有利于安排接货，同时由于成本不高，也乐于接受。

这种方式适合于消费者集中的商业繁华区域的用户，解决了因街道狭窄、交通拥挤而难以实现配送到门的难题。

5. 即时配送

系按照用户应急要求而进行的配送。这种方式是对其他配送服务方式的完善和补充，它主要是应对用户由于事故、灾害、生产计划突然改变等因素所导致的突发性需求，以及普通消费者的突发性需求所采用的高度灵活的应急方式。大型配送企业要想支持和保障自己的经营活动，取得用户的信赖，就应当具备这种应急能力。当然，这种服务方式成本较高，不是经常采用的一种方式。

（二）共同配送方式

共同配送是由多个企业联合组织实施的配送。由于共同配送是一种协作性的活动，其目标是实现配送的合理化，因而有利于充分发挥配送企业的整体优势，合理配置配送资源，降低配送成本，减少运送里程。同时也为电子商务的发展奠定了基础。

1. 共同配送的运作形式

（1）由若干个配送企业联合，划定配送区域，交叉利用他方的配送设施和机械设备，就近对用户实行配送；

（2）由一个配送企业对多个有共性配送需求的用户，在配送时间、数量、次数、路线等诸方面作出全面规划，统筹安排的配送；

（3）由多家用户联合设立的配送机构集中开展的配送。

2. 共同配送的优点

（1）共同配送可以控制各个配送企业的建设规模。多个企业共建配送中心，分工合作，优势互补，各自的建设规模可以控制在适当的范围之内。

（2）配送设施共享，减少浪费。在市场经济条件下，每个企业都要开辟自己的市场和供应渠道，因此，不可避免地要分别建立自己的供销网络体系和自己的物流设施。这样一来，便容易出现在用户较多的地区设施不足，在用户稀少的地区设施过剩，从而造成物流设施的浪费，以及不同配送企业重复建设物流设施的状况。实行共同配送，可实现物流资源的优化配置，减少浪费。

（3）改善交通环境。由于近些年来出现的“消费个性化”趋势和“用户是上帝”的观念，应运而生了准时配送的物流方式。送货次数和车辆急剧增加，大量的配送车辆云集在城市商业区，导致严重的交通堵塞问题。共同配送可以使用一辆车代替原来多个配送企业的多辆车，自然有利于缓解交通拥挤，减少环境污染。

（4）提高效益。共同配送通过统筹规划，提高车辆使用效率，提高设施利用率，以减少成本支出，提高企业的经济效益。

3. 共同配送的缺点

共同配送的缺点是经常出现管理上的问题，例如：①配送货物种类繁多，分属多个主体，服务要求不一致，难于进行商品管理。当货物破损或出现污染、丢失等现象时，责任不清，容易出现纠纷，最终导致服务水平下降。②共同配送的运作主体多元化，主管人员在管理协调方面存在困难。③共同配送是多方合伙经营，在物流资源调度和收益分配方面容易出现问题。④参与人员多而复杂，企业的商业机密容易泄露。

四、配送作业流程

在配送活动中，无论配送企业的规模大小，或是配送物品的形状、表现形态如何，都在按照一定的顺序运作。这种配送运作顺序也称之为配送的流程。一般而言，把工艺流程较为复杂的、具有典型性的多品种、多批次、多用户、少批量的货物配送流程确定为标准的配送流程。本节以自动化程度较高的配送中心为例，以说明配送的基本流程，如图 8－1 所示。

配送中心的基本作业流程可概括为：从转运货车到达仓库的卸货站台，确认货品“进货”的开始，便依次将货品“储存”入库。为了有效管理库存物品，则需要定期或不定期地进行“盘点”检查。当收到用户订单后，首先将订单按其性质进行“订单处理”，然后根据处理后的订单信息，进行从仓库中取出用户所需物品的“拣选”作业。拣选完成后，如果拣选区所剩余的存货量过低，则必须由储存区进行“补货”作业。如果储存区的存货量低于规定标准时，便向供应商采购订货。从仓库拣选出的物品经过整理之后即可准备“发货”，待发货准备工作完成后，司机便可将物品装到配送车辆上，向各个用户进行“送货交货”作业。另外，在所有作业过程中，当需要实物移动时，其间一定有“搬运”作业，所以“搬运”也是重要的作业。这里暂不考虑包装和流通加工作业，将其看做是分工给其他专业部门完成的作业。

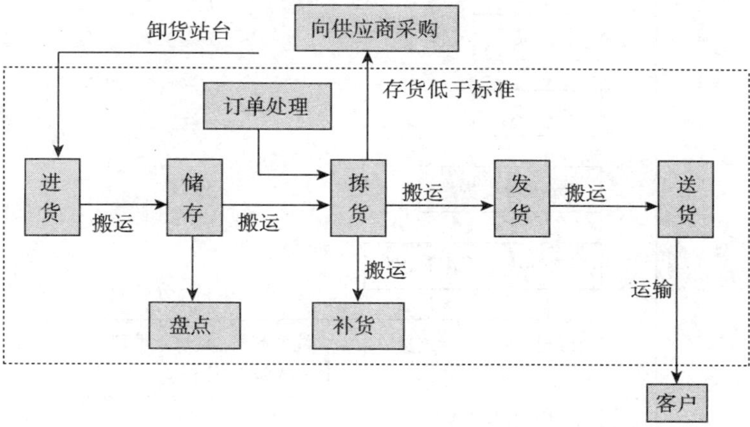

图 8－1 配送中心的基本作业流程

综合上述，作业流程可归纳为以下九项作业，即：①进货作业；②搬运作业；③储存作业；④盘点作业；⑤订单处理作业；⑥拣货作业；⑦补货作业；⑧发货作业；⑨送货作业。

下面各节将分别对这九项作业的内容、原则、方法及相关事宜进行介绍。除拣选配货和送货作业外，其他几项作业内容与仓储作业较为类似，因此，只作扼要介绍。

第二节 进货作业

进货作业包括：从货车上把货物卸下、开箱，检查其数量、质量，然后将有关信息书面化等。图 8－2 是进货作业流程图。

一、进货的计划分析

（一）进货作业计划的安排原则

1. 为了安全有效地卸货，要求货车司机参加卸货，以减少公司作业人员，并保证卸货作业正常进行；
2. 为节省空间，力求在一个工作站台进行多品种的卸货作业；
3. 把站台到储存区的活动尽量设计为直线运动，并使距离最小化；
4. 尽量使用同样的容器，节约更换容器的时间；
5. 详细记录进货资料，以备后续存取及查询工作的需要；
6. 在进货时间内，尽量减少不必要的货品搬运和储存。

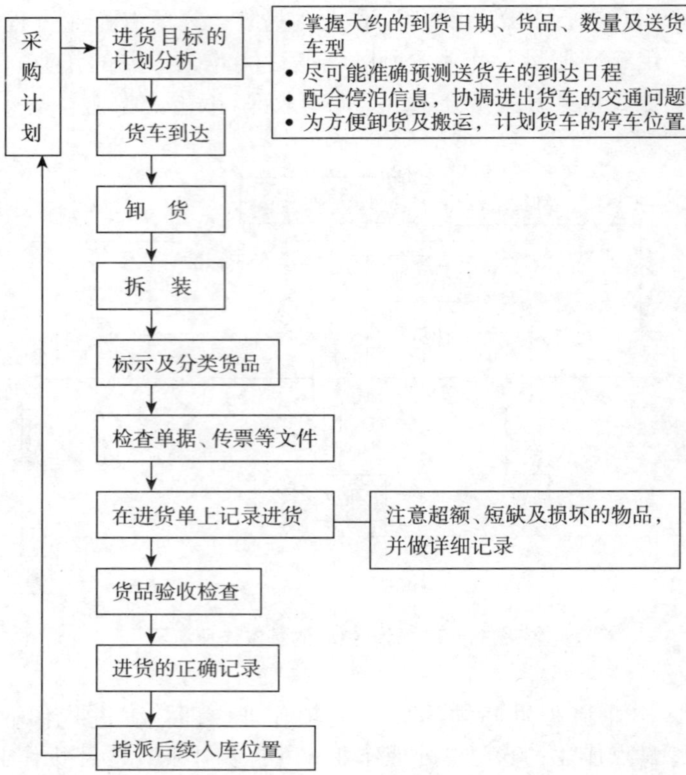

图 8－2　进货作业流程图

（二）配合储存的处理方式

配送中心储存货物有托盘、货箱和小包装三种形式。同样，从货车进货时也有这三种形式。如何衔接好进货与储存，对货品三种形式的转换是很重要的。可分三种情况：

1. 当进货与储存都是以同一种形式为单位时，即进货时的托盘、货箱和小包装都是以原封不动的形式转入储存区。这样，进货的输送机可以直接把货品运到储存区。

2. 当进货是托盘、货箱形式，而储存的要求是小包装和货箱形式时，则必须在进货点把托盘或货箱进行拆装，然后以小包装形式放在输送机上，从而进入储存区。

3. 当进货是小包装或货箱形式，而储存要求是托盘形式时，则必须首先把小包装或货箱堆放在托盘上，或把小包装放入货箱内，然后再储存。

二、货物编号

为保证物流作业准确而迅速地进行，在进货作业中必须对货物进行清楚而有效的编号。编号的重要意义是对货物按内容分类，进行有序编排，并用简明文字、符号或数字来代替货物的名称和类别。对货物编号后，可以通过计算机进行高效率和标准化的管理。

货物编号的原则有简易性、安全性、单一性、一贯性、扩充弹性、组织性、易记性、分类展开性和计算机的易处理性。

三、进货标识

为了便于识别货物，在容器、零部件、产品或储位上应有一定的编号标签。

（一）托盘的标签内容

1. 托盘识别码。如31253505A，其中3表示2003年，125表示从1月1日起累计的天数为125d，3505表示当天托盘的系列号码，A表示储区代号。

2. 托盘每一层堆积个数、层数、总个数。

3. 储址（包括拣选位址和保留位址）。

（二）货箱的标签内容

货箱的标签内容包括拣选位址、商品码、商品名、店码、送货日期、销售价格和分类用的条形码。

把进货信息输入计算机，同时打印出4联标签，将其中3张贴在货物上随货物移动，另一张由储存管理人员写上储存区和货架号码后，输入计算机，以便进一步确认信息的正确性和保证入库作业正确无误。

四、货物分类

为有条理地管理货物，对货物进行分类是很重要的。

（一）货物分类的原则

1. 按统一标准，自大分类到小分类划分；
2. 分类形式应满足企业本身的需要；
3. 有系统地展开，逐渐细分，层次分明；
4. 分类排他性。某一产品已划归某类后，决不可再分入其他类；
5. 分类必须有安全性、普通性；
6. 分类不变性，以免货物混乱；
7. 分类伸缩性，以适应该产品的增加；
8. 分类实用性。

（二）货物分类方式

货物分类方式主要根据货物的特点来进行分类。即

1. 按货物特性分类；
2. 按货物使用目的、方法和程序分类；
3. 按交易行业分类；
4. 为账务处理方便，按会计科目分类；
5. 按货物状况分类，如货物的内容、形状、尺寸、颜色和重量等。

五、货物验收检查

所谓货物的验收是指对货物质量和数量进行检查。按照验收标准，对质量进行物理、化学和外形等方面的检查。在数量验收时，一方面核对货物号码，另一方面按订

购合同进行多少、长短、大小和重量的检查。

进货是货物进入配送中心的第一阶段，对入库物品资料的掌握特别重要。如进货日期、进货单据号、供应商、送货车辆的名称及型号、到货时间、卸货时间、容器的型号、容器的尺寸和数量、每个容器中的货品数量、总量、目的地的进货检查和储存、损坏数量和应补货数量等。

第三节 搬运作业

在同一地域范围内（如车站、工厂、仓库内部）改变物品的存放、支承状态或空间位置的活动称为装卸搬运。有效的搬运可以加速货物移动，减少作业时间，降低储存和相关成本。良好的搬运系统不但可改善工作环境，而且可保证货物的安全与完好，以及降低保险费用。

配送过程始终伴随着搬运活动。比如，在卸货、验收检查过程中，在储存区与拣选区之间，在包装点与分类点之间，在准备发货区与装车点之间等，都离不开搬运活动。

一、搬运工作原则和方法

为降低搬运成本，应考虑距离和数量原则。即是说搬运的距离越短越好，搬运的数量越多越好。为了达到这个目的，首先应该对搬运的对象、距离、空间、时间和手段进行科学规划。改善搬运工作的原则和方法如表8－1所示。

表8－1 改善搬运工作的方法

因数	目标	改善原则	改善方法
搬运对象	减少重量、体积	尽量不用搬运 减少搬运量	调整厂房布置，合并相关作业
搬运距离	减少回程 回程顺载 缩短距离 减少搬运次数	顺道行走 掌握各点相关性 直线化、平面化 单元化 大量化	调整厂房布置 调整单位相关性布置 调整厂房布置 托盘、货柜化 用大型搬运机、利用中转站
搬运空间	降低搬运使用空间	充分利用空间 降低设备回转空间 协调搬运时机	调整厂房布置 选用合适的设备 时程规划安排
搬运时间	缩短搬运时间 减少搬运次数	高速化、争取时效 增加搬运量	用高速设备，搬运均匀化 用大型设备，时程规划安排
搬运手段	增加搬运量 有效管理 减少劳力	机械化、连续化 争取时效 利用重力	大型、高速机械设备、输送机 搬运均匀化，循环搬运 斜槽、滚轮输送机等重力设备

二、搬运路线设计

许多配送中心把搬运路线归纳为直线式和间接式两类。

第一，直线式是指货物由原点直接向终点移动。路线为从起点到终点的最短路径。这种搬运路线适合于物料密度大、距离比较短的情况。一般来说，这种方法比较经济。直线式又分单线与双线两种形式。双线式一般用于大量生产的情况。

第二，间接式路线是指把分布在不同区域的各类货物相对集中起来共同搬运，而不是把每个货物直接搬运到终点。这种方式适合于搬运密度不高、距离较长而且厂房布置不规则的生产情况。

设计搬运路线必须以提高物流效率和经济效益为出发点，根据实际需要来确定。

三、合理选用搬运设备

对于短距离、高密度流量的情况，可采用叉车或抓举机等复杂的搬运设备，而短距离、低密度流量的情况，则可采用手推车之类的简单搬运设备。对于长距离、高密度流量的情况，则采用无人搬运车、自动输送机等无人操作的复杂运送设备。而对长距离、低密度流量的情况，则采用如动力托板车之类的简单运输设备。

关于搬运单位，有散装、个装（单件）和包装三种形式。散装搬运是最简单而廉价的一种方式，优点是运输量大，缺点是货物易破损，应特别注意。对于体积很大的个装货物，需要大型搬运设备来运输。对于体积不太大的个装货物，可以先累积在托盘、笼车、盒子或篮子中，形成运输单元再进行搬运。单元载重的优点在于保护货品，降低每单位的运输和装卸成本。

四、搬运设备配置和搬运能力

（一）搬运设备所需数量的估算公式

$$设备数=\frac{每天货物需要搬运的总时间\ (h)}{工作小时/（台\cdot 天）\times 利用系数}$$

其中，利用系数是指一台机器每天使用时间的百分比。

例如：每天货物需要搬运的总时间为200h，每台叉车每天工作10h，利用系数为80%，设备数量应为：

$$设备数=\frac{200}{10\times 0.8}=25\ （台）$$

（二）搬运系统能力计算公式

$$运输能力=物流速度\times 运输长度$$

$$总运输能力=各设备运输能力之和=\sum(运输能力)$$

其中，物流速度表示每单位时间搬运的货物量，运输长度表示搬运距离。

例如，20台同类叉车，每台叉车每小时搬运20箱货物，每箱货物重量为1t，搬运距离200m，则总运输能力为：

$$总运输能力=20\times 20\times 200=80000\ (t/m)\ =80\ (t/km)$$

第四节　储存作业

储存作业的主要任务是妥善保存物品，并对在库品进行检核，合理利用空间，对存货进行科学管理。

一、储存作业的策略与方法

储存作业管理目标是最大限度地利用空间，有效地利用劳力和设备，安全和经济地搬运货物，妥善地保管和管理货物。

储区位置安排的原则和方法：根据货物特性选择储区位置，大批量的货物选择大储区，小批量的货物选择小储区，笨重和体积大的货物储存于坚固的货架上并接近发货区，轻量货物储存于上层货架，相同和相似货物尽可能靠近储存，小而轻并易处理的货物储存于远货区，周转率低的货物储存于远离进货区、发货区或储存于仓库较高的储位，周转率高的货物储存于接近发货区的储位或低储位。

（一）常见的储存方法

在储存作业中，要尽量减少出入库移动距离，缩短作业时间，充分利用储位空间。常见的储存方法有以下几种：

1. 定位储存

每一个货物都有固定的储位。这种定位储存方法易于管理，搬运时间较少，但需要较多的储存空间。

2. 随机储存

每一个货物的储位不是固定的，而是随机产生的。这种方法的优点是共同使用储位，最大限度地提高了储区空间的利用率。缺点是对货物的出入库管理及盘点工作带来困难。如果周转率高的货物可能被置于离出入口较远的储位，就增加了出入库的搬运距离。

随机储存比定位储存一般可节约35%的移动储存时间，增加30%的储存空间。这种方法适用于空间较小、货物品种少而体积小的情况。

3. 分类储存

按产品相关性、流动性、尺寸和重量，以及产品特性来分类储存。

4. 分类随机储存

每一类货物有固定的存放储区，但在各类储区中，每个储位的指定是随机的。优点是吸收分类储存的部分优点，又可节省储位数量，提高储区利用率。

5. 共同储存

当确切知道各货物进出仓库的时间时，不同货物便可共同使用相同的储位。当然，在管理上会带来一定的困难，但能够减少储位空间，缩短搬运时间。

（二）指定储位的原则

在指定储位时，必须遵循一定的原则。这些原则是：

1. 靠近出口原则。即刚到的货物指定在离出口最近的空储位上。

2. 周转率原则。按货物在仓库中的周转率来安排储位。周转率高的货物离出口近。

3. 货物相关原则。相关性大的货物置于相邻的储位。

4. 货物同一性原则。同一种货物存放在同一保管储位。

5. 货物类似原则。类似的货物置于相邻的储位。

6. 货物相容性原则。相容性低的货物决不能储存在一起，以免损害品质，如烟、香皂和茶就不可放在一起。

7. 先入先出原则。即先入库货物应先出库。这一原则特适用于寿命周期短的商品。如感光纸、胶卷、食品、药品等。

8. 堆高原则。能用托盘堆高的货物尽量用托盘储存。

9. 面对通道原则。货物面对通道，便于识别条形码、标记和名称。

10. 产品尺寸原则。在布置仓库时必须知道物品单位大小和相同物品的整批形状。

11. 重量特性原则。按货物重量大小来指定储位高低。重者置于货架下层，轻者置于货架上层。

12. 产品特性原则。易燃、易爆物品储存于有防火设备的空间，易窃物品储存于加锁之处，易腐物品储存于冷冻之处，易污染物品加套储存等。

二、储存形式

（一）按数量划分

储存形式有大批储存、小批储存、中批储存和零星储存四种形式。

1. 大批储存一般是指三个托盘以上的存量。大批储存均以托盘运作、地板堆积或自动化仓库储存。

2. 小批储存一般是指少于一个托盘的存量。这是以箱为发货拣选单位的。

3. 中批储存一般是指 1～3 个托盘的存量。

4. 零星储存是指零星区或拣选区所使用货棚储存，数量少于整包的货物。

（二）按储存设施划分

储存形式有地板堆积储存、货架储存、储物柜和自动控制仓库四种。

1. 地板堆积储存是用地板支撑储物，即是把货物放在托盘上，而托盘置于地板上，也有把货物直接置于地板上的。堆积方法有行列堆积法和整区堆积法两种。行列堆积法是在堆积的托盘之间留有一定的空间，以便给提取托盘货物时留足通道。整区堆积法是指每一行与每一列之间的托盘堆积没有空间，以利于节约空间。

2. 货架储存是指把货物置于货架上储存。货架有两面开放式和单面开放式之分。两面开放式货架前后两面均可用于储存和拣选工作，最适合于先进先出的原则。单面开放式货架只有一面可供储存和拣选之用。

3. 储物柜一般是指背对背的安放或一排靠墙放置，可储存不规则形状物品及长时间储存的物品。储物柜可拆装和搬运，并可调整储存空间。

4. 自动化控制仓库是一种自动化程度较高的仓库，一般采用高层货架或旋转货架储存货物，并配备有自动存取设备或装置。

（三）储存形式的选择

选择储存形式应从实际出发，不能死搬教条。一般方法有：

1. 少品种、大批量的货物采用地板堆积储存和自动化仓库储存；
2. 多品种、少批量的货物采用托盘货架储存；
3. 大批量、不可堆积的货物采用驶入式货架储存；
4. 大批量、小体积的货物采用货棚或储物柜储存；
5. 小批量的货物采用货棚或储物柜储存。

三、存货管理

存货管理是指对库存数量的管理和控制，也称库存管理（或控制）。

（一）存货管理的目的

合理的库存管理是把货物库存量控制在适当标准之内，既不造成物资积压，又能满足客户要求。库存管理的目的是：

1. 减少超额存货投资，保持合理库存量；
2. 降低库存成本；
3. 防止延迟和缺货，使进货和销售全面平衡；
4. 减少呆料发生，把因存货时间长而造成的货物变质所发生的损失减少到最低程度。

（二）存货管理的关键

1. 订货时间

订货、补货时间是一个重要问题，当某一货物库存量降低到某一极限时，必须及时订货，按期补货。订货太早会造成库存量和成本的增加，订货太迟或不及时补货，会造成缺货而流失客户，影响信誉。

2. 订货数量

订货数量必须合理，如果订货量过多，则货物的在库成本会增加。反之，则货品脱销，将增加订货次数，而且降低了营业额，影响经营收入。

3. 库存标准

货物库存量必须保持在最高存量与最低存量之间。最高存量是为防止存量过多而设立的最高警戒指标；最低存量是通过配送中心的实际经营经验，总结出来的一个库存量的最低极限值（安全库存量）。

通过一定方法，指定各种货物的库存上限和库存下限，即最高库存量和最低库存量，使用计算机自动控制。当实际库存量低于库存下限时，计算机发出警示信号，立即采购。反之，当实际库存量大于库存上限时，计算机也发出警示信号，提醒管理人员必须加强销售或采取促销手段，与此同时，停止订货。

（三）库存控制

参考第七章库存控制的有关内容。

第五节　盘点、补货及订单处理

本节将介绍盘点作业、补货作业的管理，同时介绍订单处理内容。这些作业在配送业务中起到相当重要的作用。

一、盘点作业

货物不断地进库和出库，长期积累下来，往往形成理论库存量与实际库存量不相符合的情况。有些货品因长期存放，品质下降，不能满足用户需要。为了有效地掌握货品的数量和质量，必须定期对各储存场所进行清点作业，这就是所谓的盘点作业。

（一）盘点的目的

1. 确定现有存量

由于某些原因，如库存资料记录不实，所以必须定期盘点，以确认现存数量。造成库存资料记录不实的原因可能是多方面的，如由于多记、漏记和误记，使库存记录资料不实；由于货物损坏、丢失、验收与发货清点有误，使库存记录资料不实；由于盘点方法不当，产生误盘、重盘和漏盘，使库存记录资料不实。

2. 确认企业损益

企业的损益与总库存金额有密切关系，为准确计算企业实际损益，必须进行货物的盘点。

3. 核实物品管理成效

通过盘点，可以发现呆品和废品的处理情况、存货周转率以及货物保养维修情况，以便采取改进措施。

（二）盘点的作业程序

1. 准备：包括确定盘点的程序和方法；配合财务会计决算进行盘点；培训盘点人员、重盘和监盘；盘点人员熟悉盘点表格；备好盘点用的表格及库存资料。

2. 确定盘点时间：按实际情况确定盘点次数。对于一般工厂而言，因货物流动速度不快，可以每半年至一年进行一次货物盘点。对于配送中心，货物流动速度较快，既要访止长期不盘点造成重大经济损失，又要防止盘点频繁而增加运营成本。为此，可根据物品的性质来确定盘点周期。例如：按货物性质 A、B、C 等级来分别确定盘点时间。A 类是重要货品，每天或每周盘点一次；B 类货品每 2 至 3 周盘点一次；C 类一般货品每月盘点一次。

具体盘点时间可选择在财务决算前或销售淡季。

3. 盘点的种类和方法：盘点分为账面盘点和现货盘点两种。账面盘点是指每天把入库的货品数量及单价记录在电脑或账本上，不断累计，从而算出账面上的库存量和库存金额。此法适合于少量而单价高的货品。

现货盘点是指实际查点货票的库存数量，再根据货票的单价计算出实际库存金额。这种方法根据时间次数不同又分为期末盘点和循环盘点两种方法。期末盘点是指期末一起清点所有货品数量。循环盘点则是每天、每周做少品种少批量的盘点，到了月末或期末，每项货品至少完成一次盘点。

4. 培训盘点人员：盘点需要多个部门的相关人员参加，参加盘点的人员需进行培训。培训内容包括盘点程序、表格填写、货品知识等。

5. 清理储存场所：储存场所清理工作包括在关闭储存场所之前应通知有关需货部

门预领货品；预先确定呆料、废料、不良品的标准以及账卡、单据、资料整理等。

6. 盘点作业：逐项清点并记录所盘点的货品。

7. 差异因素分析：分析出现差异的原因。

8. 盘点的盈亏处理：按差异的主要原因制定解决办法。对呆、废、不良货品应视为盘亏。有些货品在价格上也可能发生变化，需经主管部门批准后，利用盘点盈亏和价目增减表格更正过来。

盘点作业程序如图 8－3 所示。

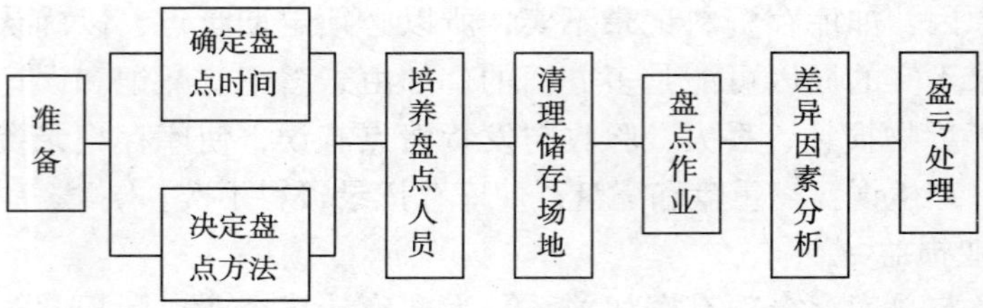

图 8－3　盘点作业

（三）盘点的结果分析

通过盘点，落实货品出入库及保管情况。具体落实的问题是：每个品种的货品实际存量与账面存量相差多少？这些差额造成的损失有多大？可用下面指标来评判。

$$\text{盘点数量误差} = \text{实际库存数} - \text{账面库存数}$$

$$\text{盘点数量误差率} = \frac{\text{盘点数量误差}}{\text{实际库存数}}$$

$$\text{盘点品项误差率} = \frac{\text{盘点误差项数}}{\text{盘点实际项数}}$$

$$\text{平均每件盘差品金额} = \frac{\text{盘点误差金额}}{\text{盘点误差量}}$$

通过这些指标，可了解货品的差额以及所造成的损失。

二、补货作业

补货作业是从保管区把货品运到另一个拣货区的工作。补货作业的目的是确保货品能保质保量按时送到指定的拣货区。补货单位一般是托盘，其主要作业流程如图 8－4 所示。

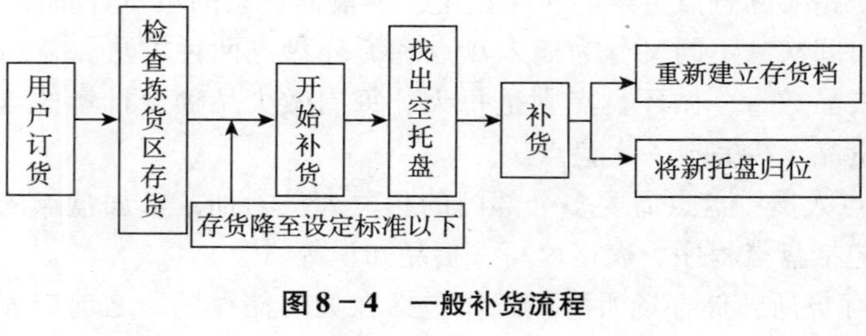

图 8－4　一般补货流程

（一）补货方式

1. 整箱补货：由货架保管区补货到拣货区。这种补货方式的保管区为货架储存，拣货区为两面开放的流动货架拣货区。拣货员拣货之后，把货物放入输送机并运到发货区。当拣货区存量低于设定标准时，作业员进行补货。

2. 托盘补货：这种补货方式是以托盘为单位进行补货，把托盘由地板堆放保管区运到地板堆放拣货区。拣货时把托盘上的货箱置于中央输送机送到发货区。当存货量低于设定标准时，立即补货。用堆垛机把托盘从保管区运到拣货区，也可以把托盘运到货架拣货区进行补货。

（二）补货时机

根据拣货区存货量的多少来进行补货。补货时机有如下三种形式：

1. 批次补货：每天由计算机计算出所需货品的总拣取量，再查看拣货区存货量后，在拣货前一次补足，从而满足全天拣货量。

2. 定时补货：把每天分为几个时点，当拣货区存货量小于设定标准时，立即补货。

3. 随机补货：巡视员发现拣货区存货量小于设定标准时，立即补货。

三、订单处理

订单处理是从接到用户订单开始，直到拣选货品为止的工作。其中还包括有关用户和订单的资料确认、存货查询和单据处理等内容。

订单处理有人工处理和计算机处理两种形式。目前主要是计算机处理。订单处理的内容和步骤如图 8－5 所示。

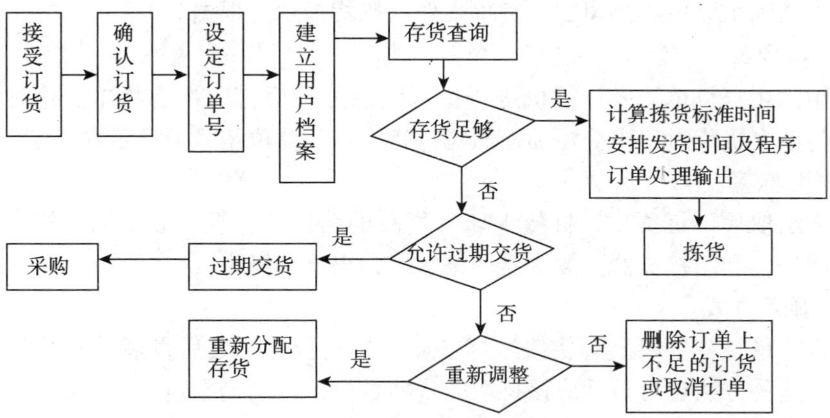

图 8－5　订单处理的内容和步骤

第六节　拣选作业

拣选作业就是将用户所订的货物从保管处取出，按用户要求分类集中、放置。它是配送中心的核心工序，是影响作业效率和经济效益的重要因素。这里我们把拣选、分拣和拣货理解为相同的概念，不去详细考虑它们之间的差异。

一般拣选作业的程序为：决定拣货方法→输出拣货清单→安排拣货路线→分派拣货人员→拣货→货品集中。配送中心的物流结构如图 8-6 所示。

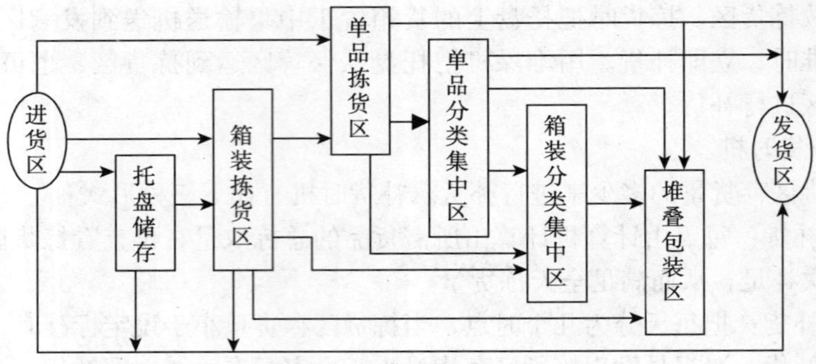

图 8-6　配送中心物流结构

一、拣货信息

拣货信息是拣货工作的指令。拣货系统的方式有传票、计算机条形码、自动化传输的无纸化系统。现介绍如下：

（一）传　票

这是直接利用订单或公司的交货单来作为拣货指示的根据。

（二）拣货单

把原始的用户订单输入计算机进行拣货信息处理后打印出拣货单。这种方法的优点是避免传票在拣货过程中受污损而影响拣货，产品储位编号可显示在拣货单上。

（三）贴标签

这种方法取代了拣货单，标签上印有货品的名称、位置、数量和价格。因货品和标签同步前进，利用扫描器读取货品的条形码，出错率极小。

（四）显示方式

这种方式最初在货架上安装信号灯来显示拣货位置，之后发展为在货架上安装液晶显示器。这种方法还可显示应该拣取的货票数量，且出错率很小。

（五）条形码

条形码是利用黑白相间条纹的粗细不同而组成不同的平行线符号，取代商品货箱的号码数字。把它贴在商品或货箱表面上，经过扫描器阅读、计算机解码，把“线条符号”转变成“数字符号”，便于计算机运算。

条形码是商品从制造、批发到销售过程中自动化管理的符号。通过条形码阅读器自动读取的方式，不但能准确快速地掌握商品信息，而且可提高库存管理的精度。这是一种实现商品管理现代化和效率化的有效方法。例如，通过条形码扫描器读取表示货架位置号码的条形码后，货物位置的信息可立即得到。

（六）无线电识别器

也称为射频识别器，是指把无线电识别器安装在移动设备（如堆垛机）上，同时又把收接和发射电波的 ID 卡或标签等信息反映器安装在货品或储位上。当无线电识别器接近货品时，立即读取货品或储位的反映器上的信息。通过识别电路传给计算机。

（七）无线通信

这是在堆垛机上安装无线电通信设备，通过它把拣货信息传递给拣货人员。

（八）计算机随行指示

在堆垛机或台车上安装辅助拣货的计算机终端，在拣货之前把拣货信息输入计算机。拣货人员根据计算机显示引导，能迅速而正确地拣取货品。

（九）自动拣货系统

当电子信息输入自动拣货系统后，自动完成拣货工作。这是世界上最先进的拣货系统。

二、拣选作业方式

配送中心的拣选作业方式有许多种：按订单的组合可以分为按单拣选和批量拣选；按人员组合可分为单独拣选式和分区拣选式；按运动方式可分为人至货前拣选和货至人前拣选等。

第一，按单拣选即按订单进行拣选，拣选完一个订单后，再拣选下一个订单；批量拣选方式是将数张订单加以合并，一次进行拣选，最后根据各个订单的要求再进行分拣。

第二，单独拣选方式即 1 人持 1 张取货单进入拣选区拣选货物，直至将取货单中内容完成为止；分区拣选方式是将拣选区分为若干区，由若干名作业者分别操作，每个作业者按订单的要求拣选本区段存放的货物，一个区域拣选完后移至下一区段，直至将订单中所列货物全部拣选完。

第三，人至货前拣选即人（或人乘拣选车）到储存区寻找并取出所需要的货物；货至人前拣选是将货物移动到人或拣选机旁，由人或拣选机选出所需的货物。

三、拣货成本

（一）拣货成本的构成

1. 人工成本：直接或间接拣选工时成本。
2. 拣选设备折旧成本：储存、搬运和计算机等设备折旧费。
3. 信息处理成本、耗材等费用。

（二）计算公式

$$每订单投入拣货成本=\frac{拣货投入成本}{订单数量}$$

$$每订单笔数投入拣货成本=\frac{拣货投入成本}{订单总笔数}$$

$$每拣货单位投入拣货成本=\frac{拣货投入成本}{拣货单位累计总拣数}$$

$$单位体积投入拣货成本 = \frac{拣货投入成本}{发货品体积数}$$

一旦发现拣货成本太高时，则应采取措施降低成本。

四、拣选策略

决定拣选策略的四个主要因素为：分区、订单分割、订单分批及分类。

（一）分区策略

分区就是将拣选作业场地进行区域划分，按分区原则的不同，采取不同的分区方法，见表8－2。

表8－2　　分区策略

按货品特性分区	根据货物性质分区，把需要特别储存或运输的货物分隔存放在不同货区，以保证货品的品质在储存期间保持稳定
按拣选单位分区	按拣选单位分区，使储存单位与拣选单位分类统一，以便分拣与搬运单元化，分拣作业单纯化
按拣选方式分区	按拣选的方法和设备不同进行分区，使分拣作业单纯一致
按工作分区	在相同的拣选方式下，将拣选作业场地再作划分，由一个或一组固定的拣选人员负责分拣某区域内的货品，便于熟练操作，提高效率

（二）订单分割策略

当订单上订购的货品项目较多，或是拣选系统要求及时快速处理时，为使其能在短时间完成拣选处理，可将订单分成若干子订单交由不同的拣选区域同时进行拣选作业，各子订单拣选完成后，再进行订单的汇总。将订单按拣选区域进行分解的过程叫做订单分割。

（三）订单分批策略

订单分批是为了提高拣选作业效率而把多张订单合成一批，进行批次分拣作业，其目的是缩短分拣时平均行走搬运的距离和时间。

订单分批的基本方法：

1. 总合计量分批

累计所有订单中的每一货品总量，再根据总量进行分拣以将分拣路径减至最短，同时储存区的储存单元也可以单纯化，但需要有功能强大的分类系统来支持。

2. 时窗分批

当从订单到达至拣选完成出货所需时间非常紧迫时，可开启短暂而固定的时窗，再将此时窗中所到达的订单作为一批，进行批量拣选。它可与前两种方式联合运用，特别适合于到达时间短而平均、订货量不大的订单情况。

3. 固定订单量分批

按先到先处理的原则，当累计订单达到固定量时，再开始进行拣选作业。

4. 智能型分批

将订单汇总后经过较复杂的电脑计算，将分拣路径相近的订单分成一批同时处理，以缩短搬运距离。

（四）分类策略

当采用批量拣选作业方式时，拣选完后还必须进行分类，因此需要相配合的分类策略。分类策略大概可以分成两类：

分拣时分类：以电脑辅助台车为拣选设备，在分拣的同时按订单分类，适用于少量多样的场合。

分拣后集中分类：分批按合计量分拣后再集中分类。

以上四种拣选策略因素可以单独使用，也可以联合运用，当然也可以不采用这些策略，直接按单拣选。四种拣选策略因素联合运用见图 8－7，图中任何一条由左至右的可通组合链都表示一种可行的拣选策略。

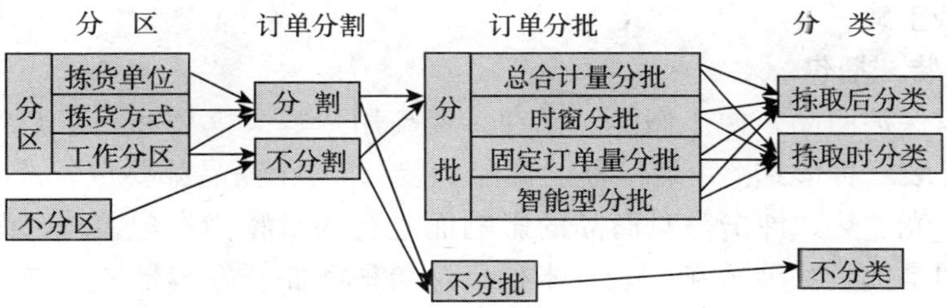

图 8－7 拣货策略运用组合图

第七节 发货、送货与退换作业

送货是配送的突出功能，送货作业就是利用配送车辆把用户订购的货品送到用户手中的工作。发货作业是送货的前置准备工作，是把拣取分类完成的货品经过发货检查，装入容器，做好标示，根据车次把货品运到发货准备区，待装车送出。

一、发货作业

（一）分 货

分货就是把拣选完毕的货物，按用户或配送路线进行分类的工作。分货方式如下：

1. 人工目视处理

由人工根据订单或传票把各用户的货品放在贴好各用户标签的货框中。

2. 用自动分拣机分货

自动分拣机利用计算机识别系统对货品分类，准确、快速、效率高。关于自动分拣机的情况，可参考本章最后一节的内容。

（二）发货检查

发货检查是根据用户信息和车次，对拣选货品进行物品号码和数量的核实，以及品质的检查。

发货检查是进一步确认拣货作业是否有误的处理工作。检查方法有条形码检查法、声音输入检查法和重量计算检查法三种。

1. 条形码检查法

因为条形码是随货品移动的，检查时用条形码扫描器阅读条形码内容，计算机自动把信息与发货单对比，从而检查物品数量和号码是否有误。

2. 声音输入检查法

这是一种新技术，当作业员发声读出商品名称、代码和数量之后，计算机接收声音并自动判别，转变成资料信息，再与发货单进行对比，检查是否有误。

3. 重量计算检查法

把货单上的货品重量自动相加起来，然后称出货品的总重量。两种重量数据比较，检查发货是否正确。

（三）包装、捆包

包装可以保护商品，便于搬运、储存，提高用户购买欲望和易于辨认。包装分个装、内装和外装三种形式。个装又称“商品包装”，每个商品都要包装。内装是为了防止水、湿气、光、热、冲击等对商品的影响而进行的货物内层包装。外装是指货物包装的外层，即是把货物装入箱、袋、木桶、金属桶和储罐等容器中。在没有容器的条件下，应对货物进行捆绑和做记号等工作。外装容器的规格要求尺寸与托盘、搬运设备相适应。同时要求具有承重、耐冲击和抗压等能力。

二、送货作业

从配送中心把被订购的货品送到用户手中的物流活动，通称为配送，而从分工来讲，配送的末端作业称为送货。

（一）车辆服务要点

车辆送货服务质量对配送中心的效益和信誉影响较大。为此，必须注意如下几点：

1. 时效性

就是确保在指定的时间内交货。例如，日本西友百货的配送中心，在给 Family Mar 配送商品时规定，送货到达商店的时间，一般不能比规定的时间晚 15min。如果中途因意外不能准时到达，必须立刻与总部联系，由总部采取紧急措施，确保履行合同。

2. 可靠性

完好无缺地把货品送到用户手中。

3. 服务态度

以最佳的态度对待用户，从而维护配送中心的形象。

4. 便利性

为让用户方便，必须按用户要求送货。对用户点的送货计划，应具有一定的弹性，如紧急送货、信息传递、顺道退货、辅助资源回收等。

5. 经济性

对用户收费低廉，让用户感到实惠。

（二）送货规划

在实际配送的分派过程中，会受到许多因素的影响。静态因素有用户的分布区域、道路交通网络、车辆通行限制、送达时间要求等。动态因素有车流量变化、道路施工、用户变动、车辆变化等。图 8－8 为配送规划决策图。

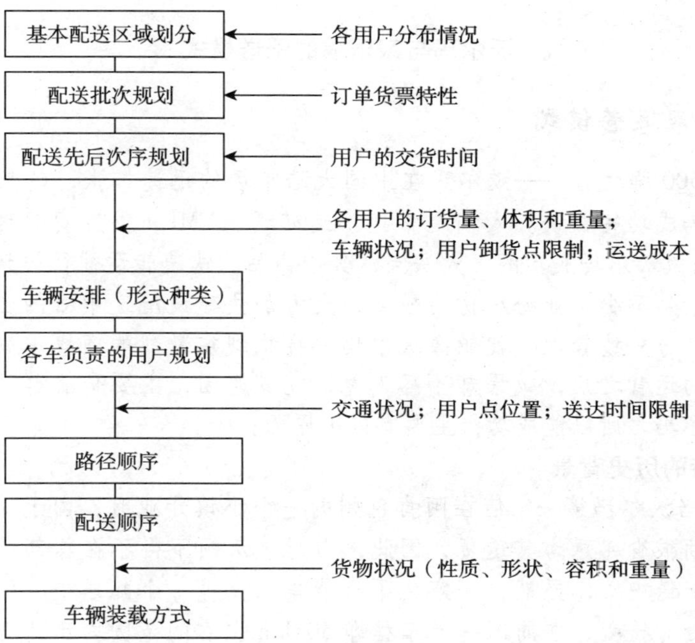

图 8－8 配送规划决策图

三、退货与调换作业

（一）一般退货或换货的原因

1. 依照协议可以退货的情况

如果购物或配送协议中规定可以退货的货品，可按规定退货。

2. 有质量问题的商品

如商品鲜度不够、数量不足等。

3. 搬运中损坏

由于包装不良，货品在搬运中剧烈振动，造成货品破损或包装污染。

4. 商品过期

有些商品，如食品、药品等都有有效期限，如果过期，应予退换。

5. 次品回收

如果商品售出后发现设计或制造有问题，应予回收。

6. 货与单不符

配送的货品与订货单不符，应予退换。

（二）退换的做法

1. 核实退货、换货的理由和原因，符合退换条件的，办理退换手续。

2. 退还回来的有问题货品，根据具体情况进行处理。需要与生产厂家协调的，则进行协调处理。

【参考案例】

沃尔玛与家乐福的配送模式

一、沃尔玛运营模式

随着世界500强之首——沃尔玛在中国大陆市场的迅速扩张，越来越多的人把眼光聚焦于沃尔玛成功的秘诀。人们通常把快速转运、VMI（供应商管理库存）、EDLP（天天平价）当做沃尔玛成功的三大法宝，其中商品的快速转运往往被认为是沃尔玛的核心竞争力。于是不少企业纷纷仿而效之，大力加快建设配送中心的步伐，认为只要加强商品的配送与分拨管理，就能像沃尔玛一样找到在激烈的商战中制胜的精髓。但经过一段时间的运营之后，效果却不尽人意，究其原因，主要是曲解了沃尔玛的运营管理模式。沃尔玛之所以能成功，主要有以下原因：

（一）独特的历史背景

1962年，当沃尔玛第一家店在阿肯色州的一个小镇开业时，由于其位置偏僻，路途遥远，供应商很少愿意为其送货，因此，山姆·沃顿不得不在总部所在地本顿威尔建立了第一家配送中心，显然，一家店不可能单独支撑一个配送中心的运营成本，于是以该配送中心为核心，在周围一天车程即500km左右的范围内迅速开店。获得成功后，又迅速复制该运营模式。而同期的凯玛特、伍尔柯等大连锁公司，基本位于美国大城市，有大量的经销商为他们提供完善的物流等方面的专业化服务，因此也就不会把商品配送视为自己的核心竞争力了。

（二）强大的后台信息系统

随着IT技术的迅猛发展，沃尔玛以最快的速度把世界一流的信息技术运用到实践中，其耗资7亿多美元的通信系统，是全美最大的民用电子信息系统，甚至超过了电信业巨头——美国电报电话公司，其数据处理能力仅次于美国国防部，EDI（电子数据交换系统）及条形码等现代物流技术的使用，更为全球每个门店的销售分析、商品的分拨及进、销、存、管理等，提供了强有力的武器。

（三）门店数量众多

目前在美国本土有近4000家店，配送中心有30多家，可见约100家门店才能支撑一个现代配送中心的巨额费用。在门店数量不足时，配送中心的巨额费用往往会成为一个企业的经济负担。当沃尔玛进入中国时，也同样复制了美国的运营模式，在广东与天津分设了两个配送中心。经过多年的苦心经营，到目前为止，沃尔玛尚未实现全面赢利，不少业内人士认为，这与其完全照搬美国本土的运营模式有关。美国本土的商店选址大都位于小镇，而在中国开的店大都位于中心城市，大量的供应商可以提供专业化服务，集中配送反而难以体现出高效率。

（四）沃尔玛提出了新的零售业理论

该理论开创了零售业工业化运作的新阶段，即通过集中管理配送中心向各商店提供货源。其独特的配送体系，不仅大大降低了成本，而且加速了存货周转，形成了沃尔玛的核心竞争力。

如今，沃尔玛在美国本土已建立了62个配送中心，整个公司销售商品的85%由这些配送中心供应，而其竞争对手只有约50%～65%的商品集中配送。沃尔玛完整的物流系统号称"第二方物流"，相对独立运作，不仅包括配送中心，还有更为复杂的输入采购系统、自动补货系统等。其配送中心的平均面积约100000m^2，相当于23个足球场，全部自动化作业，现场作业场面就像大型工厂一样蔚为壮观。

沃尔玛公司共有六种形式的配送中心：第一种是"干货"配送中心；第二种是食品中心（相当于我们的"生鲜"）；第三种是山姆会员店配送中心；第四种是服装配送中心；第五种是进口商品配送中心；第六种是退货配送中心（其收益主要来自出售包装箱的收入和供应商支付的手续费）。

其配送中心的基本流程是：供应商将商品送到配送中心后，经过核对采购计划、进行商品检验等程序，分别送到货架的不同位置存放。门店提出要货计划后，电脑系统将所需商品的存放位置查出，并打印有商店代号的标签。整包装的商品直接在货架上送往传送带，零散的商品由工作台人员取出后也送到传送带上，一般情况下，商店要货的当天就可以将商品送出。

沃尔玛要求所购买的商品必须带有UPC条形码，从工厂运货回来，卡车可以停在配送中心收货处的数十个门口处，把货箱放在高速运转的传送带上，在传送过程中经过一系列的激光扫描，读取货箱上的条形码信息。而门店需求的商品被传送到配送中心的另一端，那里有几十辆货车在等着送货。其十多千米长的传送带作业就这样完成了复杂的商品组合。其高效的电脑控制系统，使整个配送中心用人极少。数据的收集、存储和处理系统成为沃尔玛控制商品及其物流的强大武器。

为了满足美国国内3500多个连锁店的配送需要，沃尔玛公司在国内配备了近3万个大型集装箱挂车以及5500辆大型货运卡车，24h昼夜不停地工作。每年的运输总量达到77.5亿箱，总行程6.5亿千米。合理调度如此大规模的商品采购、库存、物流和销售管理，当然离不开高科技的手段。为此，沃尔玛公司建立了专门的电脑管理系统、卫星定位系统和电视监视系统。

沃尔玛全球4500多个店铺的销售、订货、库存情况可以随时调出查询。公司5500辆运输卡车，全部装备了卫星定位系统，每辆卡车在什么位置、装载什么货物、目的地是什么地方，总部都一目了然。这样就可以合理安排运量和路程，最大限度地发挥运输潜力，避免浪费，降低成本，提高效率。

沃尔玛正是通过信息流对物流、资金流的整合、优化和及时处理，实现了有效的物流成本控制。从采购原材料开始到制成最终产品，最后由销售网络将产品送到消费者手中的全过程都变得高效有序，实现商业活动的标准化、专业化、统一化、单纯化，从而达到实现规模效益的目的。

二、家乐福运营模式

沃尔玛的商品配送模式是绝大部分国内企业都无法模仿的。与沃尔玛不同，另一艘世界零售航母——家乐福，选择的却是相反的商品配送模式。由于家乐福的选址绝大部分都集中于上海、北京、天津及内陆各省会城市，且强调的是“充分授权，以店长为核心”的运营模式，因此商品的配送基本都以供应商直送为主，这样做的好处主要有以下几方面：

（一）送货快速、方便

由于供应商资源多集中于同一个城市，故上午下订单，商品下午就有可能到达，从而将商品缺货造成的失销成本大幅降低。为了减少资金的占用及提高商品陈列空间的利用效率，超大卖场基本都采取“小批量，多频次”的订货原则，同城供应商能更有效地帮助此原则的实现。相对而言，沃尔玛的许多商店坚持的是中央集中配送的模式，由于路途的原因，虽然有信息系统的强大支撑，但商品到货的速度还是相对缓慢，因此在有的门店，“此商品暂时缺货”的小条在货架上随处可见。

（二）便于逆向物流

商品的退换货，是零售企业处理过时、过期等滞销商品的最重要手段。如果零售商采用的是供应商直送的商品配送模式，零售商与供应商的联系与接触非常频繁，那么商品退换货处理也会非常迅速，但如果采用中央配送模式，逆向物流所经过的环节就大为增加，因此速度也会相对变缓。

资料来源：中国连锁经营协会

【课后习题】

1. 配送的基本功能和作用有哪些？配送方式有哪些？
2. 物流配送的基本作业流程是什么？
3. 进货作业的内容有哪些？货物分类和编号的原则与方法有哪些？
4. 搬运工作的原则和方法是什么？
5. 如何选择搬运设备？搬运设备的数量和搬运能力如何计算？
6. 储存作业的管理目标是什么？储位安排原则和常见的储存方法有哪些？储存管理有哪些指标？
7. 库存量管理目标是什么？
8. 盘点和补货作业的内容有哪些？
9. 订单处理作业的内容和步骤有哪些？
10. 拣货作业的流程是什么？简述四种拣选策略因素的实施内容。
11. 发货、送货、退换作业包含哪些内容？如何操作？

第九章 配送中心规划

【学习要点】

本章首先介绍配送中心的概念、类型、经营模式，然后介绍配送中心选址的决策分析方法，最后介绍配送中心总体设计的方法和步骤。这些都是必须重点掌握的内容。

第一节 配送中心概述

一、配送中心的概念

（一）配送中心产生的背景

市场经济的发展造就了买方市场的经济环境，以良好的营销服务和优质产品来争夺用户，进而占领市场，增加市场份额，赢得竞争优势自然就成了生产企业的战略选择。随着社会经济的发展，国际交流的扩大和物资产品的日益丰富，消费需求呈现出多样化、个性化的趋势。这就要求生产企业有较强的捕捉信息的能力、应变能力和快速响应能力，使得企业不得不设法从纷繁复杂的营销服务中解脱出来，专注于核心竞争力的提高。因而出现了“营销重心下移”、“贴近顾客”的营销战略。

处于这种经济环境中的仓储企业，如果再单纯地存储和保管货物（包括生产资料和生活资料），则很难进一步发展，很难适应生产企业缩短流通时间、减少库存资金占用的迫切要求。故只有提供系列化、一体化和多项目的后勤服务，才能满足社会对流通组织的要求。

于是在仓储业不断发展和变革的过程中，一种适应新的经济环境的新型物流经济实体——配送中心便应运而生了。

（二）配送中心的概念

不同国家在定义配送中心时，由于认识的角度不一，在描述过程中也就出现了不同的说法。常见的说法归纳起来有：

1. 物流设施（基地）说：日本的《物流手册》把配送中心定义为“从供应者手中接收多种大量的货物，进行包装、分类、保管、流通加工和情报处理等作业，然后按照众多需要者的订货要求备齐货物，以令人满意的服务水平进行配送的设施。”

我国出版的《现代物流学》的定义是：“配送中心是从事货物配备（集货、加工、分货、拣选、配货）和组织对用户的送货，以高水平实现销售或供应的现代流通设施。”

2. “流通型仓库”说：日本《市场用语词典》中把配送中心说成是“一种物流结点，它不以储藏仓库的这种单一形式出现，而是发挥配送职能的流通仓库，也称做基地、据点或流通中心。配送中心的目的是降低运输成本，减少销售机会的损失，为此建立设施、设备并开展经营、管理工作。”

在欧美一些国家，配送中心大多指那些经过改造，经济功能已经综合化、完善化的“流通性仓库”。

3. “经营组织”说：我国出版的《配送：运行与发展》的定义为：“所谓的配送中心即指这种位于物流结点上，专门从事货物配送活动的经营组织（或经营实体）。”

我国发布的《物流术语》标准把配送中心定义为：“从事配送业务且具有完善信息网络的场所或组织，应基本符合下列要求：①主要为特定客户或末端客户提供服务；②配送功能健全；③辐射范围小；④提供高频率、小批量、多批次配送服务。”

综观上述种种提法，可以认为：配送中心是从事配送业务的物流场所或组织。配送中心也是一类从事特殊业务的物流中心。

二、配送中心的类型

市场经济越发展，商品流通的规模和流通量就越大，配送中心的服务对象、服务形式、服务范围和服务功能也不尽相同。根据国内外已构建的配送中心的情况来看，大体上可以分为下述几种类型：

（一）按配送中心的经济功能划分

1. 供应型

供应型配送中心，顾名思义，是向用户供应货物而行使供应职能的配送中心。其服务对象有两类。一是组装、装配型生产企业，为其供应零部件、原材料或半成品；二是大型商业超级市场、连锁企业以及配送网点。其特点是配送的用户稳定，用户的要求范围明确、固定。因而，配送中心集中库存的品种范围固定，进货渠道稳固，都建有大型现代化仓库，占地面积大，采用高效先进的机械化作业。例如，始建于1987年3月的英国斯温顿 Honda 汽车配件配送中心，占地面积为150万 m^2，总建筑面积7000m^2，经营配件6万余种，储存的大型配件达1560货格，小型配件为5万箱左右。位于美国洛杉矶的 Suzuki 汽车配件中心，占地面积40000m^2，总建筑面积8200m^2，经营的汽车配件达10000种之多。

2. 销售型

它是以配送为手段，商品销售为目的的配送中心属销售型配送中心。这种配送中心按其所有权来划分可分为三种情况：一是生产企业为直接将自己的产品销售给消费者，以提高市场占有率而建的配送中心，如我国的海尔集团所建的配送中心、美国 Keebler 芝加哥配送中心等；二是专门从事商品销售的流通企业，为扩大销售而自建或合建的配送中心。我国目前拟建或在建的配送中心多属此类；三是流通企业和生产企业共建的销售型配送中心，这是一种公用型配送中心。这类配送中心的特点是用户不确定，用户多，每个用户购买的数量少，因此不易实行计划配送，集中库存的库存结构比较复杂。销售型配送中心往往采用共同配送方式，以取得较好的经营效果。

3. 储存型

这是一类具有强大储存功能的配送中心。主要是为了满足三方面的需要而建造的。一方面是企业在销售产品时，难免会出现生产滞后的现象，要满足买方市场的需求，客观上需要一定的产品储备；另一方面，在生产过程中，生产企业也要储备一定数量的生产资料，以保证生产的连续性和应付急需；第三方面是在配送的范围愈大、距离愈远时，或者满足即时配送的需要时，客观上也要求储存一定数量的商品。可见储存型配送中心是为了保障生产和流通得以正常进行而出现的。其特点是储存仓库规模大、库型多、存储量大。如瑞士的 Giba - Geigy 公司的配送中心，可储存 40000 个托盘，其储存规模位居世界前列；美国福来明公司的食品配送中心，建筑面积达 70000m^2，其中包括 40000m^2 的冷冻库和冷藏库，30000m^2 的杂货库，所经营的商品品种达 89000 个。

4. 流通型

这是一种只以暂存或随进随出方式运作的配送中心。其运作方式是成批进货，按用户订单要求零星出货，在进货的同时，货物经分拣机，直接分送至各用户的货位或配送运输工具上，货物在中心滞留的时间很短。

5. 加工型

这是一种根据用户需要对配送物品进行加工，而后实施配送的配送中心。这种配送中心行使加工职能。其加工活动主要有分装、改包装、集中下料、套裁、初级加工、组装、剪切、表层处理等。闻名于世的麦当劳、肯德基的配送中心就是提供加工服务后向其连锁店配送的典型。工业、建筑、水泥制品等领域的配送中心同样属于这种类型，如石家庄水泥配送中心既提供成品混凝土，又提供各种类型的水泥预制件，直接配送至用户。

（二）按服务范围划分

1. 城市配送中心

向城市范围内的用户提供配送服务的配送中心称为城市配送中心。这类配送中心有两个明显的特征：一是采用汽车将货物直接送达用户，因为运距短，所以最经济；二是开展小批量、多批次、多用户的配送，实行“门到门”式的送货服务。因为汽车送货机动性强、供应快、调度灵活。

城市配送中心所服务的对象大多是零售商、连锁店和生产企业，大多采用和区域配送中心联网的方式运作，以“日配”的服务方式配送。可以说，在国内外绝大多数的配送中心都是城市配送中心。如北京的食品配送中心。

2. 区域配送中心

向跨市、跨省（州）范围内的用户提供配送服务的配送中心称为区域配送中心。这类配送中心有三个基本特征：其一，辐射能力较强，经营规模较大，设施和设备先进；其二，配送的货物批量较大；其三，配送的对象大多是大型用户，如城市配送中心和大型工商企业，采用“日配”或“隔日配”的服务方式。虽然它也给批发商、企业用户、商店零星配送，但都不是主体对象。

例如，加拿大大都会公司（Metro - Richelieu）的食品杂货配送中心占地面积

$55000m^2$，层高约 9m，固定配货对象有 18 家区域批发商、320 家零售商。配送服务半径为 300km，每天发货量 10 万箱，自接到用户的订单到收到货物为止，一般不超过8h，实现了“日配”。

3. 国际配送中心

向区域、国际范围内用户提供配送服务的配送中心称为国际配送中心。其主要特征是：（1）经营规模大，辐射范围广，配送设施和设备的机械化、自动化程度高；（2）配送方式采用大批量、少批次和集装单元；（3）配送对象主要是超大型用户，如区域配送中心和跨国工商企业集团；（4）存储吞吐能力强。例如，荷兰的“国际配送中心”，不仅在国内外建立了许多现代化的仓库，而且装备了很多现代化的物流设备。该中心在接到订单之后 24h 之内即可装好货物，仅用 3 ~ 4d 的时间就可把货物运送到欧洲共同体成员国的用户手中。

当然，我们还可按配送中心配送设施的所有权归属，或按所经营的货物种类去划分配送中心的类别，这里就不一一叙述了。

三、配送中心模式

配送中心模式可解释为：为充分发挥物流配送中心的功能和效用，协调物流诸环节、诸要素之间的利益关系，通过合理设计和安排物流组织而建立的标准化、程式化的物流配送系统。

配送中心由于产权不同、货物所有权不同以及经营方式不同，其模式也不尽相同。尽管如此，作为一种特殊的经济形式，其基本要素及其运作规律却有着共同特征。由此构成了配送中心的基本模式。

（一）基于销售的配送中心模式

这是一种集商流和物流为一体的模式。这种配送中心模式的行为主体是生产企业或销售企业，配送仅作为一种促销手段而与商流融合为一体。事实上，无论在国内或是在国外，从事某种货物配送活动的配送中心，恰恰就是这种货物的生产者或经销者，甚至有的配送中心本身就是某个企业或企业集团附设的一个机构。

基于销售的配送中心模式在批发业、连锁经营企业、大型加工制造业、零部件制造业等领域应用比较广泛。以这种模式构建的配送中心，由于可以直接组织到货源并拥有产品的所有权和支配权，所以有其资源优势，也便于配送中心扩大业务范围和服务对象，便于向生产企业提供多元化的后勤服务（如物料的配套供应）。

然而我们也应该看到，这种模式的配送中心，不但要投入较多的资金和人力、设备，而且资金和人力分散。只有具有一定的经济实力，方可形成一定的规模。尤其是对于生产企业来说，如果都建这种模式的配送中心，势必造成新的资源浪费，也不利于企业把主要注意力集中在核心竞争力的提高上。

（二）基于供应的配送中心模式

这种配送中心模式的主体是拥有一定规模的库房、站场、车辆等物流设施和设备，具备专业管理经验和操作技能的批发、仓储或运输企业。其本身并不直接参与商品交易活动，而是专门为用户提供诸如货物的保管、分拣、加工、运送等系列化服务。这类配送中心的职能通常是从工厂或转运站接收所有权属于用户的货物，然后由代理客户存储，并按客户提出的要求分拣货物，即时或定时地小批量、多批次地将货物分拣配送至指定的地点。以中国储运总公司唐家口仓库为例：其用户天津通信广播器材公司把从日本进口的电视机元器件直接送到唐家口仓库保管。仓库负责按用户的要求进行分类、配货、装车并直接送到生产厂的生产流水线。每天配送20车次。在配送元器件的同时，仓库方又将成品电视机运回，由仓库负责保管并代理发运。

很明显，这类配送中心所从事的配送活动是一种纯粹的物流活动，其业务属于交货代理服务。从运作形式来看，其活动是与商流活动相分离的，只不过是仓储、运输企业服务项目的增加和服务内容的拓展而已。

根据这种模式构建的配送中心，其好处在于可以充分利用原有的设施和设备并予以更新、改造、扩充，其投资相对要少。尽管可以同时为多家用户提供服务，但其业务活动毕竟单纯、专一，因而企业占压的资金比较少，经营风险也比较小。

这类配送中心的最大缺陷是：本身不直接掌握货物资源，因而其调度、调节能力较差，往往受到用户的制约；同时由于它只是一种代理性质的活动，所以，其收益只是收取相对于全部物流利润的极小比率的服务费，是一种高消耗、低收益的配送中心模式。

（三）基于资源集成的配送中心模式

这是一种以资源集成为基础，集商流、物流、信息流和资金流为一体的配送中心模式。这类配送中心的行为主体是虚拟物流企业，其服务对象是大中型生产企业或企业集团，其运作形式是由虚拟物流企业和供应链上游的生产、加工企业（供方）建立广泛的代理或买断关系，并和下游的大中型生产企业（需方或用户）形成较稳定的契约关系。虚拟物流企业的配送中心依据供方的交货通知完成运输、报关、检验、检疫并入库，而后按照需方的要求，经过拣选、加工、配料、装车、运输并送达需方，完成配送作业。

上述从供应商到用户的所有信息都是由企业的物流信息系统来管理的，而作业活动都是由其组织、调度和控制的。高效及时的信息交换和处理，为配送中心作业的顺利完成提供了保证。信息技术的支撑是这类配送中心的突出特点。作业完毕之后，依照物流状况和配送中心与供需双方的合同，各种费用就会在电脑中自动生成，并各流其向。

选择配送中心的模式，应根据实际情况而定。从我国近几年配送业的发展情况，也可以看出一些规律和趋势。尽管从长远看生产领域的物流外包是我国发展经济的必然趋势和必须突破的重要环节，但是，就现阶段而言，我们认为，提倡并鼓励超大型龙头生产企业以及批发、零售企业和商业连锁企业构建自营型或合作型的基于销售的配送中心，选择商流、物流合一的配送中心模式是较为合宜的。

第二节 配送中心的经营定位

规划一个配送中心，首先要解决定位问题。配送中心经营定位包括功能定位、商品定位、区域定位，另外还有地理位置的选择问题。

一、配送中心的功能定位

一般来说，配送中心的功能定位是以其开展的配送服务内容和相应的配送作业环节为基础来进行的，根据配送作业的基本环节和作业流程，配送中心一般具有采购、储存、加工、分拣、配货、送货多项功能。但是，不同类型配送中心的核心功能有所不同，因此，在配送中心的规划和建设中，从设施建设到平面布置以及组织管理等方面都存在一定的差异。

第一，对于储存型配送中心，其功能以储存为主，以尽可能降低服务对象的库存为主要目标，须具有较强的库存调节能力，因此，应规划较大规模的仓储空间和设施。

第二，对于流通型配送中心，其功能是以快速转运为主，大批量进货，快速分装或组配，并及时发送到各客户指定的地点，所以在规划中应配备适应货物高速流转的设施。

第三，对于加工型配送中心，其功能以对商品进行拆包、分解、整理、再包装、集中下料等流通加工为主，所以在规划中应适应加工的需要，配备必要的加工设施、场地，引进相应的加工技术。

第四，对于其他专业型配送中心，主要是针对商品特性来处理业务，隐藏在规划中应配置特定商品的处理设施，开发适用于特定商品的技术。

二、配送中心的商品定位

一般配送中心所能处理的商品种类是有一定限制的。目前也有许多专门服务的配送中心，如服装配送中心、电器配送中心、食品配送中心、干货配送中心、生鲜配送中心、图书配送中心等。由于不同商品的配送所需的配送作业场地、设施设备是不一样的，作业流程也不相同。因此，不可能建设一个满足所有商品物流需要的配送中心。一个配送中心没有必要也不可能配备能处理所有商品的物流设施和设备，即使可能也不合算。

配送商品主要根据企业的营业范围、市场需求来定位。

第一，对于一般的商业连锁体系，主要经营一般消费品，其配送中心主要负责连锁体系内大部分商品的内部供应配送，并以统一采购、统一库存、统一配送而形成规模效应，获得规模经济效益，最终形成销售商品的价格优势。

第二，一些由传统批发机构改组而形成的配送中心，通常以批发经营传统商品为主，开展专业配送业务，其品种较为单一，批量较大。

商品定位应与功能定位结合在一起考虑。

三、配送中心的区域定位

配送经营区域是指配送中心业务辐射的范围。

第一，对于连锁商业体系，配送中心的辐射区域和配送能力取决于其零售店铺的分布范围和数量。连锁商业体系组建配送中心的方法，可以按照适当的比例，即根据辐射范围内顾客分布、分店数目与配送中心的适当比例来确定配送中心的位置、规模和数量。

第二，对于生产企业自营的配送中心，配送区域一般也主要在生产厂区，而生产企业的销售配送区域，可根据客户分布情况而定。

配送中心服务对象所形成的区域是选择配送中心区位的基础。一般来说，配送中心建设规模越大，经营能力越强，其辐射范围就越广，服务的范围也就越大。在配送中心的区位规划中，除了考虑商品种类及数量外，交通运输条件、用地条件等问题也应该认真分析和论证，以确定配送的区域和范围。

第三节 配送中心地理位置选择

配送中心地理位置的选择，将直接影响到实际运营的效率、成本以及今后仓储规模的扩充与发展。一般来说，如果是预定地点或区位方案，可在系统规划进行之前提出，作为系统规划过程的限制因素；如果没有预定方案，可在系统规划形成后进行选址规划。选址决策分析方式一般采用定性分析与定量分析方法相结合的方法。

一、选址问题的定性分析

配送中心选址包括两方面的含义：地理区域的选择和具体地址的选择。配送中心选址时应考虑的主要因素有客户分布、供应商分布、交通条件、自然条件、土地条件、人力资源条件和政策条件等。

（一）客户、供应商分布

配送中心是为客户服务的，所以配送中心选址首先要考虑客户分布情况。对于面向零售商的配送中心，其主要客户是超市和零售店，这些客户大部分分布在人口密集的地方或城镇，配送中心为了提高服务水平及降低配送成本，多建在城市边缘接近客户分布的区域。

配送中心的货源来自供应商，所以配送中心选址必须考虑供应商的分布区域。如果配送中心越接近供应商，则安全库存量就可控制在较低的水平。

（二）交通和自然条件

交通条件是影响配送成本及效率的重要因素之一。配送中心选址必须考虑对外交通的运输渠道，以及未来交通与邻近地区的发展状况等因素。为了确保配送运输作业的顺利进行，地址的选择应邻近重要的运输渠道。一般配送中心应尽量选择在交通方便的高速公路、国道及快速道路附近，如果以铁路及轮船来当运输工具，则要考虑靠近火车编组站和港口等。

配送中心选址要考虑自然条件，以减少建造配送中心的风险。自然条件包括温度、湿度、盐分、降雨量、台风、地震、河川及其变化情况。

（三）土地和人力资源条件

建造配送中心需要土地，对土地的使用必须符合相关的法令规章及城市规划限制。规划配送中心用地问题，既要考虑土地面积的多少问题，也要考虑地价问题，还要考虑地形地质问题。

配送作业需要使用人力资源。人力资源条件要考虑邻近地区的人口数量、交通条件和工资水平等。

（四）政策条件

各地方政府的经济政策也是配送中心选址规划要考虑的因素之一。政策条件包括土地政策、税收政策和地区产业政策等。

二、选址问题的定量分析

在许多物流教材中，介绍了不少选址的定量分析方法，如图解法、重心计算法等，这里介绍两种比较简单的、用于解单选址问题的方法。

（一）成本比较法

建设一个配送中心（或仓库），应合理选择配送中心的位置（或库址）。假设配送中心的候选地点有 S 个，分别用 D_1，D_2，…，D_s 表示；商品的供应商有 m 个，分别用 A_1，A_2，…，A_m 表示，其供应量分别用 P_1，P_2，…，P_m 表示；产品销售地有 n 个，分别用 B_1，B_2，…，B_n 表示，其销售量分别用 Q_1，Q_2，…，Q_n 表示，如图 9－1 所示。设 U_{ij} 和 C_{ij} 分别表示从 A_i 到 D_j 的单位运输成本和距离；V_{ij} 和 d_{jk} 分别表示从 D_j 到 B_k 的单位运输成本和距离。

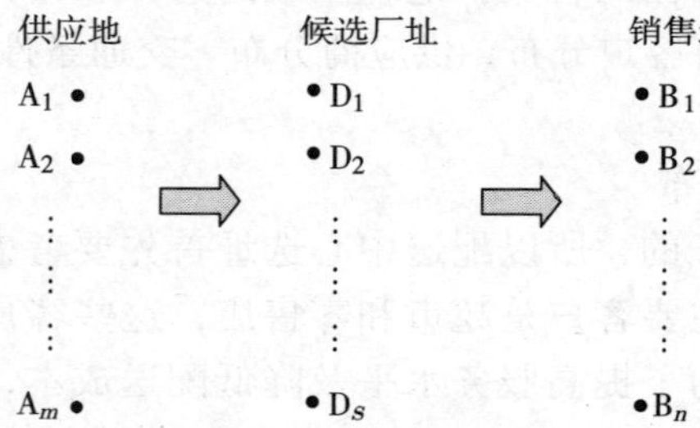

图 9－1 选址示意图

所谓选址问题，就是从 s 个候选地址中选取一个最优地址建造配送中心，使物流总费用达到最低。

引进变量：

$$X = (X_1, X_2, \cdots, X_s)$$

其中

$$X_j = \begin{cases} 1 \text{ 表示在 } D_j \text{ 建造} \\ 0 \text{ 表示不在 } D_j \text{ 建造} \end{cases}$$

那么选址问题可表述为：

$$\min f(x) = \sum_{j=1}^{s} \left(\sum_{i=1}^{m} U_{ij} C_{ij} P_i + \sum_{k=1}^{n} V_{ij} d_{jk} Q_k \right) X_j$$

$$\text{s.t.} \quad \sum_{j=1}^{s} X_j = 1$$

这是一个整数线型规划问题。表面上看，这个问题的数学表达式似乎比较复杂，其实很简单，也很容易求解。

从目标函数表达式的右边可以看出，如果括号中的算式值能计算出来，问题就基本上解决了。事实上，如果 s 个算式值的最小者对应的下标为 r，那么可取 $X_r=1$，其他 $X_j=0$，便是最优解。D_r 便是最优地址。

然而，计算目标函数表达式右边括号中的算式并不是一件轻而易举的事情，因为模型中的许多参数具有不确定性，需要采用统计和预测的方法进行分析确定。

例：计划建造一个配送中心，商品主要配送到 B_1、B_2、B_3 三个地区，三个地区的销售量分别为 20 万 t、30 万 t 和 50 万 t；商品主要由 A_1、A_2 两个供应商提供，供应量分别为 40 万 t 和 60 万 t。配送中心地址计划从 D_1、D_2、D_3 中选择一个。这三个候选地址与各点之间的单位运输成本如表 9－1 所示。表中的数据单位：距离为 km，运费为元/t·km，物流量为万 t。图 9－2 是选址问题示意图。试从运输成本来分析应如何选择地址。

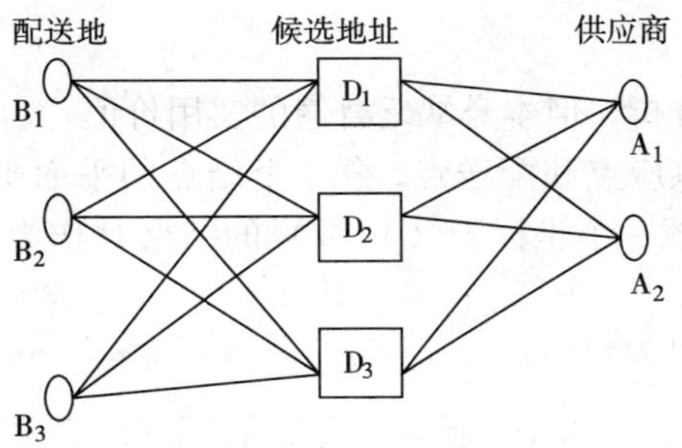

图 9－2　选址问题示意图

表 9－1　　候选地址与各点之间的距离和单位运输成本

候选地 \ 关联地		配送客户			供应商	
		B_1	B_2	B_3	A_1	A_2
D_1	距离（km）	10	30	35	50	55
	单位运费（元）	1	1.2	2	1.5	1
D_2	距离（km）	10	10	15	15	30
	单位运费（元）	2	1.5	2	2.2	2
D_3	距离（km）	35	30	10	40	50
	单位运费（元）	1	1	2	1.4	1
物流量（万 t）		20	30	50	40	60

根据前面对选址问题的分析，我们列出本例中各候选地址的总运输成本。

设 U_{ij}、C_{ij}、P_i 分别表示配送点 i 与候选地址 j 之间的距离、单位运费、物流量，V_{ij}、d_{ij}、Q_i 分别表示供应商 i 与候选地址 j 之间的距离、单位运费、物流量。

如果在 D_1 建配送中心，运输总成本为：

$$
\begin{aligned}
TC_1 &= \sum_{i=1}^{m} U_{ij}C_{ij}P_i + \sum_{k=1}^{n} V_{ik}d_{jk}Q_k \\
&= (10\times1\times20+30\times1.2\times30+35\times2\times50)+(50\times1.5\times40+55\times1\times60) \\
&= (200+1080+3500)+(3000+3300)=11080(\text{万元})
\end{aligned}
$$

如果在 D_2 建厂，运输总成本为：

$$
\begin{aligned}
TC_2 &= (10\times2\times20+10\times1.5\times30+15\times2\times50)+(15\times2.2\times40+30\times2\times60) \\
&= (400+450+1500)+(1320+3600)=7270\ (\text{万元})
\end{aligned}
$$

如果在 D_3 建厂，运输总成本为：

$$
\begin{aligned}
TC_3 &= (35\times1\times20+30\times1\times30+10\times2\times50)+(40\times1.4\times40+50\times1\times60) \\
&= (700+900+1000)+(2240+3000)=7840\ (\text{万元})
\end{aligned}
$$

对三个候选厂址的计算结果进行比较分析，可以看出，D_2 的运输总成本最低，所以应选 D_2 作为建立配送中心地点。

（二）重心计算法

重心法着眼于理论分析，但本身缺乏普遍的实用价值。

某区域内，有 n 个供应点和配送点，第 j 个结点的平面坐标为（X_j，Y_j），其供应量或需求量为 W_j。要寻找一个坐标为（X，Y）的结点 D 作为理论配送中心地址，结点 j 至结点 D 的运费率为 C_j。

总的运输成本 F 可以表示为：

$$F = \sum_{j=1}^{n} C_j \cdot W_j \cdot \sqrt{(X_i - X)^2 + (Y_i - Y)^2} \tag{9-1}$$

选取 X 和 Y 的值，使总运输成本最小，那么结点 D 就是配送中心的最佳地址。用微分法求极值，得出 X 和 Y 的表达式为：

$$\begin{cases} X = \sum\limits_{j=1}^{n} \dfrac{C_j \cdot W_j \cdot X_j}{S_j} \div \sum\limits_{j=1}^{n} \dfrac{C_j \cdot W_j}{S_j} \\ Y = \sum\limits_{j=1}^{n} \dfrac{C_j \cdot W_j \cdot Y_j}{S_j} \div \sum\limits_{j=1}^{n} \dfrac{C_j \cdot W_j}{S_j} \end{cases} \tag{9-2}$$

其中 S_j 表示结点 j 至结点 D 的距离，即：

$$S_j = \sqrt{(X_i - X)^2 + (Y_i - Y)^2} \quad j=1, 2, \cdots, n \tag{9-3}$$

可以用迭代法求解。迭代法的初值可取所有的 $S_j=1$，利用公式（9－2）计算出（X，Y）的第一次迭代值，然后用第一次迭代值代入公式（9－3）求出 n 个距离值，再代入公式（9－2），进行第二次迭代……依次进行，直到相邻两次迭代值非常接近时，所求的 X 和 Y 就是理想的选址坐标。求解计算框图见图 9－3。运筹学软件 ORS 中有此求解程序。

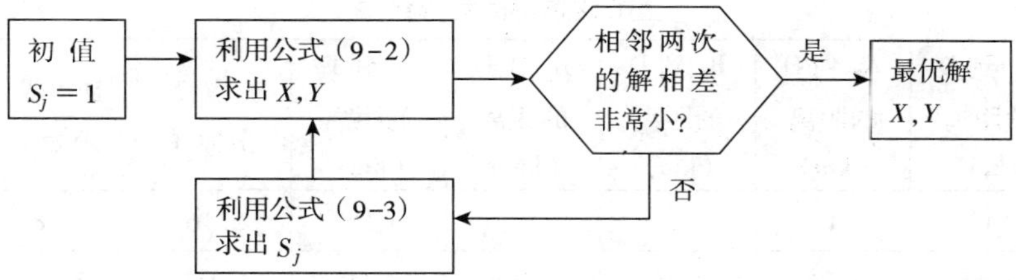

图9－3 重心法框图

例：图9－4表示2个供应点 A_1 和 A_2，三个配送点 B_1、B_2 和 B_3，其流通量和运费率如表9－2所示。计划建立一个配送中心，配送中心的位置在什么位置最好？

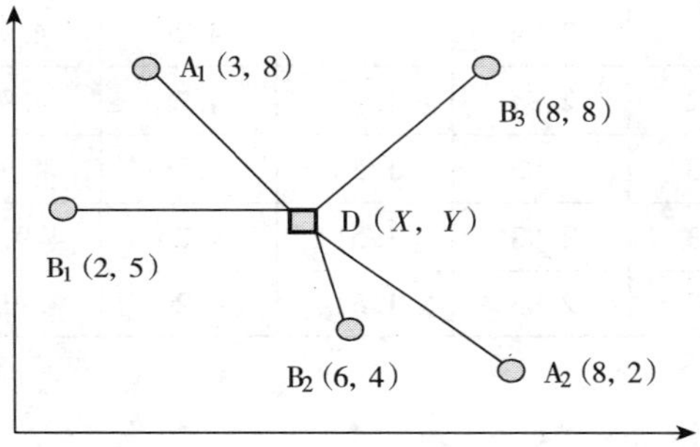

图9－4 结点布局图

用重心法求解，计算结果见表9－3。结果表明，第10次迭代以后，计算结果变化很小，没必要再继续计算。最优解为：

$$X=4.9193,\ Y=5.0528$$

表9－2 各结点的有关数据

结点代号	坐标（X，Y）	流通量（W）	运费率（C）
A_1	（3，8）	2000	0.50
A_2	（8，2）	3000	0.50
B_1	（2，5）	2500	0.75
B_2	（6，4）	1000	0.75
B_3	（8，8）	1500	0.75

用重心法迭代结果见表9－3。总的运输成本 F 为：

$$\begin{aligned} F &= \sum_{j=1}^{n} C_j \cdot W_j \cdot S_j \\ &= 0.5\times 2000\times 3.25+0.5\times 3000\times 4.33+0.75\times 2500\times 2.93+ \\ &\quad 0.75\times 1000\times 1.51+0.75\times 1500\times 4.26 \\ &= 21425 \end{aligned}$$

表 9－3　　重心法求解的计算结果

迭代次数	A_1 到 D 的距离（km）	A_2 到 D 的距离（km）	B_1 到 D 的距离（km）	B_2 到 D 的距离（km）	B_3 到 D 的距离（km）	D 点横坐标 X	D 点纵坐标 Y	运输成本（元）
1	1	1	1	1	1	5.16	5.18	21500
2	3.55	4.26	3.16	1.45	4.00	5.04	5.06	21431
3	3.58	4.26	3.04	1.43	4.17	4.99	5.03	21427
4	3.57	4.27	2.99	1.44	4.23	4.97	5.03	21426
5	3.56	4.29	2.97	1.46	4.24	4.95	5.04	21425
6	3.55	4.30	2.95	1.47	4.25	4.94	5.04	21425
7	3.54	4.31	2.94	1.48	4.26	4.93	5.05	21425
8	3.53	4.32	2.94	1.49	4.26	4.93	5.05	21425
9	3.52	4.33	2.93	1.50	4.26	4.92	5.05	21425
10	3.52	4.33	2.93	1.51	4.26	4.9193	5.0528	21425
11	3.52	4.33	2.93	1.51	4.26	4.9193	5.0528	21425

第四节　配送中心的系统规划

建造一个物流配送中心是一件重要的工作，需要进行认真的调查研究、周密计划和精心设计，才能取得较好的效果。配送中心规划设计的目标为：降低物流成本，提高对用户的服务水平，缩短作业时间周期，管理好供应商与顾客之间的供需渠道，提高物流服务竞争力，迅速掌握供需等有关信息。图 9－5 表示系统规划设计的步骤。

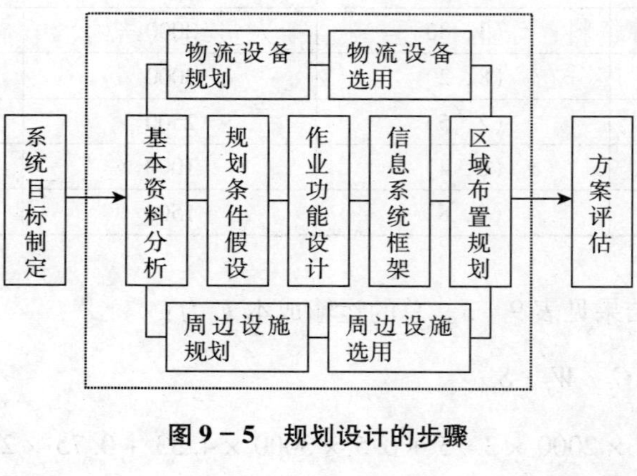

图 9－5　规划设计的步骤

一、调查研究

首先要进行社会物流配送需求情况的调查研究，确定拟建配送中心的条件是否具备，时机是否成熟。然后对社会经济环境和自身条件进行摸底调查，检查所选择的配送中心类型是否合适。与此同时，要收集规划用的基本资料。资料的收集过程分为两个阶段，即现行作业资料和未来规划所需资料。

（一）现行作业资料

1. 基本运行资料

业务类型、营业范围、营业额、人员数量、车辆数量、供应商和用户数量等。

2. 商品资料和销售资料

商品资料包括商品类型、分类、品项数、供应来源、保管形式等；销售资料包括按地区、商品、道路、客户及时间分别统计的销售资料。

3. 订单资料

包括商品种类、名称、数量、单位、订货日期、交货日期、生产厂家等。

4. 货物特性

包括形态、气味、温湿度要求、腐蚀变质特性、装填性质。此外还包括物品重量、体积、尺寸、包装规格、储存特性和有效期限等。包装规格分单品、内包装、外包装单位等。

5. 作业流程

包括一般物流作业，即进货、储存、拣选、补货、流通加工、发货、送货、退货、盘点、仓储配合作业（移仓调拨、容器回收、废弃物回收处理）等作业流程的现状。

6. 事务流程与使用单据

包括接单、订单处理、采购、拣货、发货、派车等作业，还包括相关库存管理、应收与应付账务系统管理等作业。

7. 厂房设施资料和作业工时资料

厂房设施资料包括厂房仓库大小与布置形式、地理环境与交通特性、使用设备主要规格、生产能力等资料；作业工时资料包括人员组织结构、单个作业区人数、工作时数、作业时间与时序分布。

8. 物料搬运资料

包括进货、发货、在库搬运、车辆、进货与发货频率、数量、车辆类型与时间段等。

9. 供货厂商资料

包括供货厂商类型、规模、特性、供货家数及据点分布、送货时间等。

10. 配送据点与分布

包括配送道路类型、配送点的规模和特性、配送点的分布、交通状况、收货时段、特殊配送要求等。

（二）未来规划要求的资料

1. 运营策略和中长期发展计划；

2. 商品未来的需求预测；
3. 商品品种变化趋势；
4. 预测将来可能发展的厂址和面积。

二、基本资料的分析

（一）订单变化趋势分析

订单是配送中心的生命线，如果没有订单，配送中心就失去了意义。分析工作首先要总结分析历来销售和发货资料，了解销售趋势和变化情况。如果能求出有关的变化趋势或周期性变化，则有利于后续资料的分析。

关于分析的时间单位，可视资料收集范围及广度而定。预测未来的趋势，以一年为单位；季节变化预测，以月为单位；分析月或周内的变化倾向，则以周或日为单位。

常用的分析方法有时间数列分析法、回归分析法和统计分析法。

（二）订单的品项分析

订单的品项分析可使用 EIQ 规划方法即对订单的份数（Entry）、货品种类（Item）和数量（Quantity）进行相关分析。

通过订单量的分析，了解单份订单订购量的分布情况，从而可以规划处理订单的原则，拣货、发货方式和发货区的规划。

通过品项的数量分析，了解各种产品发货量的分布情况，有利于分析产品的重要性和运输特性。可用于仓储系统的规划，储位空间的估算，拣货方式及拣货区的规划。

（三）物品特性与储运单位分析

在进行订单的品项和数量分析时，最好结合相关物性、包装规格和特性、储运单位等因素进行分析。这样，更有利于对仓储和拣货区的规划。

（四）定量分析与定性分析相结合

除了对定量化的信息分析之外，还要注意对一些定性化的资料进行分析，例如：作业流程分析、事务（如大量表单和资料的传递）流程分析、作业时序（作业时间分布）分析、人员素质分析以及自动化水平分析等。只有这样，规划方案才能更符合实际情况，可行性才能更高。

三、作业功能规划

配送中心的系统规划是一项系统工程，要求规划的配送中心具有合理化、简易化和机械化特征。合理化是指各项作业流程具有必要性和合理性；简易化是指使整个系统简单、明确、易操作，并努力做到作业标准化；机械化是指规划设计的系统应能减少人工作业，尽量采用机械或自动化设备来提高生产效率，降低人为因素可能造成的错误。

（一）作业流程的规划

在经过基本资料分析和基本条件设定之后，可拟定作业流程。通过对各项作业流程的合理化分析，找出作业中不合理和不必要的环节，力求简化配送中心里可能出现的不必要计算和处理单位。减少重复堆放的搬运、翻堆和暂存等工作，提高整个系统的效率。如果储运单位过多，可将单个作业单位予以分类合并，避免内部作业过程中储运单位过多的转换。尽量简化储运单位，以托盘或储运箱为容器，把体积、外形差别大的物品归类成相同标准的储运单位。这样一来，就可以简化配送中心储运单位了。

（二）作业区域的功能规划

配送中心的作业区可分类为：

1. 一般性物流作业区

作业项目包括车辆进货、进货卸载、进货点收理货、入库、调拨补充、订单拣取、分类、集货、流通加工、检验、发货点收发货装载、货物运送。

2. 退货物流作业区

作业项目包括退货、退货卸货、退货点收、退货责任确认、退货良品处理、退货瑕疵品处理、退货废品处理。

3. 换货补货作业区

作业项目包括退货后的换货作业、误差责任确认、零星补货拣取、零星补货包装、零星补货运送。

4. 流通加工作业区

作业项目包括拆箱作业、裹包、多种物品集包、外部外箱包装、发货物品称重、附印条形码文字、印贴标签。

5. 物流配合作业区

作业项目包括车辆货物出入管理、装卸车辆停泊、容器回收、空容器暂存、废料回收处理。

6. 仓储管理作业区

作业项目包括定期盘点、不定期抽盘、到期物品处理、即将到期物品处理、移仓与储位调整。

7. 厂房使用配合作业区

作业项目包括电气设备使用、动力及空调设备使用、安全消防设备使用、设备维修工具器材存放、一般物料储存、人员出入、人员车辆通行、楼层间通行、机械搬运设备停放。

8. 办公事务区和计算机作业区

作业项目包括办公、培训活动、资料储存管理、电脑系统使用。

9. 劳务性活动区

作业项目包括浴室厕所、员工休息及娱乐活动、急救医疗、接待厂商来宾、食堂、厂商司机休息。

10. 厂区相关活动区

作业项目包括警卫值勤、员工车辆停放、厂区交通、厂区扩充、环境美化。

在确定作业区之后，进一步确定各作业区的具体内容，包括对装卸货平台、进货暂存区、理货区、库存区、拣货区、补货区的功能规划。

（三）周边设施区域规划

在规划配送中心时，还要考虑周边设施条件，做好区域规划。包括厂区大门、警卫室、厂区通道、一般停车场、运输车辆停车场、环境美化区域、厂房扩充区域、厂房大门、大厅、走廊、电梯间、楼梯间、主要通道、辅助通道、主管办公室、一般办公室、会议室、教室、电脑室等。

四、设施规划与选择

配送中心的设施相当广泛，可根据实际需要进行规划和选用。

（一）物流作业区设施

1. 容器设备

包括搬运、储存、拣选和送货用的容器。如纸箱、托盘、铁箱、塑料箱等。

2. 储存设备

包括各种货架和货柜。

3. 拣选设备

包括一般拣货设备和自动化拣货设备。

4. 搬运设备

包括自动化搬运设备、输送带、分类设备、堆卸托盘设备和垂直搬运设备等。

5. 流通加工设备

包括裹包集包设备、外包装设备、印贴条形码设备、拆箱设备和称重设备等。

6. 物流周边配合设备

包括楼层流通设备、装卸货平台、装卸载设备、容器暂存设施和废料处理设施等。

（二）辅助作业区域设施

1. 办公设备；
2. 计算机及其周边设施；
3. 劳务设施。

（三）厂房建筑周边设施

包括交通、水电、动力、土建、空调、安全和消防等设施。

五、信息系统规划

关于物流配送信息系统的内容较多，而在技术上与一般物流信息系统基本相同。由于专门开设有“物流信息系统”的课程，所以这里只提出信息系统的规划设计思路。

（一）信息系统功能规划

一般配送中心的信息系统有如下功能：

1. 销售采购管理功能

以商业活动的相关业务为主，如订单处理、采购定价、市场分析等。

2. 仓储业务管理功能

以仓储作业相关业务为主，如进、销、存资料管理和储位管理等。

3. 输配送管理功能

以运送货物的调度和控制工作为主，如拣货计划、指派车辆、路线规划等。

4. 信息提供功能

进一步提供分析得比较完整的管理信息，如绩效管理、决策分析和资源计划等。

（二）信息系统的主要单元

就现代物流配送中心而言，信息系统的功能不再只是处理作业信息，而是进一步向业绩管理、决策支持分析的高层次发展。为此，在规划设计配送中心的信息系统功能框架时，应包括如下六个单元：

1. 采购进货管理系统；
2. 销售发货管理系统；
3. 库存储位管理系统；
4. 财务会计系统；
5. 运营业绩管理系统；
6. 决策支持系统。

配送中心信息系统的功能模块如图 9－6 所示。

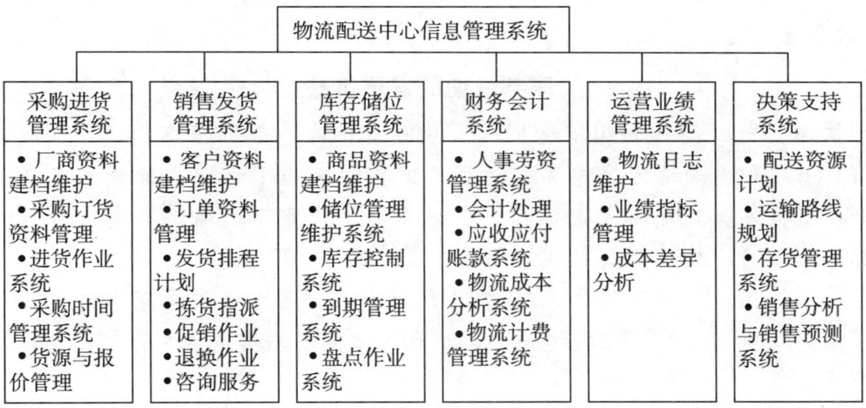

图 9－6 配送中心信息系统的功能模块

六、区域布置规划

（一）区域总平面布置的设计原则

1. 满足业务要求，工艺流程合理

（1）按功能划分厂区，即将各部门按业务性质、卫生、防火与运输要求的相似性，将配送中心划分为若干功能区段。

（2）采用系统设计模式，即按各部门之间物流与非物流相互关系的密切程度进行系统布置，避免物料搬运路线的往返交叉。

2. 适应内外运输要求，线路短捷顺直

根据内外部运输方式、运输设备和技术要求，合理确定运输线路及与之有关的部门位置。

3. 合理用地

（1）力求总体布局紧凑合理；

（2）在满足工艺要求的前提下，将联系密切的厂房合并，此外，可采用多层建筑；

（3）适当预留发展用地。

4. 充分注意防火、防爆、防震和防噪音。

5. 利用气候等自然条件，减少环境污染。

（二）系统布置设计（SLP）的一般步骤

1. 分析基本要素等原始资料；

2. 物流分析与作业单位相互关系分析；

3. 绘制作业单位位置相关图；

4. 作业单位占地面积计算；

5. 绘制作业单位面积相关图；

6. 修正；

7. 方案的评价与择优。

【参考案例】

联邦快递的发展策略

联邦快递公司（简称 FedEx 或 FDX）从成立开始，仅用 25 年时间，在联合包裹服务公司（UPS）和美国运通公司等同行巨头的前后夹击下迅速成长壮大起来，发展为拥有 130 多亿美元，在小件包裹速递、普通递送、非整车运输、集成化调运管理系统等领域都占据大量市场份额的行业领袖，并跃入世界 500 强。

在世界范围内，公司现有员工总数 14.5 万人，开展业务的国家和地区 211 个，全球业务空港 366 座，备有各类型运输飞机达 624 架，日出车数近 4 万辆、处理超过 2 百万磅的空运货物。

一、联邦快递公司的诞生

20 世纪 70 年代的两次石油危机对美国经济产生了深刻影响。由于能源价格的高涨，物价上涨给美国企业的经营带来了很多困难。如何合理利用物流，成为当时很多物流从业人士考虑的问题，社会便急需一种全新的物流服务方式。

1971 年，出身于美国海军陆战队的弗雷德·史密斯（Fred. Smith）退役后开始了他的事业。于 1973 年正式开始组建联邦快递公司，使用 8 架小型飞机开始提供航空快递服务。联邦快递公司推出全美国翌日到达的门到门航空快递服务，并以及时性、准确性以及可信赖性为原则。

进入 20 世纪 80 年代以后，航空快递运输大量出现。由于企业大量采用 JIT 生产方式，翌日送达的要求逐渐增多，给航空快件运输的发展带来了巨大的推动作用。在联邦快递公司之后，涌现了诸如 UPS、DHL 等众多的航空快递企业。20 世纪 80 年代中期开始，一般货物的快递运输得到了迅速的发展，与此同时，卡车运输业者也积极加入航空快递业的竞争行列。

1989 年，联邦快递公司为了扩大势力，收购了飞虎航空（Flying Tiger）公司，一跃成为美国航空业界的最大企业，并且开了物流企业收购的先河。

二、联邦快递在亚洲的发展

20 世纪 80 年代末，制造业的基地从发达国家逐渐转移到了发展中国家，而联邦快递作为最早认识到这一趋势的公司，开始着手进行大规模的全球扩展，以应对日益激烈的国际竞争及挑战，亚太区分公司也就应运而生了。

1989 年联邦快递收购了飞虎航空，获得了飞虎航空在亚洲 21 个国家及地区的航线权，从而在全球经济增长最迅速的区域取得了立足点。这为联邦快递实现其目标具有深远意义。

1992 年，公司的区域性总部从檀香山迁至中国香港。将公司的营运中心迁移至经济活跃的中心地区，更显示了公司对该地区的高度重视。

联邦快递对其在亚太地区的业务拓展和战略发展始终保持着高度的重视。1995 年，联邦快递公司购买了中国和美国之间的航线权，由联邦快递飞行员驾驶的专用货机来负责中美间的快递运输服务。1996 年 3 月，联邦快递成为唯一享有直航中国权利的美国快递运输公司。目前联邦快递每周有 11 个航班往返于中美之间。

1995 年 9 月，联邦快递在菲律宾苏比克湾建立了其第一家亚太运转中心，并通过其亚洲一日达网络提供全方位的亚洲隔日递送服务。根据公司在美国成功运作的“中心幅射”创新运转理念，亚太运转中心现已连接了亚洲地区 18 个主要经济与金融中心。

联邦快递目前在亚太地区 30 多个国家和地区雇佣了 7300 名员工，公司的亚太区总部设在中国香港，同时在中国香港、东京、新加坡均设有区域性总部。

三、进军物流市场

FedEx 通过各种方式抢夺了一部分普通包裹市场。1998 年，FedEx 通过收购 Roadway 包裹公司（RPS）进入普通包裹运递市场，在包裹市场的占有率达到 11%。在过去的 4 年中，FedEx 投资了 5 亿美元，使得 RPS 的处理能力翻了一番。另外，FedEx 在信息技术领域也投入了巨额资金。FedEx 对其无线通信网络进行了更新，使之能够与 UPS 匹敌，此外还为大小企业提供因特网商务软件。

FedEx 的网址就像一个交易市场，设有许多与其他公司的链接按钮，有趣的是，它还设有与惠普公司的链接（因为惠普公司与 UPS 公司合资建立了文件交换公司，对 FedEx 的文件速递业务构成竞争）。而且 FedEx 已经向国际市场进军，尤其是计算机硬件和微型芯片的物流配送。像 UPS 一样，FedEx 已经开始作为第三方物流服务供应商向外展开营销。世界著名的思科公司宣布让 FedEx 管理其整个物流网络，其目的是完全取消思科在亚洲的仓库，代之以这两家公司共同创立的“飞行仓库”，最终，由 FedEx 直接投递零部件给用户做最终的组装。

四、住户市场策略

FedEx 的住户投递市场直接与美国邮政展开竞争，但 FedEx 采取的战略与 UPS 有很大的不同。UPS是将企业到企业与企业到家庭的业务集为一体，而FedEx则准备组建专门的住宅投递服务公司，并准备聘用低成本的非工会劳动力，这一市场发展战略是在2000年3月宣布的。FedEx总公司下设多个业务部门，主要从事次日递航空速递核心业务的联邦快递和企业到企业普通包裹业务的联邦快递地面服务，地面服务下设快递家庭投递服务部门。这三个业务部门共享公司的技术和某些行政管理职能，如营销和收付款职能，但是各自具有独立的设施、车辆和经营活动。家庭投递部门雇佣的工人被称为"业主经营者"，自备箱式货车，公司根据这些工人的投递量而给予报酬，可以将投递成本保持在较低的水平，这不仅比UPS的成本低，甚至可能比美国邮政的成本还低，联邦快递的家庭投递服务在全国40个大城市设立了67个家庭投递站，号称覆盖了全国50%的家庭，联邦快递还计划建立另外240个投递站，争取在3年时间内覆盖98%的人口。联邦快递的发展处处体现出其创新意识，比如说，联邦快递准备星期二到星期六投递，而且是选择收件人最有可能在家的傍晚时间投递，同时还提供指定日期投递，但要收取额外费用，另外，包裹揽收时间推迟到了晚上9点，更加新奇的是，联邦快递家庭服务的正式标志是一只可爱的小狗。

五、定位与战略

放眼世界的每一个知名航空货运公司都提出了自己的恰当定位，确定了自己在空运物流价值链中的位置。UPS的定位是"我们能够在任何地方、任何模式里来处理任何货物"；DHL的目标是希望能够成为世界范围邮件通信、包裹快递、物流及财政服务领域中的领头羊；ST Cargo的定位是创立世界上最大的商业航空货运联盟并提供复杂而又统一的商品线。FedEx用"无所不包，全面发展"恰当地定义了自己的位置。

尽管这一事业起初并不被人们看好。但是，如今联邦快递已经建立了全球的快速交付网络，业务遍及全球214个国家，在全球聘用超过21.5万名员工和独立承包商，每天平均处理500万件货物。2002年，联邦快递公司以上年营业额196亿美元的成绩，在全球500强中排名第246位。

从地区来看，业务的地区性集中化程度高（即本土化程度高）。美国业务占其总收入的76%，国际业务占24%。从运输方式来看，空运业务占其总收入的83%、公路占11%、其他占6%。

联邦快递公司在经营管理上已实现了：

- 客户可通过网络直接进行邮寄手续的办理，快递公司的员工在最短的时间内上门取货，让客户足不出户就能寄送包裹；
- 货物准确送达客户手中的时间精确至分钟；
- 从北京办理货物运送手续至送达美国客户手中，时间仅为两天；
- 实现信息共享，为合作伙伴提供的系统环境和服务器，可让每一个合作伙伴享受到随时跟踪货物运行状态和地点等情况，从而实现异地数据采集、经营报表的打印；
- 完成了由单纯的快件运输公司向提供物流策略、系统开发、电子数据交换及解决方案的跨地区、跨行业的大型集团企业的转型。

资料来源：中国经理人网 http：//www.handlers.cn/

【课后习题】

1. 什么是配送中心？配送中心如何分类？按经济功能可分为哪几种配送中心？

2. 配送中心经营定位包括哪些内容？

3. 配送中心选址要考虑哪些因素？

4. 某地计划建造一个配送中心，商品主要配送到 A_1、A_2、A_3、A_4、A_5 五个地区；商品主要由 B_1、B_2 两个供应商提供。配送中心地址计划从 D_1、D_2、D_3 中选择一个。这三个候选地址与各点之间的单位运输成本等资料如表 9－4 所示。表中的数据单位：距离为 km，运费为元/t · km，物流量为万 t。试从运输成本来分析地址应如何选择。（参考答案：三个候选地的运输成本分别为：20280，22380，28220。）

表 9－4　　候选地址与各点之间的距离和单位运输成本

候选地 \ 关联地		配送客户					供应商	
		A_1	A_2	A_3	A_4	A_5	B_1	B_2
D_1	距离（km）	40	30	30	50	40	40	50
	单位运费（元）	1.2	1.2	1.2	1	1	1.5	1
D_2	距离（km）	40	20	20	30	50	20	30
	单位运费（元）	2.2	1.5	1.5	1.2	2	2.2	2
D_3	距离（km）	30	30	40	40	50	40	50
	单位运费（元）	1	1.5	1.5	1.2	1.5	1.4	2
物流量（万 t）		30	40	50	40	40	100	120

5. 有两个供应点 A_1 和 A_2，三个配送点 B_1、B_2 和 B_3，其流通量和运费率如表 9－5 所示。计划建立一个配送中心，试用重心法分析配送中心应建在什么位置最好。（参考答案：$X=4.77$，$Y=5.82$，总成本：7160）

表 9－5　　各结点的有关数据

结点代号	坐标（X，Y）	流通量（W）	运费率（C）
A_1	（1，8）	1500	0.3
A_2	（8，1）	2000	0.2
B_1	（5，8）	2500	0.2
B_2	（4，5）	2000	0.2
B_3	（8，5）	2000	0.2

6. 配送中心系统规划必须进行详细的调查研究，那么请问调查和基本资料分析包含哪些内容？

7. 配送中心的作业流程规划设计包含哪些内容?
8. 设备设施规划与选择的原则和内容有哪些?
9. 配送信息系统规划设计的内容有哪些?
10. 配送中心区域布置规划的原则和步骤是什么?

第十章　包装与流通加工

【学习要点】

在仓储和配送业务中，经常伴随着包装和流通加工作业。本章首先扼要介绍物流包装知识，然后介绍流通加工，包括流通加工的类型、作用、合理化问题以及物流配送中的流通加工技术等。

第一节　包装作业简介

包装是在物流过程中为保护产品、方便储运、促进销售并按一定技术方法而采用的容器、材料和辅助物的总称。也指为了达到上述目的而在采用容器、材料和辅助物的过程中施加一定技术方法等方面的操作活动。

一、包装的功能

（一）保护功能

保护物品在流通过程中不受损害，是包装的首要功能。其作用体现在以下几个方面：

1. 防止物品破损。要求做到物品在运输、装卸、保管过程中能防止因受冲击、振动等机械外力而损伤，包装应具有足够的强度防护和能抵抗外力的破坏。

2. 防止商品发生化学变化。即防止在流通过程中因受潮、光照、气体腐蚀等引起商品发霉、变质、锈蚀等变化。要求包装能起到阻隔水分、潮气、光照以及各种有害气体的侵蚀作用，避免外界不良因素的影响。

3. 防止商品受鼠咬、虫蛀。要求包装具有阻隔虫、鼠侵入的作用。

4. 防止异物混入和污物污染，防止散失和丢失。

（二）方便流通功能

合理的产品包装能为流通过程中的装卸、运输、储存和销售带来很大方便。因此包装单元的尺寸、重量、形态必须为装卸、运输、储存提供方便，以减轻人们的劳动强度，改善劳动条件，提高装卸、搬运效率。另外，要易于区分不同的商品并进行计量，包装及拆装要简便、快速，拆下的包装材料应容易处理。

（三）促进销售功能

良好的包装，能起到美化产品、促进销售的作用。因此销售包装必须通过装潢艺术来吸引消费者，唤起消费者的购买欲望，达到促进产品销售的目的。

二、包装的分类

需要包装的产品品种繁多，性能和用途千差万别，因而对包装的要求也各不相同。包装类别可按以下方法分类：

（一）按包装在流通中的作用分类

1. 销售包装

销售包装的目的是促进商品的销售，这种包装的特点是外形美观，选用材料、结构形态、外表装潢都应具有美学功能。达到保护、美化、宣传产品并能促进销售的目的。

销售包装分单个包装、内包装、中包装。

2. 运输包装

运输包装是以运输储存为主要目的的包装。它具有保障产品安全、方便储运装卸、加速交接和点检等作用。因此，运输包装必须有足够的防护性能，以防止运输中一切外力的危害，运输包装的形状、尺寸必须便于装卸和运输作业。

运输包装的方式主要有单件运输包装和集合运输包装。

单件运输包装是根据商品的形态或特性，把一件或数件商品装入一个较小容器内的包装方式。单件运输包装的种类很多，常用的有包、箱、桶、袋等。

集合运输包装是将一定数量的单件商品组合成一件大的包装或装入一个大的包装容器内。集合运输包装的种类有集装箱、集装袋或包、托盘等。

（二）按包装保护功能的顺序分类

1. 单个包装。即第一次包装，是直接保护商品的包装，一般为商品的最小销售单位的包装形式，它连同商品一起到达消费者手中。

2. 内包装。即单个包装商品再次集合包装，成为较大的销售单位包装形式，如果商品体积较小，几个内包装还可以进行中包装，以方便流通运输和保管。

3. 外包装。外包装一般是运输包装。主要目的是为了方便储存和运输。

（三）按包装容器分类

1. 按包装容器的抗变形能力分为硬包装和软包装两类。硬包装的包装体有固定形状和一定强度；软包装又称柔性包装，包装体柔软，有一定程度的变形。

2. 按包装容器形状分为包装袋、包装箱、包装盒、包装瓶、包装罐等。

3. 按包装容器结构形式分为固定式和可拆卸折叠式包装两类。固定式包装的尺寸、外形固定不变；可拆卸折叠式包装在不使用时可拆卸折叠存放，以减小体积，方便保管和返运。

（四）按包装制品的材料分类

有纸制品包装、塑料制品包装、竹木器包装、金属包装、玻璃容器包装和复合材料包装等。

（五）按包装技术方法分类

有防潮包装、防锈包装、防腐包装、防虫包装、防震包装、危险品包装等。

下面分别介绍各种包装技术和作业，图 10－1 是常见的几类包装作业。

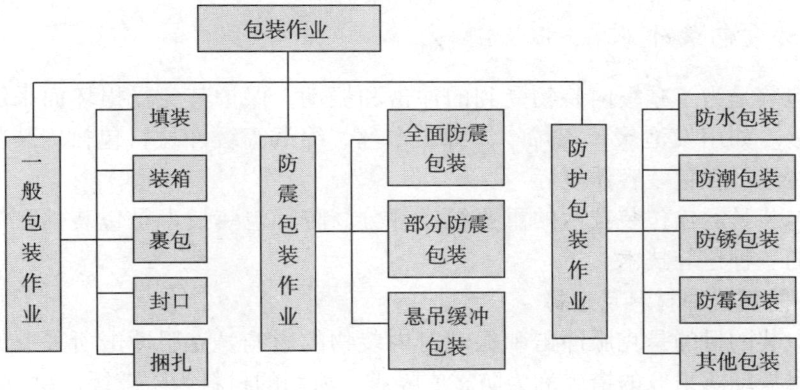

图 10－1 常见的几类包装技术和作业

三、一般包装作业

最常见的包装技术有充填、装箱、裹包、封口和捆扎等。

（一）充填作业

将产品按要求的数量装入包装容器的操作称为充填。充填是包装过程的中间工序，在此之前是容器准备工序（如容器的成型加工、清洗消毒、按序排列等），在此之后是封口、贴标、打印等辅助工序。在充填过程中，精密地计量内装物是很重要的。

充填技术主要用于销售包装，但运输包装中也有应用，如用专用运输工具运输散装的水泥、石油等。

1. 固体充填物的充填方法

固体充填物按其形态可分为粉末、颗粒和块状三类。

2. 液体物品的充填方法

液体物品的充填，又称为灌装。其方法按原理可分为重力灌装、等压灌装、真空灌装和机械压力灌装四大类。

（二）装箱作业

箱常用于运输包装。箱的种类和形式较多，如按材质分为木板箱、胶合板箱、纤维板箱、硬纸板箱、瓦楞纸箱、钙塑瓦楞纸箱和塑料周转箱等，其中尤以瓦楞纸箱最常见。

（三）裹包作业

裹包是用一层或者多层柔性材料包覆产品或包装件的操作。它主要用于销售包装，有时也用于运输包装，如用收缩或拉伸薄膜将托盘与货物裹包在一起。

（四）封口作业

封口是指将产品装入包装容器后，封上容器开口部分的操作。

（五）捆扎作业

捆扎是将产品或包装件用适当的材料扎紧、固定或增强的操作。

四、防震包装作业

防震包装是为了减缓内装物受到的冲击和振动，保护其免受损坏而采取一定防护措施的包装。如用发泡聚苯乙烯、海绵、木丝、绵纸等缓冲材料包衬内装物，或将内装物用弹簧悬吊在包装容器里等。

防震包装是运输包装技术的重要组成部分。防震包装技术是包装件在流通过程中十分重要的一种包装技术。

（一）防震缓冲材料及选择

防震包装的目的是克服冲击和振动对内装物的影响。克服冲击所采取的措施称为缓冲，克服振动所采取的措施称为防震或隔震，所用的材料为防震缓冲材料。

（二）防震包装方法

防震包装方法应该根据内装物的形状、特性以及流通过程中的环境条件、缓冲材料的特性等因素来综合选定。防震包装方法一般分为全面防震包装、部分防震包装和悬浮（或悬吊）缓冲包装三大类。

五、防护包装作业

（一）防水包装

防水包装是防止因水浸入包装件而影响内装物品质的一种包装方法。如用防水材料衬垫在包装容器内侧，或在包装容器外部涂刷防水材料等。

防水包装材料应具有良好的耐水性能。常用防水包装材料有聚乙烯低发泡防水阻隔薄膜、复合薄膜、塑料薄膜、油纸等。辅助材料有防水胶粘带、防水黏结剂等。用于最外部的防水包装材料除要求有一定的强度和耐水性外，还应具有防老化、防污染、防虫咬、防疫病等性能。

（二）防潮包装

防潮包装是为防止潮气浸入包装件并影响内装物品质而采用的一种包装方法。如用防潮包装材料密封产品或在包装容器内加入适量干燥剂以吸收残存潮气，也可将密封容器抽为真空等。

（三）防锈包装

防锈包装是为防止金属制品表面在流通过程中发生化学变化而引起锈蚀而采取一定防护措施的包装。如在产品表面涂刷防锈油（脂）、用气相防锈塑料薄膜或气相防锈纸包封产品等。

1. 防锈包装等级

防锈包装等级分为1级包装、2级包装、3级包装三个等级。1级包装防锈期限为3~5年；2级包装防锈期限为2~3年；3级包装防锈期限为2年。

2. 防锈包装方法

防锈包装分为清洁、干燥、防锈和包装四个步骤：

（1）清洗产品，除去表面的尘埃、油脂残留物、汗迹及其他异物；

（2）金属表面清洗后，立即进行干燥去湿；

(3) 金属表面在清洗、干燥后，进行防锈处理；

(4) 产品金属表面在清洗、干燥、防锈后，进行包装。

(四) 防霉包装

防霉包装是为了防止内装物长霉影响质量而采取一定防护措施的包装。如对内装物进行防潮包装，降低包装容器内的相对湿度，对内装物和包装材料进行防霉处理等。

六、其他包装作业

(一) 收缩包装与拉伸包装

收缩包装是用收缩薄膜裹包物品或包装件，然后对薄膜进行适当热处理，使薄膜收缩紧贴于物品或内包装件的包装技术。拉伸包装是由收缩包装发展而来的，拉伸包装是靠机械装置在常温下将弹性薄膜围绕待包装件，在一定张力下拉伸紧裹，并在其末端进行封口的一种包装技术。多用于托盘货物的裹包。

(二) 充气包装与真空包装

充气包装是将产品装入气密性容器，用氮或二氧化碳等气体置换包装容器中原有空气的一种包装方法。其主要目的是降低气密性容器中氧气的含量，抑制微生物的生理活动以及酶的活性和鲜活物品的呼吸强度，以达到防霉、防腐、保鲜和延长保存期的目的。

真空包装是将产品装入气密性容器，抽去容器内部的空气，使气密后的容器内达到预定的真空度的一种包装方法。其功能和机理与充气包装相同，只是工艺稍有差异。一般的食品如肉类、谷物加工品以及容易氧化变质的物品都可以采用真空包装。

充气与真空包装有小袋、软管、半刚性容器和贴体包装等方式。其机械设备有台式、传送带式、回转式、深拉伸式等形式。

(三) 泡罩包装与贴体包装

泡罩包装是将产品封合在用透明塑料形成的泡罩与底板（用纸板、塑料薄膜或薄片、铝箔或它们的复合材料制成）之间的一种包装方法。贴体包装是将产品放在能透气的、用纸板或塑料薄片（膜）制成的底板上，上面覆盖加热软化的塑料薄片（膜），通过底板抽成真空，使薄片（膜）紧密地包贴产品，其四周封合在底板上的一种包装方法。

(四) 防虫包装

防虫包装是为了保护内装物免受虫类侵害而采取一定防虫措施的包装。如在包装材料中掺入杀虫剂，有时在包装容器中也使用驱虫剂、杀虫剂或脱氧剂，以增强防虫效果等。此外，包装材料和包装容器应注意不用虫蛀的木材或其他材料，如有使用必须经过消毒和蒸煮，糊纸盒的浆糊要加入防腐剂，以防止蛀虫的滋生。

(五) 危险品包装

危险品包装是根据危险品的特点（如放射性、易燃、易爆等物品），按照有关法令、标准和规定进行专门设计的包装。任何危险品包装都必须标明代表危险品类别和性质的标志。

(六) 集合包装

集合包装是将一定数量的包装件或产品，装入具有一定规格、强度和长期周转使用的更大包装容器内，形成一个合适的搬运单元的一种包装技术。集装容器有集装箱、集装袋、托盘、滑片、集装框等。

第二节 流通加工概述

一、流通加工概念

（一）流通加工概念

流通加工（Distribution Processing）是指根据顾客的需要，在流通过程中对产品实施的简单加工作业活动（如包装、分割、计量、分拣、刷标志、拴标签、组装等）的总称。广义的流通加工是指在物品从生产领域向消费领域流动的过程中，为了促进产品销售、维护产品质量和实现物流效率化，对物品进行加工处理，使物品发生物理或化学性变化的活动。这种在流通过程中对商品进一步的辅助性加工，可以弥补生产企业生产过程中加工程度的不足，更有效地满足用户的需求，更好地衔接生产和需求环节，使流通过程更加合理化，是物流活动中的一项重要增值服务，也是现代物流发展的一个重要趋势。

（二）流通加工与生产型加工的差别

流通加工与一般生产型加工在加工方法、加工组织等方面并没有显著区别，但在加工对象、加工程度方面差别较大。

1. 从加工对象看，流通加工的对象是进入流通过程的物品，具有货物的属性，以此来区别它与多环节生产加工中的这一环节。生产加工对象不是最终产品，而是原材料、零部件、半成品。

2. 从加工深度看，流通加工大多是简单加工，而不是复杂加工。如果必须进行复杂加工才能形成所需的货物，那么，这种复杂加工需专设生产加工过程，因为生产过程理应完成大部分加工活动，流通加工对生产加工则是一种辅助及补充。应特别指出，流通加工绝不是对生产加工的取代。

3. 从价值观点看，生产加工的目的在于创造价值与使用价值，而流通加工则在于完善其使用价值，并在不做大的变动情况下提高其价值。

4. 从加工责任人看，流通加工的组织者是从事流通工作的企业和人员，而生产加工则由生产企业来完成。

5. 从加工目的看，生产加工是为交换、消费而生产的，而流通加工中的一部分工作是为流通本身服务的。

二、流通加工产生的原因

（一）流通加工的出现与现代生产方式有关

现代生产发展趋势之一就是生产规模大型化、专业化，依靠单品种、大批量的生产方法降低生产成本获取规模经济效益，这样就出现了生产相对集中的趋势。这种规模的大型化、生产的专业化程度越高，生产相对集中的程度也就越高。生产的集中化进一步引起产需之间的分离，产需分离的表现首先为人们认识的是空间、时间及人的分离，即生产及消费不在同一个地点，而是有一定的空间距离；生产及消费在时间上不能同步，而是存在着一定的时间差；生产者及消费者不是处于一个封闭的圈内，某些人生产的产品供给成千上万人消费，而某些人消费的产品又来自其他许多生产者。弥补上述分离的手段则是运输、储存及交换。

近年来，人们进一步认识到，现代生产引起的产需分离并不局限于上述三个方面，这种分离是深刻而广泛的。第四种重大的分离就是生产及需求在产品功能上的分离。尽管"用户第一"等口号成了许多生产者的主导思想，但是，生产毕竟有生产的规律，尤其在强调大生产的工业化社会，大生产的特点之一就是"少品种、大批量、专业化"，产品的功能（规格、品种、性能）往往不能和消费需要密切衔接。弥补这一分离的方法，就是流通加工。所以，流通加工的诞生实际是现代生产发展的一种必然结果。

（二）流通加工是网络经济时代服务社会的产物

流通加工的出现与现代社会消费的个性化有关。消费的个性化和产品的标准化之间存在着一定的矛盾，使本来就存在的产需第四种形式的分离变得更加严重。本来，弥补第四种分离可以采取增加一道生产工序或消费单位加工改制的方法，但在个性化问题十分突出之后，采取上述弥补措施将会使生产乃至生产管理的复杂性及难度增加，按个性化生产的产品难以组织高效率、大批量的流通。所以，在出现了消费个性化的新形势及新观念之后，就为流通加工开辟了道路。

（三）流通加工的出现还与人们对流通作用的观念转变有关

在社会再生产全过程中，生产过程是典型的加工制造过程，是形成产品价值及使用价值的主要过程，再生产型的消费究其本质来看也和生产过程一样，通过加工制造消费了某些初级产品而生产出深加工产品。历史上在生产不太复杂、生产规模不大时，所有的加工制造几乎全部集中于生产及再生产过程中，而流通过程只是实现商品价值及使用价值的转移而已。

在社会生产向大规模生产、专业化生产转变之后，社会生产越来越复杂，生产的标准化和消费的个性化出现，生产过程中的加工制造常常满足不了消费的要求。而由于流通的复杂化，生产过程中的加工制造也常常不能满足流通的要求。于是，加工活动开始部分地由生产及再生产过程向流通过程转移，在流通过程中形成了某些加工活动，这就是流通加工。

流通加工的出现使流通过程明显地具有了某种"生产性"，改变了长期以来形成的"价值及使用价值转移"的旧观念，这就从理论上明确了：流通过程从价值观念来看是可以主动创造价值及使用价值的，而不单是被动地"保持"和"转移"的过程。因此，人们必须研究流通过程中孕育着多少创造价值的潜在能力，这就有可能通过努力在流通过程中进一步提高商品的价值和使用价值，同时，却以很少的代价实现这一目标。这样，就引起了流通过程从观念到方法的巨大变化，流通加工则适应这种变化而诞生。

（四）效益观念的树立也是促使流通加工形式得以发展的重要原因

20 世纪 60 年代后，效益问题逐渐引起人们的重视，过去人们盲目追求高技术，引起了燃料、材料投入的大幅度上升，结果是新技术、新设备虽然采用了，但往往是得不偿失。20 世纪 70 年代初，第一次石油危机的发生证实了效益的重要性，使人们牢牢树立了效益观念，流通加工可以以少量的投入获得很大的效果，是一种高效益的加工方式，自然获得了很大的发展。所以，流通加工从技术上来讲，可能不需要采用什么先进技术，但这种方式是现代观念的反映，在现代的社会再生产过程中起着重要作用。

三、流通加工的作用

（一）提高原材料的利用率

生产企业的生产需要使用原材料，利用流通加工在进入生产环节前对原材料进行集中下料，可以提高原材料的利用率。例如，将钢材、木材、平板玻璃等按各生产企业的规格要求，制成毛坯或板、块。集中下料可以优材优用、小材大用、合理套裁，有很好的技术经济效果。

北京、济南、丹东等城市曾经对平板玻璃进行流通加工（集中裁制、开片供应），玻璃利用率从 60% 左右提高到 85% ~95% 。

（二）可以满足用户的多样化需求

一些从事生产的企业，因为对某些物料需求量小或者属于临时需要，缺乏高效率初加工能力，依靠流通加工使他们省去对初加工的投资，方便了用户。例如，将水泥加工成混凝土，将原木加工成条材、板材或门窗，冷拉钢筋及冲制异形零件，钢板预处理、整形、打空等。

（三）提高加工效率及设备利用率

由于集中加工，可采用效率高、加工量大的机具和设备，提高设备的利用率，提高加工品质及加工效率。

（四）衔接不同的运输方式，使物流合理化

在干线运输与支线运输的结点，设置流通加工环节，可以有效地解决大批量、低成本、长距离干线运输和多品种、小批量、多批次末端运输之间的衔接问题。在流通加工点与大型企业之间形成定点、直达、大批量远距离运输的渠道，以流通加工中心为核心，组织对多用户的配送。如图 10 -2 所示。

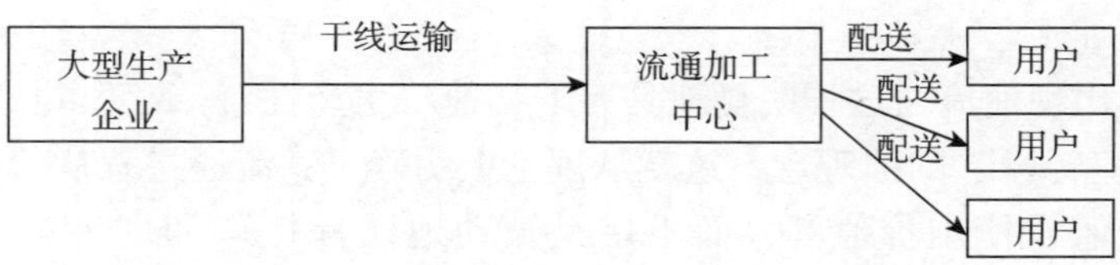

图 10 -2　流通加工中心的衔接作用

（五）改变功能，提高收益

流通加工可以改变产品的某些功能，从而提高产品销售的经济效益。例如，许多制成品（如洋娃娃玩具、时装、轻工纺织产品、工艺美术品等）在深圳进行简单的装

潢加工，改变了产品外观功能，仅此一项就可使产品售价提高20%以上。

四、流通加工的类型

根据不同的目的，流通加工具有不同的类型，概括起来可以分为如下四大类。

（一）为方便物流作业而进行的流通加工

货物集装化可以方便运输、验收、储存，除采用集装技术外，还可采用以下一些加工技术，以方便物品的储运作业。如装袋、定量化小包装、拴牌子、贴标签、配货、挑选、混装、刷标记等，都属于这种流通加工。下面介绍几种此类的流通加工项目。

1. 机电产品的分割和组装加工

自行车及中小型机电产品运输、储存保管具有一定困难，主要原因是不易进行包装，如进行防护包装则成本过大，并且运输装卸困难，效率也较低，容易丢失。但这些货物有一个共同特点，即装配比较简单，技术要求不高，不需要进行复杂的检验和调试。因此，可采用半成品（部件）高容量包装，在消费地拆箱组装，组装后随即进行市场销售。

有些大型整体设备的体积很大，运输装卸困难，也可按技术要求进行分割，分为体积较小的几个部分进行运输，到达目的地后再连接起来，恢复原型。

2. 货物的捆扎

许多货物在运输过程中需要进行捆扎，一般采用捆扎机实施捆扎。捆扎机械是利用带状或绳状捆扎材料将一个或多个包件紧扎在一起的设备。利用机械捆扎代替传统的手工捆扎，不仅可以加固包件，减少体积，便于装卸和保管，确保运输安全，还可以大大降低捆扎的劳动强度，提高工效，因此，它是实现包装机械化、自动化必不可少的机械设备。

3. 粘贴货物标签

为了识别和验收的需要，往往要在货物上面粘贴标签和其他标识单据，可用粘贴机作业。粘贴机的主要作用是采用黏结剂将标签贴在包件或产品上。粘贴机基本由供签装置、取签装置、打印装置、涂胶装置和连锁装置等几部分组成。

（二）为保护货物而进行的流通加工

在物流过程中，为了保护商品的使用价值，延长商品在生产和使用期间的寿命，防止商品在运输、储存、装卸搬运、包装等过程中遭受损失，可以采取稳固、改装、保鲜、冷冻、涂油等方式。还有其他的一些为保护产品而进行的流通加工，如为防止金属材料的锈蚀而进行的喷漆、涂防锈油等措施，运用手工、机械或化学方法除锈；木材的防腐朽、防干裂加工；煤炭的防高温自燃加工；水泥的防潮、防湿加工等。下面重点介绍一些易腐物品的防腐处理技术。

所谓易腐物品，主要指肉、鱼、蛋、水果、蔬菜、鲜活植物等品类的物品。这些物品在流通过程中容易腐败变质，需要进行一些加工处理，以保持原有的使用价值。

1. 冷冻加工和低温冷藏

动物性食品腐坏的主要原因是微生物的作用，即细菌、酶等在食品中大量繁殖，消耗了食品中的养分，又分泌出有毒物质及难闻的气味，从而造成食品腐败变质；植物性食品的腐坏主要是由于呼吸作用导致的。呼吸过程是一个氧化过程，不断消耗自身的养分，抗病性能减退，到一定程度时，细菌便乘虚而入，加速各种成分的分解，使之腐败。

我国运输部门采用的制冷方法有两种，一是机械制冷，二是采用冰盐降温，利用冰融化时吸热以及盐溶解时吸热进行降温，按冰盐的不同比例取得不同的温度。

2. 其他防腐加工方法

防腐的方法除了冷冻加工和低温冷藏外，还有一些其他的方法，如糖泡、盐腌、晾干和制成各种罐头等。这些措施大多由生产企业来完成，而流通企业也可采用。

（三）为促进销售而进行的流通加工

流通加工也可以起到促进销售的作用。比如，将过大包装或散装物分装成适合销售的小包装的分装加工；将以保护商品为主的运输包装改换成以促进销售为主的销售包装，以起到吸引消费者、促进销售的作用；将蔬菜、肉类洗净切块以满足消费者要求等。

（四）配合货物末端运输和配送业务而进行的流通加工

在干线运输和支线运输的结点设置流通加工环节，可以有效解决大批量、低成本、长距离的干线运输以及多品种、小批量、多批次的末端运输和集货运输之间的衔接问题。

另外，生产部门为了实现高效率、大批量的生产，其产品往往不能完全满足用户的多样化需求。这样，为了满足用户对产品多样化的需要，同时又要保证高效率的大生产，可将生产出来的单一化、标准化的产品进行多样化的改制加工，然后对用户实施配送。

第三节　物流配送中的流通加工

物流配送作业包含运输、装卸、储存等业务，所以配送中的流通加工一般也具有上述各类流通加工的功能，本节重点介绍在生产资料配送中的几种流通加工项目。

一、水泥产品的流通加工

（一）商品混凝土的加工

在许多建设工程中，常常把水泥、沙石等经搅拌系统加工成混凝土进行配送。混凝土搅拌机械是搅拌混合机械中常用的设备之一。它是将水泥、骨料、沙和水均匀搅拌，制备混凝土的专用机械设备。它主要包括混凝土搅拌机械、混凝土搅拌站、混凝土输送车、混凝土输送泵和车泵等。

（二）水泥熟料的加工

成品水泥呈粉状，粉状水泥的运输、装卸需要采用多种措施，才能减少损耗及污染。在需要长途运输水泥的地区，可以从水泥厂购入水泥半成品，即水泥熟料，运输比较方便，然后在本地区的磨细工厂把熟料磨细，并根据当地资源和需求情况加入混合材料及附加剂，加工为成品水泥。

二、金属板材的剪切

由于钢铁生产企业是规模生产，只能按标准规定的规格进行生产，以使产品有较强的通用性，使生产有较高的效率，一般不可能实现用户需求的终极加工。而流通企业为了方便用户和提高自身经济效益，可以按用户要求进行加工，例如，物资流通企业对钢板和其他金属板材的剪切加工等，就颇受中小用户的欢迎。

三、木材加工和集中下料

在流通领域可以将原木锯截成各种规格的锯材（如板材、方木），同时将碎木、碎屑集中加工成各种规格板。这种加工可以提高效益，方便用户。过去用户直接使用原木，不但加工复杂、占用场地、加工设备多，而且资源浪费大，木材利用率不到50%，出材率不到40%。实行集中下料，按用户要求供应规格料，可以把原木利用率提高到95%，出材率提高到72%左右。

四、平板玻璃的切割下料

按用户提供的图纸对平板玻璃套材开片，向用户提供成品玻璃，用户可以将其直接安装在采光面上。这不但方便用户，而且可以提高玻璃材料的利用率。

五、工业用煤的加料配置

不同的工业生产需用不同的煤质，如果发热量太大，造成热能的浪费；如果发热量太小，则不能满足使用要求。从煤矿运出的一般都是品种单一的煤炭，不能满足用户多样性的需求。流通企业根据用户的具体要求，将各种煤及一些其他发热物质，按一定的配方进行掺配混合加工，生产出各种不同发热量的燃料。

第四节　流通加工的合理化

事物都有两面性，流通加工也有正反两方面的作用，即一方面可能有效地起到补充完善的作用，但有些不合理的流通加工又会产生抵消效益的负效应。

一、不合理的流通加工表现形式

（一）流通加工地点设置的不合理

流通加工地点设置即布局状况是使整个流通加工是否有效的重要因素。一般而言，为衔接单品种、大批量生产与多样化需求的流通加工，加工地设置在需求地区，才能实现大批量的干线运输与多品种末端配送的物流优势。

如果将流通加工地设置在生产地区，其不合理之处在于：

第一，多样化需求的产品多品种、小批量地由产地向需求地的长距离运输会出现不合理；

第二，在生产地增加了一个加工环节，同时增加了近距离运输、装卸、储存等一系列物流活动。

所以，在这种情况下，不如由原生产单位完成这种加工而无需设置专门的流通加工环节。

一般而言，为方便物流的流通加工环节应设在产出地，设置在进入社会物流之前，如果将其设置在物流之后，即设置在消费地，则不但不能解决物流问题，而且在流通中增加了一个中转环节，因而也是不合理的。

即使是在产地或需求地设置流通加工的选择是正确的，但也还有流通加工在小地域范围的正确选址问题，如果处理不善，仍然会出现不合理。这种不合理主要表现在交通不便，流通加工与生产企业或用户之间距离较远，流通加工点的投资过高（如受选址的地价影响），加工点周围社会、环境条件不良等。

（二）流通加工方式选择不当

流通加工方式包括流通加工对象、流通加工工艺、流通加工技术、流通加工程度等。流通加工方式的确定要看是否与生产加工实现合理分工。分工不合理，本来应由生产加工完成的，却错误地由流通加工完成；本来应由流通加工完成的，却错误地由生产过程去完成，都会造成不合理性。

流通加工不是对生产加工的代替，而是一种补充和完善。所以，一般而言，如果工艺复杂，技术装备要求较高，或加工可以由生产过程延续或轻易解决者都不宜再设置流通加工，尤其不宜与生产过程争夺技术要求较高、效益较高的最终生产环节，更不宜利用一个时期市场的压迫力来使生产者变成初级加工或前期加工，而由流通企业来完成装配或最终形成产品的加工。如果流通加工方式选择不当，就会出现与生产夺利的恶果。

（三）流通加工作用不大，形成多余环节

有的流通加工过于简单，或对生产及消费者作用都不大，甚至有时由于流通加工的盲目性，同样未能解决品种、规格、质量、包装等问题，相反却增加了一些不必要的环节，这也是流通加工不合理的重要表现。

（四）流通加工成本过高，效益不好

流通加工之所以能够有生命力，重要优势之一是有较大的产出投入比，因而它有效地起着补充完善的作用。如果流通加工成本过高，则不能实现以较低投入实现更高使用价值的目的。除了一些必需的、政策要求的加工以外，都应看成是不合理的。

二、流通加工合理化

流通加工合理化的含义是实现流通加工的最优配置，不仅要避免各种不合理，使流通加工有存在的价值，而且要做到最优的选择。

为避免各种不合理现象，对是否设置流通加工环节，在什么地点设置，选择什么类型的加工，采用什么样的技术装备等，都需要作出正确抉择。目前，国内在进行这方面的合理化考虑中已积累了一些经验，取得了一些成果。

实现流通加工合理化应主要考虑以下几方面：

（一）加工和配送结合

这是将流通加工设置在配送点中，一方面按配送的需要进行加工，另一方面，加工又是配送业务流程中分货、拣货、配货之一环，加工后的产品直接投入配货作业，这就无需单独设置一个加工的中间环节，使流通加工有别于独立的生产，而使流通加工与中转流通巧妙地结合在一起。同时，由于配送之前有加工，可使配送服务水平大大提高。这是当前对流通加工作出合理选择的重要形式，在煤炭、水泥等产品的流通中已表现出较大的优势。

（二）加工和配套结合

在对配套要求较高的流通中，配套的主体来自各个生产单位，但是，完全配套有时无法全部依靠现有的生产单位，而进行适当的流通加工，可以有效促成配套，大大提高流通充当桥梁与纽带的能力。

（三）加工和合理运输结合

前面已提到过流通加工能有效衔接干线运输与支线运输，促进两种运输形式的合理化。利用流通加工，在支线运输转干线运输或干线运输转支线运输这本来就必须停顿的环节，不进行一般的支转干或干转支，而是按干线或支线运输的合理要求而进行适当加工，从而大大提高运输及运输转载水平。

（四）加工和合理商流相结合

通过加工有效促进销售，使商流合理化，也是流通加工合理化考虑的方向之一。加工和配送相结合，通过加工，提高了配送水平，强化了销售，是加工与合理商流相结合的一个成功例证。

此外，通过简单地改变包装的加工，形成方便的购买量，通过组装加工解除用户使用前进行组装、调试的难处，都是有效促进商流的例子。

（五）加工和节约相结合

节约能源、节约设备、节约人力、节约耗费都是流通加工合理化的重要考虑因素，也是目前我国设置流通加工，考虑其合理化的较普遍形式。

对于流通加工合理化的最终判断，是看其是否能实现社会和企业本身的效益，而且看其是否取得了最优效益。对流通加工企业而言，与一般生产企业的一个重要不同之处是，流通加工企业更应树立社会效益第一的观念。如果只是追求企业的微观效益，不适当地进行加工，甚至与生产企业争利，这就有违于流通加工的初衷，或者其本身已不属于流通加工的范畴了。

【参考案例】

上海联华生鲜食品加工配送案例

联华生鲜食品加工配送中心是我国目前设备最先进、规模最大的生鲜食品加工配送中心，总投资 6000 万元，建筑面积 35000m^2，年生产能力 20000t，其中肉制品 15000t，生鲜盆菜、调理半成品 3000t，西式熟食制品 2000t，产品结构分为 15 大类，约 1200 种生鲜食品；在生产加工的同时，配送中心还从事水果、冷冻品以及南北货的配送业务。连锁经营的利润源重点在物流，物流系统好坏的评判标准主要有两点：物流服务水平和物流成本。本案例（联华生鲜食品加工配送中心）就是在这两个方面都做得比较好的物流系统。本案例中的软件系统，是由上海同振信息技术有限公司开发完成的。

生鲜商品按其称重包装属性可分为：定量商品、称重商品和散装商品；按物流类型分为：储存型、中转型、加工型和直送型；按储存运输属性分为：常温品、低温品和冷冻品；按商品的用途可分为：原料、辅料、半成品、产成品和通常商品。生鲜商品大部分需要冷藏，所以其物流流转周期必须是很短的，并且能节约成本；生鲜商品保值期很短，客户对其色泽等要求很高，所以在物流过程中需要快速流转。两个评判标准归结起来就是“快”和“准确”，从以下几个方面来说明一下联华生鲜配送中心是怎样具体操作的。

一、订单管理

门店的要货订单通过联华数据通信平台，实时传输到生鲜配送中心，在订单上制定出各商品的数量和相应的到货日期。生鲜配送中心接受到门店的要货数据后，立即生成到系统中制成门店要货订单，按不同的商品物流类型进行不同的处理：

（一）储存型的商品

系统计算当前的有效库存，比对门店的要货需求、日均配货量和相应的供应商送货周期而自动生成各储存型商品的建议补货订单，采购人员根据此订单再根据实际的情况作一些修改即可形成正式的供应商订单。

（二）中转型商品

此种商品没有库存，直进直出，系统根据门店的需求汇总，按到货日期直接生成供应商的订单。

（三）直送型商品

根据到货日期，分配各门店直送经营的供应商，直接生成供应商直送订单，并通过 EDI 系统直接发送到供应商。

（四）加工型商品

系统按日期汇总门店要货，根据各产成品或半成品的 BOM 表计算物料耗用，比对当前有效的库存，系统生成加工原料的建议订单，生产计划员根据实际需求作调整，发送至采购部生成供应商原料订单。

各种不同的订单在生成完成或手工创建后，通过系统中的供应商服务系统自动发送给各供应商，时间间隔在 10min 以内。

二、物流计划

在得到门店的订单并汇总后，物流计划部根据第二天的收货、配送和生产任务制订物流计划。

（一）线路计划

根据各线路上门店的订货数量和品种，作线路的调整，保证运输效率。

（二）批次计划

根据总量和车辆人员情况设定加工和配送的批次，实现循环使用资源，提高效率；在批次计划中，将各线路分别分配到各批次中。

（三）生产计划

根据批次计划，制订生产计划，将量大的商品分批投料加工，设定各线路的加工顺序，保证配送运输协调。

（四）配货计划

根据批次计划，结合场地及物流设备的情况，做配货的安排。

三、储存型物流运作

商品进货时先要接受订单的品种和数量的预检，预检通过方可验货，验货时需进行不同要求的品质检验，终端系统检验商品条形码和记录数量。在商品进货数量上，定量商品的进货数量不允许大于订单的数量，不定量的商品提供一个超值范围。对于需要重量计量的进货，系统和电子秤系统连接，自动去皮取值。

拣货采用播种方式，根据汇总取货，汇总单标识从各个仓位取货的数量，取货数量为本批配货的总量，取货完成后系统预扣库存，被取商品从仓库仓间拉到待发区。在待发区配货分配人员根据各路线各门店配货数量对各门店进行播种配货，并检查总量是否正确，如不正确则向上校核，如果商品的数量不足或其他原因造成门店的实配量小于应配量，配货人员通过手持终端调整实发数量，配货检验无误后使用手持终端确认配货数据。

在配货时，冷藏和常温商品被分置在不同的待发区。

四、中转型物流运作

供应商送货同储存型物流先预检，预检通过后方可进行验货配货；供应商把中转商品卸到中转配货区，中转商品配货员使用中转配货系统按先商品再路线再门店的顺序分配商品，数量根据系统配货指令的指定执行，贴物流标签。将配完的商品采用播种的方式放到指定的路线门店位置上，配货完成则统计单个商品的总数量或总重量，根据配货的总数量生成进货单。

中转商品以发定进，没有库存，多余的部分由供应商带回，如果不足，则在门店间进行调剂。

三种不同类型的中转商品的物流处理方式：

（一）不定量需称重的商品

设定包装物皮重；

由供应商将单件商品上秤，配货人员负责系统分配及其他控制性的操作；

电子秤称重，每箱商品上贴物流标签。

（二）定量的大件商品

设定门店配货的总件数，汇总打印一张标签，贴于其中一件商品上。

（三）定量的小件商品（通常需要冷藏）

在供应商送货之前先进行虚拟配货，将标签贴于周转箱上；

供应商送货时，取自己的周转箱，按箱标签上的数量装入相应的商品；

如果发生缺货，将未配到的门店（标签）作废。

五、加工型物流运作

生鲜的加工按原料和成品的对应关系可分为两种类型：组合和分割，两种类型在BOM设置、原料计算以及成本核算方面都存在很大的差异。在BOM中每个产品设定一个加工车间，只属于唯一的车间，在产品上区分最终产品、半成品和配送产品，商品的包装分为定量和不定量的加工，对于称重的产品或半成品，需要设定加工产品的换算率（单位产品的标准重量），原料的类型区分为最终原料和中间原料，设定各原料相对于单位成品的耗用量。

生产计划或任务中需要对多级产品链计算嵌套的生产计划或任务，并生成各种包装生产设备的加工指令。对于生产管理，在计划完成后，系统按计划内容做出标准领料清单，指导生产人员从仓库领取原料以及生产时的投料。在生产计划中考虑产品链中前道与后道的衔接，各种加工指令、商品资料、门店资料、成分资料等下发到各生产自动化设备。

加工车间人员根据加工批次加工调度，协调不同量商品间的加工关系，满足配送要求。

六、配送运作

商品分拣完成后，都堆放在待发库区，按正常的配送计划，这些商品在晚上送到各门店，门店第二天早上将新鲜的商品上架。在装车时按计划依路线门店顺序进行，同时抽样检查其准确性。在货物装车的同时，系统能够自动算出包装物（笼车、周转箱）的各门店使用清单，装货人员也据此来核对差异。在发车之前，系统根据各车的配载情况做出各运输车辆的随车商品清单、各门店的交接签收单和发货单。

商品到门店后，由于数量的高度准确性，在门店验货时只要清点总的包装数量，退回上次配送带来的包装物，完成交接手续即可，一般来说，一个门店的配送商品交接只需要5min。

资料来源：锦程物流网

【课后习题】

1. 什么是包装？包装的功能有哪些？
2. 包装在流通中的分类和作用有哪些？
3. 一般包装技术有哪些？防震、防护包装技术又有哪些？
4. 什么是流通加工？流通加工与生产型加工有哪些区别？
5. 流通加工有哪些作用？
6. 为方便物流运作的流通加工有哪些？
7. 能促进产品销售的流通加工有哪些？
8. 改善物品使用价值的流通加工有哪些？
9. 流通加工有哪些不合理的表现形式？
10. 如何实现流通加工的合理化？

参考文献

［1］吴清一．物流管理［M］．北京：中国物资出版社，2005.

［2］刘昌祺．物流配送中心设计［M］．北京：机械工业出版社，2003.

［3］陈修齐．物流配送管理［M］．北京：电子工业出版社，2004.

［4］秦明森．物流技术手册［M］．北京：中国物资出版社，2002.

［5］张建伟．物流运输业务管理模块与岗位操作流程［M］．北京：中国经济出版社，2005.

［6］吕军伟．物流配送业务管理模块与岗位操作流程［M］．北京：中国经济出版社，2005.

［7］锦程物流网（http：//www. jctrans. com/），2005.

［8］物流论文资料集锦（http：//www. 51paper. net/logistics. htm），2007.